EN TORNO A LYDIA CABRERA

COLECCIÓN ÉBANO Y CANELA

EDICIONES UNIVERSAL. Miami, Florida, 1987

ISABEL CASTELLANOS · JOSEFINA INCLÁN

EDITORAS

EN TORNO A LYDIA CABRERA

(Cincuentario de «Cuentos Negros de Cuba»)
(1936-1986)

·· EDICIONES UNIVERSAL

P.O. Box 450353 (Shenandoah Station)
Miami, Florida, 83145, U.S.A.

Library of Congress Catalog Card num. 86-83361

I.S.B.N.: 0-89729-432-7

Depósito Legal: B-27-872-1987

Dibujo de la portada: «Arere Marekén» de Alexandra
Exter, tempera, 1933

Nuestro agradecimiento al Museo Cubano de Arte y Cultura por
su colaboración en la impresión de la portada. A Editorial América, S. A., por la separación de colores de la misma y al Comandante M. Gajate, que gentilmente envió a copiar los dibujos de
Lydia Cabrera que aparecen en este volumen.

Printed in Spain   *Impreso en España*

Impreso en los Talleres de Artes Gráficas
de Editorial Vosgos, S. A. Avda. Mare de Déu de Montserrat, 8.
08024 - Barcelona (España)

Foto: Carlos Novoa, Jr., 1986

ÍNDICE

11

Para recordar el cincuentenario de los *Cuentos negros de Cuba* de Lydia Cabrera (1936-1986) se pensó en reunir diversos aportes escritos, en su lengua original, de amigos y conocedores de su obra.

Juan Manuel Salvat, de Ediciones Universal, respaldó calurosamente la idea y, sin reparos, la hizo realidad. No fue posible comunicarnos con todos los que hubiésemos querido, ni todos los que quisieron pudieron colaborar, por causas ajenas a su voluntad.

Hemos incluido, de la década del 60, algunos dibujos de Lydia Cabrera, como constancia de su labor pictórica.

Este volumen le dice a la autora cubana y universal del reconocimiento y estimación a su obra, tenaz e incansable. En su honor fue escrito.

Miami, 1986

HIMNO Y ESCENA DEL POETA EN LAS CALLES DE LA HABANA

Para la habanera L. C., en la media rueda de los *Cuentos Negros de Cuba*, con recuerdo de dos de sus amigos muertos en 1936: Teresa de la Parra y Federico García Lorca.

La frontera andaluza está en La Habana.
Cuando un poeta andaluz aparece en el puerto,
las calles se alborotan, y en las macetas
de todos los balcones
     florecen de un golpe los geranios.

El marzo de aquel año tuvo dos primaveras para la ciudad:
una se llamaba como siempre, Perfección de la Luz,
y la otra se llamaba Federico,
     Federico a solas,
Federico solo, deslumbrado
     por el duende de luz de la calle habanera.

No se sabe quién toca, pero repiquetean guitarras
sobre un fondo de maracas movidas suavemente.

               El aire,
es tan increíble como la dulzura de los rostros,
             y el cielo
es tan puro como el papel azul en que escribían los árabes
sus prodigiosos poemas.

El poeta sale de paseo. Confunde las calles
de la ciudad marina con plazas sevillanas,
con rincones de Cádiz, con patios cordobeses,
con el run-run musical que brota de las piedras de Granada.

No sabe en dónde está. ¿Fue aquí donde nací? Esa casa
con reja en la ventana, ¿no es mi casa de siempre?
Y esas muchachas que vienen hacia mí,
enjaretadas del brazo y bulliciosas como las mocitas de Granada

cuando pasean la tarde por las alamedas para que reluzca,
¿no son las mismas que en los jardines árabes
deletreaban con las palmas de sus manos el compás
a las guitarras, y la altura del chorro irisado de la fuente?
¿En dónde estoy? No acierto a distinguir una luz de otra luz,
ni un cielo de otro cielo. Hay duendecillos burlones
yendo y viniendo por los aires de La Habana, y me preguntan
con voces de embrujado: ¿pero es que no sabes
donde estás, Federico, es que no sabes? Estás,
sencillamente, estás de visita en el Paraíso.

¡Y qué rica la brisa que ahora sopla
enfriando el reverbero del sol! ¡Qué alegre el airecillo
que sale del mar, y se pasea, con un abanico blanco
y una larga bata de olán, una bata andaluza refrescando las calles
y embalsamándolas a su paso con el aroma del agua de kananga
y con la reminiscencia tenue de los jazmineros sevillanos!

Resuenan himnos callejeros: síncopas nacidas del connubio
de una princesa del Benin con un caballerito de Jerez de la Fron-
[tera.
Resuenan en el alma del poeta enajenado por las calles habaneras,
himnos caídos del sol, cantados por espejos, por las piedras
de la ciudad antigua: himnos entonados a toda voz
por niños vendedores de frutas, acompañados
de guitarras tañidas por jóvenes etíopes con sombreros de jipijapa
y la camisa roja abierta hasta el ombligo: himnos alucinantes,
columpiados en la calle habanera por el percutir de pequeños
[bongoses,
arrastran al poeta hacia el Cielo Mayor de la Poesía.

ESCENA

Junto al poeta pasa una niña negra que tararea:
«*La hija de Don Juan Abba disen que quiere metedse a monja!*»
El le lleva el compás diciendo: «*En el convento chiquito,
de la calle de la paloma*». Y de las casas de vecindad,
                                    colmenas de los pobres,

salen niños y más niños tarareando tonadas andaluzas. Y rodeando
en coro al poeta, bailan en medio de la calle: «*¡Venga un tanguillo
pa este senó! ¡Zumba! ¡Dale que dale! ¡Venga un tanguillo en su
honó!*
Y bailan con la música salida de sus pies y de sus manos, riéndose,
¡zumba que zumba y zubma! ¡Guasa, guasa Columbia! ¡Zumba!
riéndose siempre, como la cordillera de espumas en la orilla del
honó!

¿Pero dónde, dónde estoy? ¿De dónde aprendió esta gente
a marcar ritmos así, a trenzar de ese modo las piernas, a mover
la cintura con la exactitud de una melodía escrita y cien veces
enmendada por Manuel de Falla? ¿Será que estos no son sino
andaluces disfrazados de niños de azabache,
                                          y nosotros
no somos sino esclavitos de ébano disfrazados de andaluces?
                              ¿Qué misterio
es este de La Habana, que me parece otro Cádiz
traído por el aire en la alfombra de Merlin,
o una muchacha granadina peinándose muerta de risa
mientras los derviches danzan a la luz de la luna?

Alguien toca en el hombro al poeta y le dice:
—*Venga usted conmigo, pa que le echemos loj caracoles.*
—¿Qué es eso, pregunta, leerme el porvenir?
                              —Exactamente amigo,
leerle el porvenir. Veo miedo en sus ojos, pero recuerde:
nadie puede huir de su destino. Todo está escrito,
y ni Changó ni Yemayá pueden borrarlo. ¿Es que le tiene, por un
                                          [casual, miedo a la muerte?

—Usté, doña Romelia, que es vidente, qué le dice la figura de
                                          [este hombre?
(Romelia se ajusta su chal de burato; debajo destella la cham-
                                          [bra de olán.)
—Primero, yo veo una paloma pura; y detrás un caballo que
                                          [huye al galope.
—¿Y detrás?
(Romelia, angustiada, se vuelve a su hija Fragancia y le dice:
Fragancia, mijita, sírvenos café).
—¿Y detrás?
—Detrás de la paloma y del caballo hay un sombrero que se
                                          [mueve,
y un perro que no deja de aullar, y un cuchillo que anda solo.

17

—Y usted, doña Romelia, ¿querría echarle loj caracole a este
[hombre?
—¡Dios me libre con Dios me favorezca! ¡El trisagio de Isaías!
No: no quiero ver lo que pueden decir loj caracole pa un hombre
[tan bueno.
¡Voy a taparme la cara con un pañuelito negro!
—Romelia, por tós loj santos, ¡invoque a las potencias!
—Desde que entró en esta casa y descorrió la cortina,
vi el *aché* en su cara y la sombra que lo sigue.
¡Déjame darte un remedio pa alejarte del acecho,
pa que el ñeque no te alcance ni los demonios te puedan!

> —*Ponte un collar de azabache*
> *y amárrate un cayajabo*
> *en la muñeca derecha.*
> *¡Toca, Argimiro, toca*
> *el tambor de Yemayá!*
> *¡Santigüenlo con la espuma*
> *de la cerveza de Ochún!*
> *¡Toca por él Argimiro,*
> *toca hasta que se rompa*
> *el tambor de Yemayá!*

El poeta estremecido, miró a los ojos de la vidente: el silencio
levantó entre ellos un coro de conjuros y oraciones. La vidente,
transfigurada, ardiendo de ternura, pidió su guitarra, la templó,
y dijo:

> *Ya me cantaban de niña*
> *un romance que decía:*
> *de noche le mataron*
> *al caballero,*
> *la gala de Medina,*
> *la flor de Olmedo,*
> *¡De noche le mataron*
> *al caballero!*
> ¡Que venga a impedirlo Ochún
> con su espadita de acero!
> ¡Que San Benito de Nursia,
> negrito como el carbón
> ponga sobre ti su mano!

> ¡Con la flor de la albahaca,
> con el incienso quemado
> delante de Santa Bárbara,

con un ramito de ruda,
que los santos lucumíes
te ofrezcan su protección!

¡No te fíes de la noche,
que la noche es muy gitana,
y al que le sigue de noche,
muerto está por la mañana!

¡Que se seque el tamarindo
antes que pueda dañarte
la pezuña del maligno!
¡Con rompe-saragüey
y con amansa-guapo,
con polvo de carey
y humo de tabaco,
con el Iremon
y San Pascual Bailón,
con el manajú, y
con el ponasí,
cada luna llena
rezaré por ti!

Federico, hijito mío,
poeta mío, Federico,
¡no te vayas de La Habana!,
¡no te vayas, no te vayas!,
¡que al que le siguen de noche
muerto está por la mañana!
     ¡muerto está por la mañana!

Gastón Baquero
1986.

PERFIL DE LYDIA CABRERA
Ana Rosa Nuñez

En la laguna
una noche
Y la noche
piel del Sena
Las siglas
guardan
la luna
El agua
guarda su sed
Viajera incansable
del color que le falta
A la orquídea
precisa
Allá en el
África.
Su África
del Caribe
Su costa
de oro gastada
Son aldabas de portones
y
Zaguanes de otros siglos
Suena
a cuero el llamado
Suena
a sangre su constancia
Suena
a casa solariega
sin un nombre
que la guarde.

París
Pogolotti, el
Pocito
y la calle de Galiano, allá en La Habana
Francia y Marianao
son sitios
de la huérfana hermandad
Me llaman dice
desde el Caribe
Y más frágil que
la sombra de la brisa
A Cuba no se le
esconde,
Para adornar
de colores
Aquella queja
de los montes.
Secretos de negros
viejos
Oráculos de ébano
y sinsontes
Que van rastreando
su nombre.
Barracones olvidados
Cepas de sus palabras.
Látigos que flagelan
una historia de
los barcos

Habla con una
raza
Allá por los años veinte
Y pasaron nubes
blancas
Por las calles de
su mente
Aquí donde el
sol quema
Y la jicotea es un duende
Se va
llenando de hambre
La pluma
de sus inviernos
Ni antropóloga,
ni creyente
Humana sí,
y bien doliente.
Escribiendo en sus libres
las canas
de los viejos
Que sus manos le tiende
Vivir en el claroscuro
de una dorada escena
Y dejar luego
la huella
De tanta
Raíz al Viento.

Lydia Cabrera es más que un perfil que se asoma al coral de una Isla en el Caribe, Reina y Perla.

Lydia Cabrera significa para nosotros los cubanos, lejos de costas y espumas en vaivén de recuerdos, una presencia tan fuerte de nuestra cultura como la resistencia de las palmas verdes y del bambú en sinfonía ciclónica. Vive entre nosotros y sufre con nosotros la arena que se nos presta en playas ajenas.

Lydia Cabrera es sin lugar a dudas un perfil poético de Cuba. Así lo digo y así lo siento, porque en toda su obra hay el legítimo quehacer poético. La poesía es una verdad compartida: te busca y te encuentra en la luz o bajo la sombra.

Y eso es Lydia Cabrera un mosaico de látigos redimidos, de balcones recostados al olvido, de persianas y adoquines, de medios puntos mitigadores de luces vengativas, una puerta y una aldaba siempre abierta.

Así lo dice su mano extendida al poeta universal Federico García Lorca, quien precisamente cumple en este año de 1986 el Cincuentenario de su Muerte.

Fue a Federico García Lorca —y esto lo tengo escrito de puño y letra de Lydia Cabrera— en una edición del *Romancero Gitano*, a quien el poeta le leyó por vez primera contenidos en ese libro que llevaba en el bolsillo como un ramillete de geranios, claveles y romero. El café Pombo fue testigo de aquella tarde en que el joven y desconocido poeta pedía a Lydia su opinión. Inmediatamente Lydia le preconizó que uno de los poemas que más le había gustado y por el cual entraría puertas abiertas al Romancero, sería «La casada infiel». Al publicarse el libro sorprendida leyó Lydia la dedicatoria de Federico. Le dedicaba «La casada infiel» a ella y a su negrita. Mariana Pineda también fue puesta en escena por intervención de Lydia con Margarita Xirgu. Así era Lydia y así es y así será, pero téngase en cuenta que sólo un espíritu poético puede acunar y sembrar gestos como estos, sin dejar de ser la humilde persona que la hace tan grande.

ANA ROSA NÚÑEZ
Universidad de Miami,
Coral Gables, Fla.

I. SEMBLANZAS Y SENTIRES

LYDIA CABRERA: UNA ANÉCDOTA DESCONOCIDA

Florinda Álzaga Loret de Mola
Barry University
Miami, Fl.

Era una tarde serena allá por 1972. Acompañada por Ana Rosa Núñez y Carmelina —la madre pequeña llena de energía y de entusiasmo—, iba a conocer a Lydia Cabrera, vieja amiga de ellas. Llegamos. En un edificio de apartamentos en el umbroso Coral Gables estaba su vivienda. Lydia nos abrió acogedora y sencilla. Menuda, de ojos pícaros, con su forma peculiar de hablar arrastrando la erre, conversaba en voz baja: un toque de burla, un algo de ironía, cierto dogmatismo en la expresión, chispa, cordialidad. Yo oía y miraba. Libros, documentos, símbolos, papeles. Papeles, muchos papeles. Era la casa su reflejo. Existencia dedicada a investigar, a buscar en la realidad vital misma de su circunstancia las raíces de una raza que fue esclava y supo, por el respeto a sus mayores y en sus ritos, conservar el habla lucumí de sus antecesores y sus creencias religiosas, convertidas ya en un sincretismo de la religión católica y el culto africano. Lydia, que había hecho patente la inquietud de unos hombres, transplantados en el dolor, por invocar como amparo a un algo supremo. Hombres con angustia ante el misterio, con ansias de un ser trascendente que no acaban de captar, y lo intuyen velado por una nebulosa de magia, de superstición y de primitivismo; pero hombres con hambre de Dios, de respuestas, de apoyo, de amor y de acogida. De pronto, reacciono. ¿Y por qué tantas piedras? Tanto «otán», no «iyebiyé» en el sentido de piedras preciosas, de joyas, pero sí «iyebiyé» en el sentido de bellas, raras, sorprendentes. Piedras pintadas al óleo con vivos colores y fuertes contrastes. Piedras en las que, respetando siempre su textura y su forma, Lydia había ido pintando máscaras, pájaros, peces, elefantes, ranas, tortugas, símbolos diversos de inspiración africana. Era un mundo exótico de color y extrañeza, de manifestación mítica, pero de auténtica creación individual, el que ofrecían las piedras regadas por mesas y estantes.

Interpretando la interrogación en mi mirada, Lydia nos explica. «Son las piedras mismas las que me sugieren lo que he de pintar. Ahora que parto hacia España y no puedo llevarlas, las echaré al mar.» Ana Rosa, consciente del valor estético e histórico de las piedras, le propone venderlas. Lydia con sencillez declara: «¡Quién va a comprar piedras!» Le insistimos y al fin accede. «El importe total que se obtenga lo emplearé», afirma de inmediato, «para complear el costo del pasaje de una amiga que quiere salir de Cuba, escapar del comunismo.» Con alas en el corazón ante la idea de poder ayudar a liberar a una compatriota, vendimos sin tregua. Las piedras volaron. La cubana salió.

Años después, en 1975, a su regreso de Madrid, Lydia, que ha vuelto a pintar muchas piedras, concede una entrevista, publicada en *Creencias Populares*, a Carmen Villanueva sobre sus piedras, y, auspiciada por el Cuban Women's Club, hace una exposición de las mismas. Un calificativo nuevo, inesperado, respaldado por la propia Lydia de piedras «mágicas» —no sé hasta que punto para ella auténtico o una suave broma tropical: ¡a Lydia le encantan!—, es subrayado en la segunda etapa de la pintura de piedras. Siempre creo, sin embargo, que la verdadera magia, el verdadero «aché» de las piedras no consiste en ningún resguardo animista: la verdadera magia estuvo en el gesto generoso y cordial de nuestra Lydia, que, en momentos difíciles para ella, donaba el importe total de las piedras para ayudar a una amiga en desgracia que anhelaba libertad.

DIOSA INSTALADA EN EL CENTRO DEL POEMA

Escapar de una prisión —aun cuando a esa prisión se le llame patria— es siempre un triunfo. Triunfo que no significa precisamente alegría. Pero sí sosiego, posibilidad, esperanza. Para los escritores cubanos recién llegados al exilio este nacimiento o renacimiento tiene las ventajas, el consuelo de no tener lugar en un páramo extraño, sino en un sitio ya enaltecido por el esfuerzo desmesurado de todo un pueblo en destierro y por el amparo moral y espiritual de sus más valiosos artistas.

Entre esos artistas que nos instan y estimulan, Lydia Cabrera se destaca —junto a Labrador Ruiz y el ya desaparecido, pero no olvidado, Carlos Montenegro— con un ejemplo magnífico. Sería imposible enumerar brevemente lo que ella significa para nuestra literatura, para nuestra historia. Basta afirmar que por ella, por artistas como ella, Cuba aún existe.

Ardua, desmesurada, terca y heroica tarea ésta de recuperar, sostener y engrandecer lo que ya sólo es memoria y sueño; es decir, ruina y polvo.

Con Lydia Cabrera nos llega la voz del monte, el ritmo de la Isla, los mitos que la engrandecen y sostienen. La magia con que todo un pueblo marginado y esclavizado se ha sabido mantener, (flotar) imponer siempre.

Tocada por una dimensión trascendente, Lydia Cabrera encarna el espíritu renacentista en nuestras letras: la curiosidad incesante. Su obra abarca desde el estudio de las piedras preciosas y los metales hasta el de las estrellas, desde la voz de los negros viejos hasta las cosmogonías continentales.

Como verdadera diosa instalada en el mismo centro de la creación (de la Isla), sus flechas parten hacia todos los sitios, descubriendo y rescatando los contornos más secretos (más valiosos) de nuestro mundo. Ella abarca el ensayo y el poema, la antropología y el cuento, la religión y el escepticismo.

27

Símbolo de una sabiduría que rogamos jamás se extinga: la de enfrentar la vida —es decir la gente, las calamidades, el horror y la belleza— con la ironía del filósofo, la pasión del amante y la inteligencia del alma. Ella exhala esa extraña grandeza que sólo es atributo de los grandes: sencillez, ausencia de resentimiento, renovación incesante.

Su obra —y por lo tanto su vida— es un monumento a nuestros dioses tutelares, la ceiba, la palma, la noche y el monte, la música, el refrán y la leyenda. Tradición, mito, pasado y magia reconstruidos piedra a piedra, palabra a palabra, con los ojos insomnes de quien recorre un itinerario no por imposible menos glorioso. Pueblos completos recuperados, ciudades otra vez fundadas, diablos, dioses y duendes resucitados. Potencias que se instalan en todo su esplendor, todo ello gracias a la voluntad y al talento de una sola mujer que lleva en sí misma el recuerdo torrencial del poema (el encantamiento) de un pueblo entero...

Gracias a Lydia Cabrera el tambor y el monte, el Cristo que agoniza y el chivo decapitado, la jicotea y la noche estrellada confluyen y se unifican, dándonos la dimensión secreta y totalizadora —el ritmo— de la Isla.

CARTA NO LITERARIA A LYDIA CABRERA

José R. de Armas
Denison University

Granville, Ohio
Mayo 1986

Querida Lydia:

Cuando Isabelita Castellanos y Josefina Inclán me hablaron del 50 aniversario de tus *Cuentos Negros* y de escribir algo sobre tu obra me hallaba yo en momentos difíciles. En vísperas de la penúltima etapa de mi vida, la jubilación académica, y después de varios años de despiadada lucha contra la mediocridad y sentimientos antihispánicos que cada día toman más fuerza en la otrora profesional carrera de la enseñanza; no podía, querida Lydia, entrar en la maravillosa magia de tu obra. Necesitaba el olvido de un presente, que tan duramente me azotaba, que me llevara a ese maravilloso mundo que tú creas. No podía, no.

Por otra parte no escribir nada y dejar pasar esta ocasión de decirte lo que tú y tu obra significan para mí y el resto de los cubanos no era tampoco posible. Tú eres algo muy especial para todos los que hemos estado cerca de ti, para los que hemos leído tu obra etnográfica y literaria y para todo el pueblo de Cuba que sin ser literatos han sabido ver en tus escritos, tu voz y en tu ejemplo a la real, la histórica, la folclórica, la generosa y la muchas veces ingrata Cuba.

Te conocí Lydia en el exilio. Un día toqué a tu puerta, tú la abriste y delante de mí estaba una frágil mujer con una intensa mirada y una desarmante sonrisa. Desde ese día y momento supe que ese musical y poético nombre Lydia Cabrera iba a ayudarme a recobrar parte de mi perdida cubanía.

Tu nombre, Lydia, lo había escuchado y leído muchas veces cuando en Cuba vivía y no sabía lo que iba a perder. Muchas veces cuando te leía o leía sobre ti me preguntaba: ¿cómo será esa Lydia Cabrera que tantas veces unen al nombre de don Fernando Ortiz pero que nunca la llaman doña?, ¿cómo será esa Lydia la que con sus cuentos y libros ha despertado en mí atávicas angustias e ilusiones?, ¿cómo será esa mujer que todos nombran con respeto pero pocos la ven? ¡Qué lejos estaba yo de pensar, Lydia, tan confiado, alegre y tan seguro de mí mismo que esa entonces lejana Lydia Cabrera iba a ser la mujer de intenso y franco mirar que un día en Coral Gables y con su sola presencia iba a restituirme parte de mi angustiosamente perdida cubanía!

Y es eso precisamente, Lydia, lo que yo y mi ya finalizada generación te tenemos que agradecer. El que sin saberlo quizá, sin proponértelo, sin sentar cátedra, sin discursos y sin quererlo, nos hayas guiado, pacientemente instruido en lo que es ser y saber ser cubano.

Salimos de Cuba, mi generación y yo, con estudios, carrera, profesión, pero salimos a medio formar. En Cuba mirábamos pero no veíamos; escuchábamos pero no oíamos; nos lamentábamos pero no creíamos. Buscábamos sin encontrar el centro de gravedad de un balance político, económico y social de una Cuba que se nos iba y que ahogábamos en choteo y arrogancia juvenil. Pocos eran en verdad los modelos vivientes. Lejanos y olvidados estaban aquellos incorruptibles hombres del autonomismo, más tarde independentistas, que tristes, decepcionados habían marchado a un exilio voluntario o se habían alejado de la avalancha oportunista. La nueva y joven Cuba coqueteaba y se dejaba seducir por los intervencionistas, por los novísimos políticos, y olvidaba la rectitud de principios, severidad y tristeza de quienes pudiendo ser su guía quedaron como piezas arrinconadas de un viejo museo moral. El resto fue historia. Vino el cataclismo y el edificio construido con cuidado pero sobre arena se derrumbó y arrastró en su caída a varias generaciones de cubanos. Entre ellas está la mía que vino a estas playas buscando lo que en Cuba no quiso o pudo construir y quedando con las raíces al viento como muy bien escribiera Anita Arroyo. Sí, Lydia, sí. Llegamos y tratamos de injertarnos a un nuevo árbol. Algunos lo han logrado, otros no, pero todos sentíamos la pérdida, no ya de Cuba, sino de la esencia y razón de nuestro existir: la cubanía.

Vagábamos, buscábamos en un largo peregrinaje algo más que huecas palabras tantas veces escuchadas en Cuba y aquí. Mirábamos para ver, si entre nosotros, alguien surgía que nos llevara de la mano a un nuevo amanecer. Idealizábamos nostálgicamente un pasado que se nos había acabado y que sabíamos que jamás volvería. Leíamos la historia para encontrar, en el presente, ejemplos, modelos y guías. Y no encontrábamos a la huidiza esencia de la cubanía. Y se escribía, y se escribía sin pensar, sólo por el placer de escucharnos. Y continuábamos desraízados, buscando inútilmente en nuestro ser la única posible razón de nuestra vagabunda existencia, volver a ser cubanos.

Y he aquí, Lydia, que alguien aparece en nuestro panorama. La hija de un hombre que mucho escribió y pocos entendieron, Raimundo Cabrera. Este casi olvidado hombre tomó a su cargo la educación cívica de su última hija y le enseñó lo que el malogrado grupo del museo moral, al cual él perteneció, tenía como base o fundamento —el real y verdadero amor a Cuba y el camino para llegar a ese amor. Esa hija, esa mujer, eres tú, Lydia Cabrera.

Amor a Cuba que es sacrificio, trabajo, paciencia, dedicación, dolor, desvelo, angustia, incomprensión, pero que son la única vía para llegar a la esencia de la cubanidad.

Tú, Lydia Cabrera, has enseñado a mi generación y a las venideras que a Cuba no se llega sino por la ardua dedicación al trabajo, por el estudio organizado y bien conducido, por el aislamiento del falso elogio, por la humildad del saber, por la lucha continua de la búsqueda de la verdad y cualquiera que ésta sea y por la generosidad, esa generosidad tan tuya Lydia.

Tanto yo como mi generación te damos las gracias por habernos enseñado el camino para encontrarnos a nosotros mismos y al mismo tiempo encontrar a la verdadera Cuba. La Cuba a la que guió tu padre tu temprana educación y la que tu intuición y talento han sabido sintetizar en la maravillosa obra con cuyo inicio celebras este año tus Bodas de Oro.

Tu amigo.
Pepe de Armas.

MI IMAGEN DE LYDIA CABRERA

Manuel Ballesteros
*Departamento de Antropología y Etnología de América
Universidad Central de Madrid*

Orestes Ferrara, allá por el año 1947, le hablaba a mi padre —† Antonio Ballesteros Beretta, historiador de España y América— de la sociedad intelectual cubana, tan selecta, tan fina y —al mismo tiempo— tan afincada en su propio suelo, en sus tradiciones hispanas y de las gentes de color, tan largamente asentadas sobre aquella tierra ubérrima, verdadera Sicilia del Caribe. Yo participaba en estas conversaciones con entusiasmo, porque discutíamos del polémico *pleito sucesorio* de Isabel la Católica, profundamente estudiado por Ferrara. Nuestro contacto —el de mi familia y el mío— con este mundo intelectual cubano, se había establecido desde 1921 con la fraternal amistad que nos unió hasta su marcha definitiva a Cuba, con José María Chacón y Calvo, el fino selector de las *Cien mejores poesías cubanas,* y colaborador de la *Revista* de la Biblioteca Menéndez y Pelayo, de Santander.

Fue entonces cuando saltó la cita de la actividad de una investigadora singular: Lydia Cabrera. Singular porque era antropóloga, pero al mismo tiempo investigadora de una «literatura oral» que se iba perdiendo: la de los negros africanos importados a las Antillas. Claro que ni Orestes ni José María eran antropólogos, y si Lydia hubiera sido sólo esto —antropóloga— quizá ni la hubieran conocido, pero estos dos intelectuales (el italo-cubano Orestes y el cubanísimo José María) sí eran susceptibles de impresionarse por la producción folklórico-literaria que Lydia iba dando a luz. No sabía yo entonces (en mis treinta y seis años) que Lydia tenía un amigo maestro de excepcional categoría ¡nada menos que Fernando Ortiz! Fernando Ortiz ya me era conocido por sus magistrales, definitivas, obras sobre los *Negros Brujos* y el *Huracán,* y admiraba su sabiduría, documentación y clara intuición.

Por esta admiración mía por Ortiz y lo que de Lydia nos contaron los cubanos citados, mi ansia por pasar a Hispano América, por el pórtico cubano, era grande, y se vio colmada en 1952, cuando las posibilidades económicas de España (arruinada en su sangrienta guerra interina) permitieron la «exportación» de profesores a la América hispana. Y uno de ellos fui yo, con un catálogo amplio de conferencias para Iberoamérica continental y el Caribe. Así fue como pude ponerme en contacto con arqueólogos (como Herrera Fritot p.e.) y antropólogos e historiadores. Y así, también, como conocí a Lydia. De esto hace nada menos que 34 años.

Tengo que hacer un esfuerzo de reconstrucción mental de mis impresiones de primer conocimiento con la ya famosa Lydia Cabrera. Fue el encuentro en una conferencia —si no recuerdo mal— que yo daba en la Biblioteca Nacional de La Habana, sobre un tema que me preocupó siempre y me sigue preocupando: *El trasplante cultural de Europa a América* (luego publicado en *Trabajos y Conferencias*, Madrid, 1954)). Era un ensayo de carácter interpretativo, no histórico, sino antropológico. Lydia estaba allí antes de la conferencia y al terminar nos reunimos en la Embajada de España, en el paradisíaco *El Vedado*. Todos sabemos los años que va cumpliendo Lydia y ahorro decir los que tenía entonces. Era juvenil, alegre, satírica, dulce, delicada, sabia y poética, virtudes que no ha perdido con la acidez de la historia de su patria, ni con los años, sino que las ha acrecentado. Me enteré entonces de su dedicación íntegra a conocer la negritud antillana o, mejor, africana trasladada a las tierras del Caribe. ¿Era folk-lorista, o antropóloga, o recolectora de anécdotas, etnógrafa, lingüista o simplemente una inteligencia puesta al servicio de la comprensión de una étnia —diversas étnias— de color en un medio similar, en muchas cosas, al de su tierra de origen? Creo que ya era todo esto entonces, y que el folk-lore negro, la anécdota trasmitida desde las épocas de la esclavitud hasta el presente, la pervivencia de viejas tradiciones tribales, la clasificación de los datos que iba recogiendo con método antropológico, se convertían en la profunda comprensión del mundo y la mentalidad del negro cubano. Esto sólo podía conseguirlo mediante un ingrediente que pocas veces aportan otros científicos: el amor y la poesía.

Por esta razón —ya lo supe entonces y lo he confirmado con el tiempo— Lydia se nos aparece tanto como una escritora de creación (de recreación) como una rigurosa recolectora de informaciones, de sensaciones, de finísimas interpretaciones, de acercamiento a lo más difícil de captar: el alma de las gentes, alma individual y —perdónese me— colectiva, porque el alma de las gentes sencillas, de las bases de la cultura, está informada por la colectividad. Y no descubro mediterráneos con estas afirmaciones, sino que son mi visión del valor de la postura intelectual de Lydia.

No voy a intentar hacer una valoración de la variadísima producción literario-científica de Lydia Cabrera, que otros con mayor profundidad —como Josefina Inclán— lo están haciendo. Lo poético, lo vengo diciendo, informa casi toda la obra de Lydia, pero también la ironía y el humor, la *zumba* inofensiva del negro aflora en los chascarrillos, en las anécdotas del ingenio del esclavo o del liberto. Pero también está el humor propio de la autora, como en ese último libro que he tenido la suerte de que me lo enviara (*Cuentos para adultos niños y retrasados mentales*, Miami, 1983), con el que mi regocijo ha sido grande, no porque me crea retrasado mental, sino más bien «adulto-niño», capaz de reír un chiste, aunque sea banal, como el del pobre ratoncito pisado en el ascensor.

¿Qué más puedo decir, en el terreno personal sobre mi juicio acerca de la persona y la obra de nuestra «institución», como la llama Josefina Inclán, al medio siglo de la aparición de su libro sobre los *Cuentos Negros de Cuba*? Sí, podría decir mucho, pero requeriría más espacio. Recuerdo cuantas horas le debo de entrañable conversación y calculo que en más de treinta años no pasen de veinte o treinta, en Cuba, en Miami, en Madrid, en mi casa o en la de la Sra. Amalia Bacardí, o en la de mi hermana Mercedes. Pero ¡de que valía! Con ella comprendí que no se puede estudiar a un pueblo «primitivo» (usemos de este término acuñado) como a un insecto en el microscopio, sino que hay que *ser como sus individuos son* —con amor—, primero porque si no es así, el «objeto de estudio» no se franquea, y segundo, porque el propio estudioso no se halla en el «trance» de la verdadera comprensión. Cuando a un investigador el investigado se olvida de que lo están investigando (valga la comparación con el trabalenguas del *constantinopolizador*...) y le cuenta sus chismes familiares, la compresión antropológigca ha llegado a su *climax* de entendimiento. Esto se lo debo a Lydia.

Y también muchos regalos: sus libros y sus amigos. Fernando Ortiz, Titina, el Comandante Gajate (amador si los hay del pasado de su añorada patria). Quizá el haber tenido amistad con Lydia sea también un regalo de otro cubano: José María Chacón y Calvo.

A LYDIA CABRERA

CARMEN CONDE
de la Real Academia Española

Además de cuanto yo sé de ti, y mucho dije en Radio Nacional hace unos años, si bien tú mereces más siempre que de ti se habla y escribe. En la revista venezolana que dirige el gran escritor Juan Liscano he visto una buena entrevista que hizo Cristina Guzmán. Como siempre, tu humildad, hecha de tantísima sabiduría, fue contestando de manera parecida a como lo hiciste, magistralmente, hace unos pocos meses en Televisión Española. Desde los años 20, en que estabas en París estudiando pintura e investigando las culturas orientales, data tu inquietud por la cultura cubana e hispanoamericana (yo no digo nunca latinoamericana, como tu cronista), y a ella entregaste todos los años de tu vida a partir de la citada fecha. Tengo o creo tener todas tus obras —siempre sorprendes con libros nuevos— y mi sorpresa y admiración crecen a cada lectura de tu hermosa obra. Cristina Guzmán destaca unos títulos —*Cuentos negros de Cuba, Yemayá y Ochún, Koeko Iyawó...*— que son columnas firmes de tu conocimiento preciso del mundo misterioso de la cultura afrocubana. Dijiste que no eres antropóloga y que no te consideras escritora, porque escribes sin premeditación ni alevosía; lo haces para recordar, rescatar el pasado o escaparte de la realidad... ¡Qué hermosísimo tu *Itinerarios del insomnio*, y qué hermosa también tu valoración de lo autóctono, de la amistad (Teresa de la Parra, Gabriela Mistral, Francis de Miomandre), que es otra de tus obras más fervorosas!

Admites, esto es, afirmas que los africanos han tenido gran influencia en el carácter cubano: la alegría, la capacidad de reír, el humorismo son deudores de la convivencia con los africanos. El esclavo doméstico influyó mucho en los años de la colonia. Anuncias, de paso, la aparición de un nuevo volumen, *La lengua sagrada de los Abakuá.* Ya tienes editado un vocabulario yoruba e inédito otro bantú. Nos conocimos en casa de la familia de Gabriel Miró, ya fallecido él; fuiste con Teresa de la Parra, que, por designio divino, entregó su vida en el sanatorio de Tablada. Nos vimos muchos años después, en Madrid también. Nuestras cartas y llamadas telefónicas no son raras; además, tuve la dicha de convivir contigo y María Teresa de Rojas, en Miami, hace dos años escasos.

Estas pocas líneas de hoy son para evocarte en el Madrid que tanto quieres y sueñas volver a ver.

Recojo más palabras tuyas de la citada entrevista: «...al folklore se accede por la puerta de la poesía y de la fantasía, que en la subsconsciencia se mantiene viva y saben reencontrarla en su interior. Un poeta ha dicho que la leyenda es la poesía de la Historia. El folklore es la poesía del pueblo».

De acuerdo: tú eres, por lo tanto, la poetisa más importante del pueblo y del folklore afrocubano. Hasta pronto, querida Lydia.

SEMBLANZA DE LYDIA CABRERA

(UN ALA DE SUAVÍSIMO VUELO HACIA NUESTRO PASADO ANCESTRAL)

LEONARDO FERNÁNDEZ-MARCANÉ

Lydia Cabrera nació en La Habana, el 20 de mayo de 1900. Su familia poseía medios económicos amplios y una elevada posición en las esferas sociales de la época. Su padre fue el abogado y conocido escritor cubano Raimundo Cabrera, que se había señalado como patriota y había participado en su adolescencia en la Guerra de los Diez Años (1868-1878) haciendo luego una defensa de la causa independentista cubana por medio de sus actividades de escritor. Fue el autor del conocido libro *Cuba y sus Jueces* (1897) que alcanzó diez ediciones en español y dos en inglés. El famoso etnólogo e investigador don Fernando Ortiz, casado con una hermana de Lydia, Esther, visitaba la casa de la familia Cabrera desde que Lydia tenía seis años, pero la autora niega que el mismo haya influido en su vocación de escritora de cuentos afrocubanos.[1]

Lydia considera la fecha de su nacimiento absurdamente patriótica. Comenzó su labor estudiantil en La Habana, cursando el bachillerato. En París, en L'Ecole du Louvre estudió religiones y arte oriental.[2] Recuerda la cuentista su niñez refiriéndonos la siguiente anécdota: «Prado —¡Qué tiempos!—. No llevaban guarda espaldas y transitaban sin ningún aparato. Pues don Tomás [Estrada Palma] me dijo aquel 20 de mayo —era también el de mi cumpleaños; nací patrióticamente ese día, a las ocho de la

---

1. Rosa Valdés-Cruz, *Lo ancestral africano en la narrativa de Lydia Cabrera* (Barcelona: Editorial Vosgos, 1974), pp. 11-21, n.º 1.

2. «Conversación con Lydia Cabrera», *Linden Lane Magazine*, Vol. 1, n.º 2, abril-junio 1982, p. 3.

noche—, que aquellos festejos eran en mi honor, y por algún tiempo lo creí como algo muy natural...»[3]

Lydia hereda de su padre la tradición de escritora; como bien se ha dicho de don Raimundo Cabrera: «En su copiosa bibliografía hay libros de viajes y crónicas, y una obra de argumentación histórica que gozó de gran popularidad, *Cuba y sus jueces* (1887) recuento de los más significativos valores del proceso histórico cubano para refutar deprimentes juicios de un oscuro escritor español, Francisco Moreno, en *Cuba y su gente*.»[4]

Otra circunstancia de gran repercusión en la vocación de Lydia es la de su permanencia en París durante diecisiete años, desde 1922 hasta 1939, con breves viajes a Cuba, su isla nativa. Durante su estancia en Francia existía allí un período de notables investigaciones estéticas y etnológicas en cuanto a las civilizaciones primitivas y el ambiente africano. Antes de su llegada, en Europa existe ya un cansancio por lo tradicional y lo ya más que conocido y los autores tratan de encontrar asuntos, temas y argumentos exóticos e interesantes. También los antropólogos y etnólogos se dirigen a lo exterior, como había ocurrido durante los períodos del romanticismo y el modernismo en el campo de la literatura. La propia autora nos dice al respecto: «yo desde chiquita viajaba mucho: a mi padre le gustaba pasar la mitad del año viajando y la otra mitad en Cuba. Y desde muy temprano me interesó el arte. Además, tenía mi hermana, Emma Cabrera, yo le llamaba mi mamá Emma... y desde muy chiquita me hablaba de todas estas cosas y me llevaba a los museos. Cuando fui a París en el 27, era para pintar ...Y entonces quemé todo lo que había hecho para no tener la tentación de querer volver a pintar, y me dediqué a ir a conferencias, en fin, a civilizarme un poco.»[5]

En París fue alumna del Louvre, tomó cursos de Bellas Artes en el Museo Guimet, la Sorbona etc. Las mitologías orientales, el arte negro y otra estancia prolongada en La Habana en el año 1930, despiertan en ella un vivo interés por los vestigios de las culturas africanas en su país. No hay que olvidar que desde la niñez de la escritora, su niñera negra y los servidores negros de su residencia, le contaban numerosas leyendas, mitos y anécdotas que influyeron poderosamente en la imaginación de la niña Lydia que era vivaz y soñadora. Todo esto, la preparó, quizás incons-

3. Josefina Inclán, *Ayapá y otras Otán Iyebiyé de Lydia Cabrera* (Miami: 1976), p. 92.

4. Raimundo Lazo, *Literatura cubana* (México: Universidad Nacional Autónoma de México, 1965), pp. 181-182.

5. «Conversación con Lydia Cabrera», *op. cit.*, p. 3.

ciente y psíquicamente para su obra investigadora de las culturas negras que llevaría a cabo algunos años más tarde.

Escribe Lydia en 1934 la obra *Cuentos negros de Cuba* que el autor francés Francis de Miomandre, laureado con el premio Goncourt traduce a la lengua gala y que aparece en la conocida editorial Gallimard en 1936 y en español, en el año 1940 en La Habana, en la editorial La Verónica de Manuel Altolaguirre. Esta colección de relatos recibe una acogida muy favorable y es altamente elogiada por críticos tan distinguidos como Jean Cassou y E. Noulet, lo cual contribuyó a la dedicación definitiva de la autora al estudio del folklore cubano en sus aspectos africanos y negroides.

A su regreso a Cuba en 1939, la autora encuentra en la isla que allí también se había desarrollado entre los artistas, poetas y escritores el gusto por lo africano y que para ellos no era como en Europa un elemento exótico, remoto y desconocido, sino algo familiar, lo afroantillano. El movimiento afrocubano toma pujanza en la música de Alejandro Caturla, Amadeo Roldán, y los hermanos Grenet. También interesan las creaciones artísticas y plásticas de Hernández Cárdenas y Valls y los poemas de Emilio Ballagas, Nicolás Guillén, Alejo Carpentier, Alfonso Camín, el puertorriqueño Luis Palés Matos y muchos otros autores que le dieron al afronegrismo una calidad y trascendencia inigualables.[6]

La propia autora, al ser interrogada por Susan Jill Levine, sobre cuál aspecto de su experiencia parisina la hizo retornar a Cuba y estudiar la Cuba africana, respondió: «Bueno, tantas cosas, esos cuentecitos que de niña me habían contado para tranquilizarme, el mismo folklore japonés que estudiaba, me lo recordaban. Tú sabes que todas las mitologías se parecen un poco; pero lo que me decidió mucho a volver a Cuba, a interesarme en lo cubano... fue estudiar la iconografía del templo de Borobudur en Java. En uno de los relieves aparecía una mulata cubana con una cesta de frutas en la cabeza, y yo me dije ¡Caramba! ¿qué estoy haciendo aquí?».[7]

Y continúa expresando Lydia: «Nunca pensé que iba a publicar nada. Ese libro, mi primer libro, se llamó *Contes nègres de Cuba* (1936). En 1940, de vuelta a Cuba los publiqué en español... Mi segundo libro, *¿Por qué?* se publicó en 1948 y luego hubo otros volúmenes ya en el exilio, *Ayapá, cuentos de Jicotea* (1971). Ahora voy a publicar *Cuentos para adultos niños y retrasados mentales*, que no tiene nada que ver con asuntos negros. Es sobre la colo-

6. Rosa Valdés Cruz, *op. cit.*, p. 13.
7. «Conversación», *op. cit.*, p. 3.

nia cubana (en Miami) que ahora me interesa mucho.» [8] Los cuentos del libro *¿Por qué?* fueron también traducidos al francés por Francis de Miomandre y publicados por la Croix du Sud. Después *El Monte*, notas sobre la religión, la magia, las supersticiones y el folklore del pueblo de Cuba.

Luego vinieron: *Refranes de negros viejos*, La Habana, 1956. *Anagó, el yoruba que se habla en Cuba*, La Habana, 1957. *La sociedad secreta Abakuá*. La Habana, 1958. Y tras su salida de Cuba en julio de 1960, ha publicado en el exilio: *Otán Iyebiyé: las piedras preciosas*, Miami, 1971. *Ayapá: cuentos de Jicotea*, ya mencionado, *La laguna sagrada de San Joaquín*, Madrid, 1973, *Yemayá y Ochún*, Madrid, 1974. *Anaforuana*, Editorial R., Madrid, 1975, *Francisco y Francisca: chascarrillos de negros viejos*, Miami, 1976. También en publicación tiene la autora las siguientes obras: *Regla de Congos, Mayombe, Palo Monte. La Regla Kimbisa de Santo Cristo del Buen Viaje. Trinidad, Itinerarios del insomnio*, etc.

Hemos dicho que la pluma de Lydia Cabrera es «un ala de suavísimo vuelo hacia nuestro pasado ancestral», así lo manifestamos en una dedicatoria durante el homenaje que le rindió la Universidad Internacional de la Florida. Como afirma la profesora Rosa Valdés-Cruz: «La fuerza central que une toda la obra de Lydia Cabrera y le da forma, radica en lo ancestral africano. Esta autora penetra en su conocimiento con el fin de captar el pasado remoto, al que se acerca a través de la investigación y elaboración del mito y del folklore.» [9]

En *El Monte: igbo finda ewe orisha vititi finda*, trata la autora de los dioses ancestrales traídos de África y los santos sincretizados. En ese monte, lleno de espíritus malignos y benévolos, habitan asimismo los demonios y reciben su reposo los que pasan al mundo de ultratumba. Todo se humaniza, los animales, las plantas, la vegetación. Hay que cultivar la ayuda de los elementos, tanto para curar enfermedades como para, lograr un poder arcano y misterioso o tratar de castigar pasadas ofensas. La erudición en el libro es notable, y se encuentra una unidad entre lo que la autora ha escuchado o visto y las plantas y sus propiedades mágicas o sobrenaturales. En otro de sus libros *¿Por qué?* la ceiba, árbol mágico por excelencia, lleno de espíritus y aparecidos, interviene en un conflicto que se suscita entre el cielo y la tierra, y así el árbol antes mencionado se convierte en planta divina. En *Refranes de negros viejos*, Lydia organiza los proverbios por ideas relacionadas entre sí y semejantes. Algunos dicharachos son

8. *Ibíd.*
9. Rosa Valdés-Cruz, *op. cit.*, p. 24.

40

versiones africanizadas del refranero español, como el de «no hay peor cuña que la del mismo palo.» [10]

En *Anagó. Vocabulario lucumí: el yoruba que se habla en Cuba,* hace la autora una compilación del lenguaje lucumí hablado en la isla de Cuba y de su transferencia al idioma castellano. La obra, «es un verdadero inventario de religión afrocubana, pero también contiene información que interesa lo mismo al etnógrafo que al sociólogo, sin descontar, por supuesto, al lingüista.» [11]

En *La sociedad secreta Abakuá,* cuenta la escritora las leyendas y relatos que le refieren los negros ancianos, muchos de ellos iletrados, y que mezclan con su lenguaje ñáñigo. Lydia preparó por largo tiempo este libro, donde da a conocer aspectos poco estudiados de las culturas africanas traídas a Cuba. El estudio de lo que significan las piedras preciosas para los afroantillanos y como las utilizan, será el tema de la autora de *Otán Iyebiyé: las piedras preciosas.* En este libro lo nostálgico de la isla añorada en el tiempo y en el espacio y el recuerdo evocador de la patria arrebatada sin remedio, son fuertes motivos literarios y creativos que inciden en el argumento.

Los *Cuentos negros* son la iniciación de Lydia en la carrera literaria. Son veintidós relatos que escuchó la autora en su infancia de gran contenido personal que le van a dar reconocida fama a nuestra autora. Lo criollo, los paisajes, el rico estilo literario, todo se encuentra en esta obra primeriza de la cuentista. Hay que significar que hemos encontrado dos versiones de un mismo cuento, a casi cuarenta años de distancia y las hemos estudiado, viendo así la evolución de la famosa escritora; no divulgamos el nombre del cuento, que es muy conocido, por obvias razones de publicación de nuestro estudio comparativo.

En *¿Por qué?* Lydia prosigue su estudio de los cuentos negros en 28 historias explicativas que continúan la razón de la pregunta *¿Por qué?* con la cual comienza cada relato. Su interesante estilo es aquí sobrio, mesurado, más maduro y con un lirismo que supera a la primera traducción de Miomandre. La armonía y los mensajes moralizadores abundan en el libro.

En *Ayapá, cuentos de Jicotea,* escrito a los 23 años de *¿Por qué?* publica la autora 19 cuentos, comparando al negro con el personaje Jicotea, símbolo de lo negroide; relatos en los que logra la cuentista una mayor estilización además de describir la picar-

10. *Ibíd.,* p. 29.
11. *Ibíd.,* p. 31.

día y el humor del negro cubano, representado en su personaje Jicotea, la juguetona tortuga de río, o de agua dulce.[12]

Se han separado los contenidos de los cuentos de Lydia Cabrera, entre otros señalamientos, en tres grupos: los referidos al mundo de los dioses; los concernientes al mundo de los animales; y los que tocan el mundo de los seres humanos. Abundan en los relatos las onomatopeyas, cosa natural en lo afroantillano, las anáforas, conduplicaciones, reduplicaciones, gradaciones, enumeraciones, epifonemas, paralelismos, gran número de personificaciones y desde luego, metáforas brillantes, similes e imágenes pulcras y bien logradas. Las personificaciones de las fuerzas y elementos de la naturaleza, son constantes y de interés elevadísimo.

En las descripciones, pinta Lydia con su vocación plástica vívidos motivos creativos, cuya intuición deja notar las aficiones pictóricas de la cuentista.

Los diálogos, nunca aburridos y bien trabajados, son candorosos a veces, maliciosos en ocasiones, siempre dignamente logrados en cuanto a los momentos de la trama en la que la autora los emplea.

Se ha dicho que Lydia Cabrera ha compartido el gracejo natural de Rafael Alberti, con su revuelo y su desenfado y la plasticidad musical y metafórica de Federico García Lorca, convirtiéndose con esto en poema hecho prosa, ya que a estos dos grandes autores le debe mucho la literatura española contemporánea, y no hablemos de la hispanoamericana. No en balde Lorca le dedica su romance de la *Casada Infiel* a Lydia y a su negrita, entreviendo con visión quizá profética de vaticinio el notable éxito futuro de la creadora de los *Cuentos de Jicotea*, de la investigadora de lo afrocubano hasta sus límites más profundos, de la viajera que descubrió en la Ciudad Luz, la negrura prevaleciente, vital y viviente de su añorada isla perdida en la distancia, de la Cuba ancestral preñada de mitos, supersticiones, leyendas y arquetipos pertenecientes al inconsciente colectivo de una nación en la que las razas quedaron indeleblemente mezcladas en lo negroide, que surge hoy con más pujanza que nunca en la propia isla antillana y en el exilio.

---

12. Josefina Inclán, *op. cit.*, pp. 7-22; Eugenio Florit, «Introducción», *Homenaje a Lydia Cabrera* (Miami: Ediciones Universal, 1978), pp. 4-5.

MEDIO SIGLO DE CUENTOS NEGROS

Eugenio Florit
Profesor Emérito Columbia University

Hace ahora cincuenta años que nuestra, tan nuestra Lydia Cabrera publicó en París —traducción francesa de Francis de Miomandre— sus *Cuentos negros de Cuba.* Y cuatro años más tarde, precisamente el 23 de enero de 1940, según reza el colofón del libro, apareció en La Habana, en la imprenta La Verónica que Manolito Altolaguirre, el poeta español, había establecido allí en el Vedado —si no recuerdo mal era en la casita de 21 entre J y K, en donde se peleaba con su mujer la también escritora Concha Méndez y ambos cuidaban a su hijita Paloma— decía que de allí salió la primera edición española de los cuentos, dedicada a Teresa de la Parra y con un llamado «Prejuicio» de don Fernando Ortiz, cuñado de Lydia; edición que poseo y cuido con entusiasta amor.

Con el amor verdadero como el que profeso a esta mujer tan extraordinaria que parece un prodigio de la naturaleza. Diría que un «fenómeno» si esta palabreja no resultara fea para aplicarla a una mujer tan linda —como siempre lo fue— a pesar de los años que han pasado desde entonces.

El arte de narradora o cuentista de tales epítetos. El arte de Lydia con sus negros y su fabuloso *monte,* y sus recuerdos de niñez y sus aprendizajes a través de los negros viejos de su país, es único en originalidad, gracia y humorismo, basado en un hondo saber destilado casi siempre por la vía oral, en sus conversaciones con la gente negra o mulata y que a través de la autora nos llega fresca y sabia, con el saber y sabor y frescura que salen de antiguas tradiciones lejanas y se acercan a nosotros los pobres ignorantes en las palabras que nos cuentan fábulas y mitologías de las viejas tierras africanas, alteradas a veces, claro está, por el correr invisible de los años, las tierras y los hombres.

Me gusta haber escrito las anteriores palabras para con ellas dar fe de vida y cariño a mi casi-hermana por la admiración que la lectura de sus libros han dejado en mi ya larga vida —tres añitos más breves que la suya.

LYDIA CABRERA: UNA VIDA ENTERA

CELEDONIO GONZÁLEZ

De las pocas cosas positivas que me sucedieron consecuencia de la revolución cubana, una fue conocer a Lydia Cabrera. Si mal no recuerdo, fue Fernando Palenzuela, el poeta, quien me llevo a su casa.

La fama de sus trabajos, me había llegado a la manera de un eco lejano. No tenía la menor idea de como era, ni pretendí, en aquel entonces figurarme su imagen, a través de las palabras. La creí un ser mítico que practicaba una especie de deporte del intelecto, muy difícil para los no iniciados.

Mas, pasó el tiempo y un poeta serviría de agente catalizador, Fernando Palenzuela.

Como todos, los que hacen de su vida un compromiso por profundizar, hasta sus últimas consecuencias en una obsesión, Lydia tiene dos facetas perfectamente diferenciables: el producto terminado de su trabajo y su fulgurante personalidad, que puede estar a gran distancia de la que proyecta la lectura de su obra.

Hay escritores que son iguales a sus páginas. Los hay, que nos decepcionan al conocerlos, ya que son lo opuesto, a la que nos había pronosticado nuestra apreciación de lectores. Y, los hay, ahí está situada Lydia, que rebasan, con el atractivo de su personalidad, todo vaticinio imaginable.

Lydia, vive como artista las 24 horas del día. Ha dedicado su vida a la investigación de uno de los dos integrantes de la sociedad cubana, la raza negra. Nadie ha escalado tanto en el alma de ese pueblo, de variados orígenes africanos, trasladado a nuestra América, ni nadie ha amado más esa étnia. Lo que le debe a Lydia Cabrera, en particular el negro cubano, es incalculable. Ninguna otra persona, cubana o extranjera, le ha hecho más justicia con la divulgación documentada de su cultura. También eso se puede aplicar a los demás habitantes de esta raza, que puebla la América Ibérica.

Había que ir a Coral Gables para verla y verla era, cuando se escuchaba, una catarata recordatoria de tiempos cargados de nostalgias. Lo que más impactaba de su figura a lo Aghata Christie, era como un perfume que traía en el viento, añoranzas de una playa o quizá de alguna ciudad añeja, que puede que fuera Cárdenas o quizá Trinidad. Es difícil, y diría que casi imposible, después de estos 27 años, en que el socialismo real ha desnaturalizado las raíces nacionales, encontrar un ejemplo más cabal, de esa generación casi extinguida, que representa los signos raciales de pueblo suigéneris.

Su reciedumbre interior no compagina con la delicadeza de su apariencia. Nos sorprende siempre cuando emite conceptos. Nos consta, que si quisiera, podría volver a Cuba con todos los honores. Le pondrían una alfombra dorada desde el aeropuerto a su nueva residencia porque su quinta-museo, fue echada abajo cuando los primeros tiempos. Acción que ahora justifican explicando que eran gente que no sabían lo que estaban haciendo. Pero ella prefiere quedarse en su modesto apartamento de Coral Gables, inmersa en sus papeles, en su incansable batalla contra el tiempo, en su febril ansiedad por publicarlo todo.

En una ocasión, fui a visitarla con mi hijo. Cuando nos marchábamos, salimos conversando, yo quería saber la impresión causada por Lydia en un estudiante de College, que se había criado aquí. Interrogado habilidosamente éste me dijo «qué pocas gentes de nuestra raza son como ella. Todo lo que habla es exactamente lo justo, no utiliza una palabra de más, nada sobra en sus aseveraciones». Esa noche, confié más todavía, en lo que siempre había intuido: La obra de Lydia quedaría más allá de esta eventualidad y de nosotros.

Ahora, que no estoy cerca de ella, la puedo ver mejor. La veo, sentada cerca de Titina (María Teresa Rojas), su compañera de toda la vida. Allí, rodeada de sus recuerdos de Europa y sus piedras mágicas, de la negritud: allí, rodeada de sus reliquias de aquella infinidad de pequeños testimonios fotográficos. De las fotos de su padre, del rostro simpático de Rudyard Kippling, de sus largas estancias parisinas y aquel óleo imponente de Wifredo Lam, con la serena belleza de Titina. Entonces la escucho de nuevo hablar de su niñez feliz, jugando con presidentes, al abrigo de su padre, con el que tanto se identificó. Del Caballero de París, que entonces era un españolito recién llegado y que un día fue a ver a su padre para expresarle, en su estilo abrupto, la mucha admiración que por su hija sentía. Regados por toda aquella sala, retratos de sus negros viejos, a los que siempre distinguió y que fueron la fuente más precisa de sus estudios. También la recuerdo expresando su desconcierto con estos tiempos que nadie entiende.

Pero siempre, aderezando su angustia existencial, con su maravilloso sentido del humor; ese humor particular, que es una mezcla equilibrada, entre su intelecto, que no merma, y su raigambre generacional.

Lydia, puede hacer una broma hasta de una enfermedad que la atormente y de hecho, eso fue lo que hizo cuando vino de España, aquejada con un incómodo padecer que describía con un juego de palabras, muy de ella y que hacía exclamar a Titina «¡Qué Lydia!»

Este libro que trata de rememorar el cincuentenario de la publicación por Gallimard en París de «Cuentos Negros de Cuba», debe estar abundante en alusiones a su obra y fechas memorables, por eso, nosotros nos vamos por la vereda de los recuerdos y las anécdotas.

Lydia, como todos los que valen y sobre todo, en este mundo nuestro de habla castellana, es más conocida por extraños que propios. Es reconocida en todos los centros del mundo en que se estudia la disciplina a que ella ha dedicado su vida. Jorge Amado, el famoso novelista brasileño la mienta en uno de sus libros como autoridad a la que hay que recurrir para saber cosas de antes, con respecto a esa raza que el tanto cultiva en sus novelas.

Lydia, es como es, única. Rara avis que se acaba en el panteón de nuestros dioses de la criollidad. Los que hemos tenido el privilegio de conocerla, sabemos de la falta que hace. No sólo a las letras cubanas sino al habitante de aquella ínsula para constatar ese prototipo que ella representa, por recoger las esencias mejores, de lo decimonónico y lo actual.

Si nuestra desventura se consumara en todos sus aspectos, por lo menos quedaba la comparación siempre posible.

Una vez alguien le preguntó que cuál era la forma de gobierno preferida por ella y ella, con esa manera suya de contestar, dijo «La Monarquía». En aquel tiempo no la conocíamos muy bien y la respuesta nos dejó un poco confusos. Hoy día, sabemos perfectamente lo que quiso decir. Y, por si fuera poco, la madre patria ha elegido esa forma de gobierno y quizás esa decisión tan poco apreciada en sus inicios, haya facilitado la ejemplar transición española.

La última vez que la vi y hablé con ella, me dijo: «Aquí ciega, pero total ¡para lo que hay que ver!»

Y, allí está ella, en la misma ciudad en que vivió Juan Ramón Jiménez y la misma Lydia a la que Lorca dedicara un poema. Allí, está como un Turquino, trabajando para publicarlo todo y sin cambiar un ápice sus convicciones.

Allí está, grande e insustituible para siempre.

LYDIA CABRERA: VIDA HECHA AMOR Y ARTE

ROSARIO HIRIART

En el mes de febrero de este año me detenía con Jorge, mi esposo, en la ciudad de Miami. La acostumbrada visita y en repetidas ocasiones, motivo del viaje, pasar unos días cerca de Lydia Cabrera y María Teresa de Rojas. Con ellas, la encantadora mujer que con tanto cariño y dedicación les ha acompañado en los últimos tiempos, la doctora Isabel Castellanos. Conversamos; quería yo un testimonio de Lydia para llevarlo a Madrid. Se gestaba un homenaje a Manuel Altolaguirre, el poeta malagueño y unas palabras suyas acerca de quien fuera el impresor de *Cuentos Negros de Cuba* en su primera versión en lengua española, me parecía más que oportuno. Preparaba mi conferencia sobre Altolaguirre y hacíamos cuentas: este año de 1986 se celebra el sesenta aniversario del primer libro de Manolito y —«Lydia, ¿no cumple *Cuentos Negros* sus bodas de oro? ¿De verdad? Por supuesto, 1936-1986». Algún tiempo después recibí carta. Josefina Inclán e Isabelita Castellanos colaboran en un hermoso proyecto, un «Homenaje a Lydia Cabrera» que editará Juan Manuel Salvat.

¿De qué forma podemos sumarnos a tan generosa iniciativa? Más que un ensayo, prefiero en esta ocasión, intentar al menos decir algo *de* y *sobre* Lydia Cabrera. Son ya muchas las páginas en que me he ocupado de su obra en el aspecto creativo y en el de la investigación.[1] Aun cuando debo indicar que no es fácil en

---

1. Rosario Hiriart, *Lydia Cabrera: Vida hecha arte* (Madrid-Nueva York: Torres Library of Literary Studies, 1978).
————: «Prólogo» a *Yemayá y Ochún* de L.C. (Nueva York: Colección del Chicherekú en el exilio, segunda edición, 1980).
————: «Prólogo» a *Koeko Iyawó* (Aprende Novicia), de L. C. (Miami: Colección del Chicherekú en el exilio, 1980).
————: *Más cerca de Teresa de la Parra* (Diálogos con Lydia Cabrera), (Caracas: Monte Ávila Editores, 1983).
(Numerosos artículos y conferencias publicados en América y Europa.)

la creación de esta autora deslindar completamente un campo del otro. La literatura de ficción, los cuentos, están permeados por ese riquísimo mundo negro que su sabia labor de investigadora nos ha legado como regalo preciosísimo. Los innumerables libros que estudian nuestro folklore poseen a su vez, todo el caudal de su gracia de escritora; secretos de un mundo interior y encantado que le permite transformar plantas, animales, refranes, vocabularios, sociedades secretas, piedras preciosas, lagunas sagradas, ritos, símbolos, santos, chascarrillos, itinerarios, sueños, insomnios, recuerdos, en magia poética.

De Lydia Cabrera podemos afirmar sin temor a equivocarnos: esta mujer es a la fecha, el único ejemplo vivo de un clásico en la historia cultural cubana, fuera y dentro de la isla. En varias ocasiones he señalado que con Lydia ocurrió un fenómeno nada extraño en Hispanoamérica, «nos» la dieron a conocer los franceses. Recordemos que los *Cuentos Negros* se publican por primera vez en español en 1940. Cuatro años después de la versión francesa prolongada por Francis de Miomandre y publicada por Gallimard en París en 1936. Le hemos oído asegurar repetidamente que «descubrió» a Cuba a orillas del Sena. Su vida en Europa, específicamente en París, comprende el período de entre guerras. Son los años de búsqueda de una nueva orientación espiritual. Muchos fueron los intentos por redescubrir lo autóctono, lo nativo. Hay estudiosos que aseguran: el origen de lo que hoy llamamos el negrismo, la negritud, tiene que buscarse en teoría, en un movimiento pictórico, el cubismo. Culto estético al influjo africano le rindieron en su momento artistas como Picasso, Braque, Derain y Vlaminck. Lydia misma fue a París a estudiar pintura. Los que la conocemos de cerca, hemos escuchado una y otra vez las anécdotas de sus cuadros, aquellos «años pintando en Montmartre, en el número 11 de la avenue Junot». Se graduó de *L'Escole du Louvre;* estudió las culturas y religiones orientales; «desde París sentía ya una gran inquietud por acercarme a lo negro». En esta época se detendrá más de una vez en Italia y España; en este último país, la «Generación del 27» estaba en todo su apogeo y Lydia nos habla de su «amistad» con Federico García Lorca, sin duda, el más conocido de los escritores de ese grupo. Lo autóctono peninsular lo cultivará Lorca en lo gitano. «Federico y yo fuimos grandes amigos, nos reuníamos mucho, el café, paseos por la Gran Vía, nos gustaba caminar. Estaba él componiendo su "Romancero" y me leía poemas. Años inolvidables». (Del *Romancero Gitano*, «La casada infiel» está dedicado a «Lydia Cabrera y su negrita»). En los Estados Unidos encontramos idénticas inquietudes; es el gran momento del *jazz* y sus intérpretes.

Los escenarios reclaman obras como *The Green Pastures* de Marc Connelly y *Emperor Jones* de Eugene O'Neill. El barrio de Harlem en Nueva York, vive su época dorada; entre los poetas negros se destacan Langston Hughes, Jean Toomer y Countee Cullen.

Cuba contará con valiosos cultivadores del género, mencionemos a Fernando Ortiz (cuñado de Lydia), Emilio Ballagas, Nicolás Guillén y Alejo Carpentier. De modo muy particular debemos indicar su amistad con quien fuera el mejor exponente de «lo negro» en la pintura cubana, Wifredo Lam. Lydia participa del gusto de una época y a su regreso a La Habana, llevó a su país un hermoso regalo: *Cuentos Negros de Cuba*. Era el año 1938. En el alma de la joven mujer las vivencias se hicieron luctuosas, a los sombríos acontecimientos europeos y el inicio de la Segunda Guerra Mundial, se sumaba el dolor causado por la muerte de Teresa de la Parra en Madrid, la novelista venezolana a quien ella le dedicó precisamente su primer libro, *Cuentos Negros*. «Después de mi regreso comencé las investigaciones sobre la cultura y religiones negras; trabajos que he continuado en el transcurso de toda mi vida». (Efectivamente, en estos momentos Lydia tiene en prensa un nuevo libro en la ciudad de Miami). Se instala en «La Quinta San José», junto a María Teresa de Rojas y en 1948 aparece su segunda obra de ficción, «en la colección del Chicherekú que creamos entre Titina (María Teresa) y yo». Después, uno tras otro, sus libros. El año 1960 emprendieron el camino del exilio: Miami, Nueva York, Madrid, Miami.

Lydia Cabrera ha cumplido ochenta y seis años. Una vida dedicada al estudio de la cultura cubana, al amor de nuestras cosas. En sus escritos están «las hondas influencias ejercidas por varios grupos étnicos africanos» en la isla. Sus cuentos, la totalidad de su quehacer artístico —y arte es su vida y su obra—, se sitúan entre la realidad y el sueño. Narraciones que reflejan la naturaleza cubana, seres, animales, plantas. Criaturas a veces extrañas, personajes mitológicos, presentados siempre con un humor inocente, pícaro, irónico —el humor de Lydia. Piececitas llenas de profundidad que la autora supo engarzar dentro de la fascinación de los mitos primitivos. Símbolos, ceremonias del folklore negro que ella ha estudiado en sus fuentes originales. El papel de esta mujer en nuestra historia cultural ha sido decisivo. En lo literario cultivó con maestría el surrealismo, cuyo espíritu ha sabido mantener. Por medio de sus «juegos creativos» se evade del tiempo usual y nos hace adentrarnos en el misticismo de los ritos afrocubanos, creando un nuevo realismo lírico. Consigue así, ambientes que si por un lado resultan lejanos, por contradicción de la magia poética se hacen próximos, inquietantes. Su tiempo es el presente y el pasado, lo visible y lo invisible, lo razonable y lo absurdo. Llega a conjugar lo insondable y lo baladí, la materia y el espíritu. Esos «inocentes» cuentos tienen mucho de nuestro tiempo, nuestra manera de sentir y obrar. «Lo cubano» de gran parte de la segunda mitad de este siglo está en los *Cuentos Negros* de Lydia Cabrera y allí quedará como muestra no del gusto de unos años, ni siquiera de una moda, constituyen el mejor exponente de una época.

En 1978 indiqué:

Lydia nos ha hablado de sus gustos, su trabajo, su vida, en pocas palabras, mientras saboreábamos una taza de café criollo o el humo de su cigarrillo le ayudaba a penetrar en la cantera de sus recuerdos. Acogedor, como ella misma, es el apartamento en que viven en la ciudad de Miami. Parte del mundo que se encuentra en sus páginas está allí: pequeños animalitos de cerámica, madera, cristal —muchísimas jicoteas de todas las formas y tamaños—, descansan sobre la mesita del centro de la sala; mapas antiguos (algunos ejemplares de la rica colección que tenían en «La Quinta San José»), adornan las paredes; un bello retrato de María Teresa de Rojas, «Titina» —pintado por Wifredo Lam—, y numerosas piedras que Lydia ha convertido en objetos artísticos. Allí estan su Virgen de Regla, un Chicherekú y tantos y tantos objetos que hablan de nuestro folklore negro, de sus investigaciones sobre la cultura afrocubana.

Lydia Cabrera es una mujer de acusada personalidad, delgada, de manos inquietas, que nos dicen más que sus propias palabras. Sus ojos juguetones ponen una nota de calor y simpatía en una conversación agradable, siempre matizada por un humor pícaro, burlón e irónico. Conversar con estas mujeres, Lydia y María Teresa, es un regalo.[2]

Sus *Cuentos Negros* cumplen cincuenta años de publicados. Estamos de fiesta porque celebramos «las bodas de oro» de Lydia Cabrera con la cultura de su país —el nuestro—. ¿Qué decir entonces de la autora cuyo afecto y amistad me honran y estimulan? Lydia y Titina son para Jorge y para mí dos seres entrañables. A su lado, en esas tardes de Miami, dentro de los calores que le disgustan y fatigan o en las ocasiones que han pasado varios días en nuestra casa en Nueva York, hemos conocido mejor a Cuba. Sus recuerdos nos han servido —como a muchos otros

2. *Lydia Cabrera: Vida hecha arte, op. cit.*, p. 69.

que por generación «desvivimos» el camino cotidiano de nuestros años de formación lejos de la tierra donde nacimos— para recuperar en el tiempo y el espacio, parte de un legado cultural que ellas saben entregar con generosidad, en su conversación, en el cariño que me une a estas mujeres. La realidad de mi obra de ficción la debo en gran parte a Lydia: su fe en mi escritura, su entusiasmo, sus consejos. ¿Cómo no unirme a este merecido *Homenaje*? Mis felicitaciones a Josefina Inclán e Isabel Castellanos. Esta iniciativa merece el apoyo más entusiasta y GRACIAS a Lydia Cabrera por ese maravilloso libro de hace cincuenta años: *Cuentos Negros de Cuba*, 1936.

CALIDAD DEL DESTIERRO
(En homenaje a Lydia)

Enrique Labrador Ruiz

El proceso de asimilación de los exiliados o como mejor se quiera decir, de los transterrados, no es tan fácil para gente arraigada a su patria de origen. Yo no sabría contar que fenómeno es el que echa a un lado la simple idea de haber perdido casa, hacienda, cielo y raíz, y se impone en ellos el singular corte de conciencia que es perder cosa un tanto nebulosa como es la Patria. Patria no es siempre nación o tierra conviviente sino una especie de cadena ilusoria de donde cuelgan garfios que te impiden caminar, aunque ese camino sea tan bueno como hacer el tránsito apacible. En torno a tu decisión de no soportar las crueles ideas de un mandarín enloquecido, o simplemente bestialmente pragmático, pagas con una moneda más allá del mundo que te pertenece. Te pasa la cuenta todos los días con esta pregunta: ¿Qué hiciste de tu bicicleta? ¿Dónde quedaron tus libros? No es lo mismo mirar una especie de casa grande deshecha sino los pequeños detalles de una pared adornada con tus cachorros, la tarima del vendedor de flores o simplemente la anulación de aquellos diálogos que ya no son posible en parte alguna.

Hablando de estas cosas he visto a veces ojos de algunos amigos de naturaleza fuerte o de otros ya hartos de viajes y excursiones ponerse en grado de melancólico aire. ¿Dónde estará aquella biblioteca hecha con esfuerzo, con tenacidad? ¿Dónde aquellos papeles que con amor manejamos por meses y meses y eran los originales de alguna obra en proceso?

Azar, destino... Hay un Víctor Hugo que puso expresiones enérgicas en semblantes sufridos; la zona secreta aflora para enternecernos. El mosaico de esa Cuba repartida desde las casas grandes a las pequeñas forman un conglomerado de matices bien preciso. Se le quiere al maestro de las libertades, se le mira con amor y de su lectura caen, y el Apóstol parece que musita: lo que más agradece el espíritu es el espíritu.

LYDIA CABRERA: SU ESPACIO Y SU TIEMPO

Mercedes Muriedas

Un día del verano del año cincuenta y seis abrí una pequeña reja y pasé tras los muros que se alzaban guardando la Casa.

La calzada con sus palmas a los lados terminaba en la rotonda con la fuente y ahí estaba la fachada rosada con todo el sol de la tarde cubana frente a mí.

La Quinta San José fue un lugar de veraneo en los tiempos de la colonia, cuando Marianao era un sitio lejano, punto de reposo para los habaneros. Más tarde entró en la Historia al realizar en ella los norteamericanos las investigaciones sobre la fiebre amarilla, basándose en el estudio del médico cubano Carlos J. Finlay y ya en la segunda mitad de este siglo dos mujeres cubanas también, María Teresa Rojas —su propietaria— y Lydia Cabrera, la escogieron para conservar un estilo de vida, para recrear la casa colonial criolla del siglo XIX.

Lydia Cabrera era —como lo sigue siendo hoy— una leyenda. Se movía en un mundo mágico. Al aceptar hacer la entrevista que me pidiera Herminia del Portal para la revista *Vanidades* que dirigía, sabía que me costaría trabajo entrar en ese mundo suyo.

Gustaba de trabajar en soledad, ajena a periodistas y fotógrafos. Logré que me recibiera, pero con la condición de que no hubiera cámaras.

Un Doberman me dio las buenas tardes poniendo sus patas en mis hombros y su dueña me dijo con una sonrisa:

—De la puerta a aquí te separan cien años.

Así conocí a Lydia Cabrera. En ese momento no pensaba que me convertiría en su secretaria y que diariamente trabajaría en esa atmósfera maravillosa, pero siempre supe que era un privilegio que me había sido concedido.

Nos sentamos en el patio —el patio central de la casa cubana—

con sus canteros llenos de diademas, galán de noche, su jazminero de «cinco hojas» bajo el alero de tejas de los colgadizos que lo rodeaban; las paredes con el azul que prolongaba el cielo y el zócalo de azulejos con sus bellos motivos de color.

Mientras hablábamos cruzó por el fondo una alta figura, un anciano negro de pausado andar y gran dignidad. Por un instante dudé que fuera real. Con el tiempo fui conociendo aquel informante, Saibeke, que fue el último que tuvo Lydia Cabrera en Cuba, pero en el cincuenta y seis todavía éramos felices...

Mi lugar de trabajo fue la biblioteca. Estaba en el piso alto, su techo artesonado había sido rescatado de una demolición —creo recordar que de la antigua Universidad de La Habana en el Convento de Santo Domingo— como tantas otras piezas valiosas que encerraba La Quinta San José. La biblioteca daba a la azotea. (El encanto de las azoteas cubanas es algo imborrable para los que perdimos la Isla.)

Y en aquella azotea una tarde Lydia me dijo que tenía la premonición que La Quinta San José sería destruida, que ese lugar tan querido, desaparecería. Y así sucedió años más tarde.

El cuarto de trabajo de Lydia estaba en la planta baja. En las paredes los fascinantes mapas antiguos, los mismos que hoy la rodean en la sala de su apartamento en Miami y que milagrosamente pudieron salir de Cuba.

Regularmente escribía en la mañana y en la tarde, siempre a mano, llenando con letra menuda cuartillas y fichas, éstas a veces no muy ortodoxas (cajetillas de cigarrillos, un check, un menú). Pasaba horas con sus informantes. Saibeke se tomaba todo su tiempo para contar los secretos de La Sociedad Abakuá. Con paciencia infinita Lydia anotaba las viejas historias, en las cuales el principio no era necesariamente el comienzo que le ofrecía el sabio dignatario. Podían pasar horas para lograr esclarecer el sentido de una frase. Se hacía una pausa ante la taza de café y luego seguía la charla, sin prisas, porque Saibeke hacía bueno el refrán: «De la prisa no sale más que el cansancio» que aparece en «Refranes de Negros Viejos».

No utilizaba grabadoras porque los viejos informantes la rechazaban. Temían «que les robaran la voz».

Y había el mundo de las antiguas libretas donde los negros criollos recogieron la tradición oral de los africanos y los impresionantes dibujos de las «firmas» de los ñáñigos o los trazos mágicos de los congos.

Es increíble la capacidad de trabajo de esta mujer que ha realizado el estudio de la cultura negra en Cuba con su labor solitaria y deliberadamente libre de toda referencia libresca.

El material recogido, tomado de las fuentes vivas de los descendientes de los esclavos negros llevados a nuestra Isla por la trata, tuvo su reconocimiento no sólo en los medios académicos, sino en el continente africano, en los lugares de procedencia.

Fue emocionante oír a Pierre Verger —el francés que se ha dedicado a la investigación africanista— contar la reacción del primer ministro de Nigeria ante el Vocabulario «Anagó». El reencuentro con las palabras que hacía cuatro siglos utilizaban los lucumíes, olvidadas ya en el presente, pero vivas en la lengua de nuestros negros cubanos, lo conmovió.

La revelación del mundo negro a europeos como Bastide, Callois o Metreaux produjo en ellos un deslumbramiento cuando visitaron La Quinta San José. Federico García Lorca tuvo un verdadero pavor al ver la danza de los Iremes (diablitos) de los ñáñigos en su dramática expresión.

En 1960 Lydia Cabrera salió de Cuba, rechazando las posibilidades ilimitadas que hubiera tenido al colaborar con el gobierno comunista que se instauró en su país en 1959.

En el exilio continuó su labor. Se reeditaron sus obras y se publicaron nuevos títulos con los materiales, que siguiendo un impulso, metió en un baúl que viajó con ella en el Florida, el ferry que hacía la travesía entre Estados Unidos y Cuba.

Veinte años más tarde pude llegar a Miami y la encontré en su pequeño apartamento al que han trasmitido María Teresa Rojas y Lydia Cabrera lo esencial de la atmósfera de La Quinta San José, la que es sólo un recuerdo, mientras este lugar de vida y trabajo es el presente y es una prueba de la fuerza de los valores espirituales del hombre que permanecen inalterables aun en los momentos más tremendos y oscuros de su existencia.

Ray Bradbury en «Fahrenheit 451» nos presenta a los hombres, que huyendo de las ciudades, conservan en su memoria los libros más amados para salvarlos de la destrucción que implanta el sistema gobernante de una sociedad de ficción.

«El Monte», una de las obras capitales de Lydia Cabrera, sería de esos libros. Tal vez lo ES en su país natal.

Y Lydia Cabrera permanece en la Isla como un ser mítico, como la Sikanekue que reveló el Secreto.

LA HABANA INTACTA DE LYDIA CABRERA

Hilda Perera

La Habana nos la están destruyendo: ya se sabe. Mucho viajero reciente vuelve contándonos cómo da pena ver el apuntalado derrumbe de la calle Muralla, el menguado triunfo de un arcoiris de medio punto en una fachada ruinosa, los viejos muros centenarios que resisten el implacable asedio de manos sin ternura. Pero mientras la humillan convirtiendo en urinarios sus antiguos zaguanes, en el recuerdo de miles de exiliados surgen otras tantas Habana inexpugnables y eternas, como la intacta de Lydia Cabrera.

La suya, es una ciudad breve cuyo corazón late en el número 79 de la calle Galiano; casa amplia, de habitaciones corridas, portal al frente, verja baja, persianillas con las que se practica el albedrío del ver y no ver, altos techos que abarcan el espacio y, altos también, rombos o triángulos azules, rojos, verdes, en sus criollísimos vitrales. Es casa con zaguán para coches y coronada por una de esas azoteas vecinas del cielo, donde todo es libre y el atardecer o la luna visitan cotidianamente. La calle Galiano a la que pertenece como una más del elegante barrio residencial, es calle adoquinada, sin tráfico ni bullanguería, que se extiende de Reina al mar. Allí, como en toda la Isla, el mar hermano está casi a la puerta, llega en la brisa, se pierden los ojos en él, y una niña chica, que se llama Lydia, puede ir a sus arrecifes ariscos a coger cangrejos de andar cambiante o a dejarse mojar las botas de botoncillos ladeados, en la espuma que rompe.

El Galiano de Lydia Cabrera es una calle subjetiva, por la que bullen perdidos recuerdos de recuerdos. Donde cruza a San Rafael, no es la esquina del pecado, a la que acuden los hombres candorosamente lujuriosos, porque «la falda corta permite ver, hasta el tobillo de la mujer» cuando suben o bajan de los coches. No. Es por donde la niña Lydia va, obligada por su padre, a devolver el inocente sablecito cortaplumas que se llevó «prestado» para mamá Emma, y que ahora, en la voz de don Raimundo Cabrera se ha convertido casi en pecado bíblico. «Aquí traigo esta niña que viene a devolverle un sable que le ha robado». En esa esquina, aunque haya desaparecido mil veces, aún está, mona al hombro, el organillero que no se cansa de repetir la Machicha... «Para subir al cielo, se necesita...» El Café La Isla es, pues eso: el lugar adonde le encargan los dulces finos o el delicioso helado de guanábana para cuando a ella se le ocurre disfrazarse de d'Artagnan e inventarle fiestas a lo Alejandro Dumas, a sus amigos galianeros. En la esquina de San Miguel, a unos pocos metros de casa, pensó comenzar su primera empresa lucrativa: vestirse de niña mendiga y harapienta para pedirle limosna a los amigos de su padre. ¡Lástima que don Raimundo le fastidió el negocio! Sobre aquellas columnas se desliza aún la sombra de don Justo, el bueno, a quien todas las tardes Lydia le impone qué lección debe ofrecerle: «Hoy, Justo, me hablas de los griegos». Por el aire azul revolotean, como mariposas frágiles, sensaciones suyas: la de miedo que sintió ante la imponente humanidad de María Luisa Dolz, cuando por primera vez la llevaron al colegio; el entusiasmo maravillado que le producen los cuentos negros de tata Tula; la deliciosa quimera del día en que, convencida de que eran alas nacientes sus huesecillos de niña flaca, decide dar un paseo volando por la brisa del Malecón, salta desde una pared medianera, atraviesa un techo de cristal y cae de cabeza en la piscina familiar.

Por ser Lydia la benjamina y querer su padre salir con ella a dar su paseo de mañana a pie, La Habana es también la colonial de callejuelas estrechas, donde un suspiro alcanza de balcón a balcón. Allí, en esa cuartería que fue el Palacio Pedroso, vivió un día la condesa de Merlín, y luego, durante la intervención, el Jefe de la Policía, Mr. Pitcher, de quien solía decir la chispa habanera:

«Mr. Pitcher no tragabola,
ten days o ten dollars».

La Habana era, desde luego, el Paseo del Prado que se hacía en coche, al atardecer, cuando el tumultuoso piar de los gorriones viene a buscar, en los árboles, la noche enramada. Cerca de las ocho, era la Acera del Louvre, el diminuto y delicado paseo donde se reúnen los famosos «muchachos» a mirar señoritas, a discutir de política y a practicar el salutífero choteo criollo. «Allí vi yo —dice Lydia— al Tigre de los Andes, el dictador venezolano Cipriano Castro, pasearse muy garrido y con el rabo que le habían colgado del saco los muchachos de la Acera del Louvre».

La «pasaggiata», como le gustaba decir a Lydia, mucho más polisilábica de niña que de adulta, terminaba al frente, en «El Cosmopolita», hotel cuya propietaria, una española acogedora y franca, atendía personalmente la mesa donde don Raimundo y sus amigos Montoro, Govín o Sanguily discutían temas de su interés y la niña Lydia, que apenas alcanzaba a ver los ríos impresos en el mármol, saboreaba, invitada por Hernández Miyares, autor de «la más fermosa», y a quien ella en consecuencia llamó siempre «el más fermoso», una copita de annisette «Marie Brissard».

De regreso, la noche apaga los colores de La Habana intacta: el rojo quemado de las tejas, el blanco de cal y dientes, el azul doble de cielo y mar, el negro de rostros y de hierros, verdaderos encajes de fragua colonial y artista.

El olor queda despierto, porque esta Habana huele a café tostado, tanto, tanto, que muchos años después, caminando por París, Lydia huele olor a café-Galiano-Cuba, y se detiene a comprarlo, con un libro de Matisse bajo el brazo. A la empleada, que se llama Gabrielle, le entrega, junto con unos francos, la feminil victoria de poder decirle sonriendo: «Señorita, yo soy Gabrielle, la modelo de los desnudos de Matisse».

«Y La Habana, Lydia, ¿no olía también a veces a cloaca?», pregunto porque lo recuerdo, y me contesta rápida, aguda: «¡Ah, sí, pero cuando se desbordaron las cloacas fue mucho después: en el sesenta».

La Habana intacta suena a pregones de gente entre comerciante y música que ateza bastidores, afila tijeras, vende «mangomangüé» por la mañana y por la tarde, «maní tostado y caliente, para las viejas que no tienen dientes», y a toda hora, ¡ay!, «veinte por medio, las galleticas, de María son». Y suena también al trotar de caballos que halan coches, ya lujosos y privados, los Milords intactamente negros o los más democráticos, de alquiler, a diez centavos la carrera. De vez en cuando, el ruido infernal de un artefacto diabólico convoca a los portales de Galiano 79 a un público azorado y comentarista. Es que Raúl Cabrera regresa con su recién estrenado Renault, cuyo timón es una brillante barra de nickel. Había otros, claro, espaciados e infrecuentes: el de los Hidalgo, o el de los O'Reilly, que no sacaban del garaje si iba a llover, o el del padre de Titina de Rojas, de cuyo chófer le preguntó un día un señor refistolero y francófilo:

—¿Es votre chauffeur?

Y contestó el padre de Titina:

—No, mijo, es negré.

60

Pero Lydia, que odia los ruidos, aunque los produzca el Renault de su hermano Raúl, sale huyendo del estrépido escalera arriba y recuerda arrastrando la erre: «Por poco me rompo el hocico».

Lo que sí le gusta es la gente, la gente varia, mulata, negra, blanca o chica que transita por La Habana de su memoria.

Gente muy gente, es el portero uniformado que duerme en catre detrás del portón y que le hace barquichuelos de papel. Y las negras gordas, llenas de savia y sabrosura, que venden bollitos de malanga y chicharrones crujientes. Y el buen chino de larga trenza y traje de hiladillo que anda con palo al hombro y canastas colgantes para su comercio, y pisa grácil, casi sin tocar las calles habaneras, porque no pudo con el corte de caña bajo un sol de justicia para el que lo trajeron a exilio. Hay otros chinos que huelen a sándalo o a los pañuelos de seda y abanicos que ofrecen de casa en casa en su jolongo de maravillas. Hay negros tizones de uniforme y gorro blanco que venden, en su tablero de cristal con dos tapas; que si levantas ésta, hay solecillos minúsculos de dulzura: yemas acarameladas o dulce de mamey rojo en capacillos blancos y alegrías de coco; y si levantas esta otra, panetelas que rezuman almíbar o cusubés frágiles que llenan la boca de una como cal o serrín dulcísimo y producen atoro y sonrisa.

A la casa de Galiano 79 acuden, claro está, gente de otra pinta: señores de levita, leontina y bombín, y señoras de sombreros floridos o emplumados y vestido largo. A jugar tresillo iban, o a tertuliar —que la conversación es el deporte favorito de los habaneros— con don Raimundo y su señora, Elisa Bilbao Marcaida, que viste bata de holán fino y encajes, con su poquito de cola.

Allí, desde el piso, en el ángulo de vista que va de niña chica a mujer hecha, Lydia se fascinaba oyendo a Florinda Aldama, la hija del millonario Aldama, que todo lo dio por Cuba, aun cuando el gasto no fuera *tax-deductible*. Florinda era fea y bizca, pero tenía una conversación apasionante. Lydia le oía los cuentos, un poco milyunanochescos de su hija Sylvia, condesa de Mangioni, que fue ministra en San Petersburgo y luego en París. También le oía, a Carmen Zayas Bazán viuda de Martí, asidua concurrente, porque a su hijo Pepito le alegraba el corazón Emma Cabrera.

A Catalina Lasa Lydia prefería mirarla, porque nunca, ni aún en toda La Habana esmaltada por la añoranza, hubo ojos más verdes ni cara más linda que la suya, y aún la rosa que bautizaron con su nombre perdía en la competencia.

De Josefina Embil lo que le llamaba la atención era un pavo de zafiros que desde la copa de su sombrero alón, la miraba con su ojo rubí.

El ambiente acogedor de Galiano 79 era lugar propicio donde

una niña observadora y sensible podía tomar instantáneas visuales de condes, marqueses, políticos y gente viajera, que mucho tiempo después aparecieron esbozados en su obra. Don Raimundo disfrutaba tanto la casa llena, que cuando sólo veía trece comensales a su mesa, preguntaba extrañado: «¿Qué pasa hoy que estamos solos?»

Pero ¿cuál es ese dolor primero, esa veta triste que cruza el cristal claro de La Habana intacta? ¿Qué imagen sola, entre las mil soleadas y felices de niñez habanera tiene filo aún para entristecer, más de medio siglo más tarde, la mirada de Lydia? Una niña, vestida de punzó se inclina sobre el balcón de la azotea. A su lado la tata Tula llora. La niña mira en silencio y finge que a la tarde o a las palomas, para que nadie sepa que ella sabe. En verdad está mirando —y nunca el borrador del tiempo podrá borrarle la imagen— cómo cuatro zacatecas fúnebres sacan una caja de caoba, la colocan en la carroza gris, cubierta de flores, seguida de gente que va a pie. Es su hermano Juvenal. Su hermano Juvenal, a quien ella, rompiendo en una esquina el vidrio de la mampara que la separaba de su cuarto, había visto muriéndose, ahogado por la tisis, bajo la caja de cristal con oxígeno.

Pero ningún niño mide a su hora la intensidad o duración de una pena. Y menos si La Habana que la rodea es múltiple, alegre, dicharachera y simpática, y si aún no ha cundido en ella la mala yerba de la lucha de clases. Negros y blancos, chinos y españoles es unen y se separan por impalpables trazos de cariño y respeto. Sin ir muy lejos, allí en el preferido y bullanguero fondo de Galiano 79, Lydia blanca halla inadvertidamente la materia prima de esa ciencia convertida en poesía que es toda su obra. No existen prejuicios y, si los hay, los endulza la criollez amable. Al propio don Raimundo, llegado el caso, la tata Tula lo reprende: «¡No hagas eso, Raimundo, mentecato!», aunque más tarde, ante los extraños, haga gala de «Don Raimundo» y «caballero Raimundo». Cuando los domingos se almuerza en casa de Juanilla Duquesne las delicias que prepara el cocinero Roquillo, los niños tienen que acercarse respetuosamente a la doncella negra, ya anciana, que dispensa su «¡Dios te haga un santo, niño!», un poco pontificio.

Esta convivencia amable tiende puentes sobre las más profundas divergencias políticas. Porque, como decía don Raimundo, «todo, todo, hasta lo más duro puede decirse con finura, sin herir» y gentil, aconsejaba a su hija: «No digas nunca bruto; di "estólido".» Y más de una vez, alzó su bastón amenazante para frenar algún exabrupto populachero: «¡Cállese, hombre, ¿no ve que hay señoras?!»»

Gracias a esa cortesía de palabra y trato —opina Lydia— los independentistas más apasionados, como su padre, podían departir, en amistosas tertulias, con los antiguos autonomistas, liberales y conservadores, que si bien, según ella diferían tanto en esencia, alternaban en el café «La Isla» o en el Hotel Inglaterra. En La Habana intacta de Lydia Cabrera, tal parece que Montoro, Govín, Manuel Sanguily, Leopoldo Cancio, Juan Gualberto Gómez y Enrique José Varona convivían en fraternal concordia.

¿Fue así de bien llevada la República? ¿Es que no se agitaron las pasiones y pequeñeces de todos los tiempos en torno al chivo del Arsenal, a la «guerrita de Agosto», a las intervenciones americanas pedidas o sin pedir? ¿Es que José Miguel Gómez nunca se alzó en Las Villas? ¿Es que La Habana no fue sacudida por escándalos políticos o matrimoniales? ¿No se llamaban guerrilleros a los autonomistas, ni se ejecutó a los negros Estenoz e Ivonet? ¿Es que no hubo obreros levantiscos alzados contra la imposición de boletos canjeables sólo en las tiendas de centrales y, ¿no hubo aquello de «tumba la caña, anda ligero, mira que ahí viene Menocal sonando el cuero?» ¿Es que «La Chambelona» fue canto y no insurrección?

No; todo existió y fue amargamente cierto, como la protesta y la represión y a veces la sangre. Pero no en La Habana de Lydia Cabrera. No en el paraíso nacido en la orfebrería de su recuerdo y destilada en los ricos pozos de su memoria.

Quizá si no percibió esta cara de la angustia, la rencilla y la malquerencia fue porque, como bien dice, «nunca me interesó la política; nunca pude apasionarme con ella». Dígase más bien que sólo dos pasiones cívicas: el odio al comunismo de Fidel y a la falta de ternura de la sociedad materialista han afincado en su pecho. Lo demás es polvo y agua pasada.

La Habana intacta de Lydia Cabrera es un poco obra y copia suya, refugio fabricado en la añoranza. Como ella misma dice: «Desenterrar el pasado de las cenizas del olvido, revivirlo por momentos con intensa ilusión de realidad presente, ha sido mi consuelo y mi entretenimiento en la última etapa de este monótono camino que de día, por un paisaje árido —un desierto de cemento— me va llevando a la muerte definitiva».

¿Y no es para dar gracias en pie y bendiciéndola a esta Lydia leve y *witty*, riente y burlona, rebelde y sencilla que sea precisamente esta Habana cordial y querendona la que nos haya ido entregando a través de una vida y aún ahora que ni la falta de vista le frena el impulso nos la siga entregando?

Una sabiduría deliberada o intuitiva que es casi un legado

reside en La Habana intacta de Lydia Cabrera. Porque —parece señalarnos— sólo por esa ciudad, más aún, por esa Isla que ha generado tantos continentes de nostalgia, por esa Cuba que ella ve hermanada y sin odios, cruza el camino de nuestro regreso.

LYDIA CABRERA, PERSONA

ROSARIO REXACH

Sorprenderá el título de estas líneas. Se explica. Parece inacabado, poco preciso. Sin embargo, no es así. Se verá. La vida es siempre —ya lo digo Calderón— como un gran teatro en el que cada quien —quiera o no— ha de representar un papel, ser un personaje. A veces para devenir protagonista, otras —la mayoría— para ser sólo fondo, apenas un detalle más del decorado escénico. Para representar ese papel que la vida asigna a cada cual, todos tenemos que atenernos a esa figura que debemos ser. Por eso en la tragedia griega los personajes debían cubrirse el rostro con una máscara que en latín, luego, se llamó «persona». Esta máscara identificaba el papel que cada personaje debía representar. Detrás de cada máscara o «persona» había una ley o norma a la que el personaje debía atenerse. Cada quien sería, pues, el que era por su máscara. Si las máscaras eran iguales o muy semejantes los personajes apenas se diferenciaban. Eran puro fondo, casi decoración. Sólo los personajes con caracteres muy bien definidos, que cumplían con la ley de su máscara, o sea con el papel que debían representar, tenían máscaras singulares. De ahí que posteriormente sólo merecieran llamarse «personas» los seres cuya vida acredita una singularidad marcada porque han seguido su ley, su norma. En fin, los seres auténticos. Pero no se nace *persona*. La persona —para merecer tal título— tiene que hacerse en la vida y por la vida. Muchos yerran en el camino y se pierden en un grupo indiferenciado. Otros —muy pocos— se logran. Y de estos, y sólo de estos, se dice que son «personas». Por eso el Diccionario de la Academia da como sustrato de la persona el «ser inteligente». Qué duda cabe. Sin inteligencia no hay persona. Pero ello no basta para serlo. Un algo más, bien amplio, hay que añadir a esa cualidad que la Academia señala. Ese algo más es esa cosa aparentemente tan sencilla que se llama «la obra». Pero no se malentienda. Obra aquí no es obra hecha hacia afuera como puede serlo una pintura, una sinfonía o una obra literaria, científica o técnica. No. Es algo diferente. Es —para decirlo en el lenguaje de todos los días— lo que se ha hecho con la propia vida. Pues como dije anteriormente la «persona» no nace, se hace. Y este hacerse es la obra. De ahí que sólo los que han hecho de su vida un algo valioso merezcan el título de persona. Por eso el pueblo —siempre tan sabio— sólo llama «persona» a aquellos que se han distinguido por cumplir con la ley interior de su ser, a aquellos que no han sido juguete de modas ni han seguido los vientos que soplan en cada momento, aquellos, en fin, para quien la vida es el desarrollo de unos principios o normas de obligado acatamiento y que nadie les ha impuesto desde fuera sino que ellos mismos se las han señalado y nunca han desmayado en su cumplimiento. Ahora se comprenderá —espero— por qué he titulado esta estampa: *Lydia Cabrera, persona*.

Porque eso es lo que ha sido Lydia toda su vida: una «persona», una «real persona». Y esto frente a toda circunstancia. En las «buenas» y en las «malas». En las de plenitud como en las de carencia, en las de alegría como en las de penas. Porque ella ha sabido siempre cual es su papel, cuál es su «máscara», y lo ha desempeñado con entera lealtad y devoción. Y por ello es quien es frente a toda circunstancia y por ello puede hoy —a la altura de sus años— sonreír con esa sonrisa tan especial que rebosa sabiduría —no conocimientos, que no es lo mismo—, con esa infinita ironía que es síntoma de inteligencia y con esa ternura suave que proviene de su bondad.

Habrá quien diga —y con razón— que vino al mundo muy bien equipada. Nadie lo duda. Su familia era eminente. Don Raimundo Cabrera, su padre, fue un líder no sólo de la República de Cuba, sino de algo más importante, de su familia. Por su madre —a su vez— supo desde niña de los refinamientos y de los estilos en la vida y en la conducta. Además fue una niña sana, vital, inteligente y bella, aunque ella suela negar esto último. Pero con dones de familia y personales muchos han nacido para sólo despilfarrarlos y no enriquecerlos, afinarlos y perfeccionarlos. No así en el caso de Lydia. Al revés. Supo siempre —con esa sabiduría de su ley interior— que tenía que crecer y que hacerse por sí. Y se hizo. Habrá quien crea erróneamente que siempre la cercó la bienandanza. No es así. Joven aún, en París, tuvo que luchar sola con su destino. Y se probó a sí misma adquiriendo esa disciplina interior que la define. Y en todo momento fue quien era. Nada más, nada menos. Los valores que se impuso como norma nunca la encontraron reacia a su cumplimiento. Y poco a poco se fue perfilando la figura que hoy todos admiran —con hartas razones— en Lydia Cabrera a quien yo califico como «persona».

Cuáles han sido esos valores que han guiado a Lydia y la han hecho lo que es. Difícil catalogarlos. Pero algo los envuelve a todos. Este algo es el espíritu. Y quien dice espíritu, dice cultura. Por eso nada ligado a lo espiritual o a la cultura le ha sido ajeno. De ahí su interés por las artes, especialmente las plásticas. Yo recuerdo como en Cuba, Lydia acogía a los pintores de talento en su colonial casa de Marianao, en la Quinta San José, de tan grata recordación. Y es muy posible que muchos que luego llegaron a la fama internacional como Wifredo Lam, o en menor grado, el pintor inglés Osborne —por no citar sino dos casos— nunca llegaron a aquilatar cuanto de su ímpetu y de sus creaciones se debió al impulso callado y sin estridencias que Lydia y su compañera Titina de Rojas le ofrecieron con rara generosidad, elegancia y buen humor. Porque hay que decir que Lydia irradia un aura que jamás está teñida de tristeza aunque muy tristes sean las circunstancias. Y es que Lydia es ser tocado por la gracia y besado por los manes de la bondad. Por eso no sólo irradia alegría sino también un aire sutil de piedad de la que no hace ni ha hecho jamás alarde. Y es por eso, también, que no sólo ha estimulado a pintores, músicos o escritores sino también a gente del pueblo. Hablar de ello aquí es improcedente. Pero quede claro que debido a esa ley interior de respeto a los valores espirituales Lydia no sólo ha sido Mecenas muchas veces, sino también inspiración y ángel protector. De ahí su culto a la amistad. A lo largo de su ya extensa vida lo ha demostrado. Y nada la ha arredrado para ser fiel a sus obligaciones como amiga. Lo ha sido ejemplarmente cuando el caso lo ha merecido.

Con esas cualidades Lydia Cabrera se impuso hacer la obra que ella creía tener que hacer. Y la ha hecho. Por dicha obra ha concitado admiración y respeto. De esa obra se ha dicho ya mucho y mucho más queda por decir y se dirá. Yo sólo he querido aquí atenerme a lo que Lydia Cabrera es. Un ser auténtico. Un ser que merece el título de Persona, así, con mayúscula, como pocos. Queden aquí estas palabras como un testimonio del hecho. Nada más.

LYDIA CABRERA A QUASI IYALORICHA

Pierre Fatumbi Verger

J'ai rencontré Lydia Cabrera pour la première fois à Paris en novembre 1954. Cela s'est passé à l'Hotel Ritz qui représentait pour moi à l'époque le symbole du luxe le plus total. Ce nom était associé dans mon esprit avec la demeure où se logeaient autrefois les Lords anglais de passage dans la ville capitale française. Cette notion, bien ancrée dans ma tête, venait de la pernicieuse influence des livres de la bibliothèque rose écrits par la Comtesse de Ségur... à moins qu'elle ne fut seulement que baronne... je n'ai rien autour de moi pour vérifier son titre nobiliaire, mais elle était née Rostopchine... ce détail reste fixé dans ma mémoire de façon indélébile.

Un peu ému de pénétrer dans ce lieu prestigieux et par l'ascenseur d'au moins quatre mètres carrés de surface de plancher et meublé à l'ancienne de banquettes capitonnées et de poufs, je me présentai à Lydia Cabréra de la part d'un ami commun, le Professeur Roger Bastide.

Je lui offris un album de mes photographies que l'éditeur Paul Hartmann venait de publier, montrant les aspects des cultes des dieux africains au Brésil et leur lieu d'origine.

Lydia Cabrera m'offrit alors un épais volume de cinq cent soixante-treize pages intitulé *El Monte* qu'elle venait elle-même de publier.

J'ai cet exemplaire sous les yeux, précieusement gardé et copieusement consulté au cours de ces trente-deux dernières années où je l'ai inlassablement balladé avec moi entre l'Afrique et le Nouveau-monde.

Comme nous trouvions l'un et l'autre que l'athmosphère cossue, les visages «upper class» naturels ou affectés de la clientèle, la valetaille empressée formaient un entourage un peu accablant, nous sortîmes de ce lieu et allâmes nous réfugier dans un «bistro» d'une rue voisine.

Entre deux cafés-crèmes, Lydia inscrivit une dédicace si louangeuse que ma fausse modestie me pousse à la copier ici:

«À Pierre Verger, hijo legítimo de Ocha, para expresarle mi viva simpatía y estimación y para agradecerle su libro magnífico hecho con tanto talento y tanto corazón, su amiga.
Lydia Cabrera. París, noviembre de 1954»

Je reviendrai plus loin sur le caractère étonnamment vivant des textes contenus dans ce livre touffu comme «el monte», la forêt primitive, la brousse où poussent spontanément et librement les plantes médicinales et liturgiques qui seules doivent être utilisées pour les «travaux» et préparations connues des africains. Celles cultivées dans les jardins sont à écarter, car suivant la tradition elles sont dépourvues d'efficacité.

Je revis plusieurs fois Lydia et ses amies, María Teresa de Rojas (doña Titina) et Josephina Tarafa (doña Fifina), au cours de leur séjour à Paris. Elle se plaisait à évoquer ses souvenirs des dix années qu'elle y avait passé avant la guerre.

Je me souviens de visites chez une de ses amies alitée, vivant dans une rue perpendiculaire à la rue de Sèvres dont les fenêtres donnaient sur le parc ombragé d'un couvent et les stations qu'elle aimait faire au café Lipp du boulevard Saint Germain, commentant les décorations de céramique qui en ornent les murs.

Sa connaissance de la religion et de la langue lucumi-yoruba est incomparable. Je me souviens d'une rencontre aux Deux Magots à Saint Germain des Prés, entre elle et mon ami Nourou Dams, Nago-Yorouba, Originaire de Porto Novo, capitale de l'ancienne colonie du Dahomey, et de son étonnement devant l'aisance avec laquelle Lydia prononçait une série de phrases yoroubas, de tournures un peu archaiques, mais parfaitement compréhensibles.

Lydia allait publier trois ans plus tard en 1957 son dictionnaire: *ANAGO - Vocabulario Lucumí - (El Yoruba que se habla en Cuba)*.

Cette même année 1957, je revis Lydia Cabrera à Cuba. Elle habitait à la Finca San José au quartier Marianao de La Havanne. Une sorte de paradis terrestre.

La maison d''habitation datait de la fin du XVIIIème siècle et était formée de quatre corps de bâtiments entourant un patio. Lydia et doña Titina avaient réuni une collection de meubles, de tableaux et de bibelots anciens d'un grand intêret et d'une grande beauté. Un véritable musée. Le parc, vaste et largement dessiné était planté de ceibas et de palmiers aux troncs desquels montaient des plantes grimpantes aux larges feuilles.

Lydia vivait là, entourée en permanence de vieux nègres de la «santería» ses amis qui lui donnaient des informations pour ses livres.

Ils se réunissaient là et devisaient librement entre eux.

Ces réunions n'avaient nullement le froid et rébarbatif caractère d'enquêtes anthropologiques, mais celui d'un groupe où s'échangeaient de malicieux cancans et racontars émaillés de piquantes anecdotes.

Le génie de Lydia était, à cette époque où les appareils enregistreurs n'étaient pas encore en usage, de savoir les retenir et les restituer sur le papier avec un esprit de sympathie et une minutie étonnante. On retrouve dans ses ouvrages, le vocabulaire, les maladresses d'expression pleines de saveur, la chaude conviction avec laquelle ces descendants d'Africains, exilés au Nouveau-monde ont su transmettre de générations en générations leur patrimoine culturel.

J'ai moi-même à plusieurs reprises pu recueillir en Afrique certaines légendes identiques à celles que Lydia a publiées dans ses ouvrages.

En cette même année 1957, j'ai eu la chance d'accompagner Lydia et doña Fifina (Josephina Tarafa) à Matanzas à la «Laguna Sagrada de San Joaquín». L'ami Alfred Métraux faisait partie de l'expédition.

J'ai pu observer à cette occasion, le naturel et l'aisance avec lesquels Lydia se comportait «sur le terrain». Elle faisait littéralement corps avec l'ensemble des participants. Elle n'était pas là ni en curieuse, ni en visite. Elle avait sa place parmi ces descendants d'Africains, sans problèmes et sans provoquer de réactions... mais elle ne perdait rien de ce qui se passait et a fort bien reconstitué l'ensemble de cette cérémonie en un livre publié en Espagne.

Après cela ce fut l'exil hors de Cuba et je n'ai rencontré Lydia que deux fois encore. À Paris à l'occasion d'un colloque sur les Religions à transes de possession, organisé par le Centre National de la Recherche Scientifique, irréprochablement didactique... et à Madrid, entre deux avions où elle compilait un savant ouvrage.

Mais Lydia ne cessera jamais de nous surprendre. Je viens de recevoir son *Vocabulario Congo - El Bantú que se habla en Cuba*, digne successeur de son *Anago* d'il y a vingt-neuf ans.

II. EN TORNO A SU CREACIÓN LITERARIA

TRINIDAD DE CUBA: EL SUEÑO INSOMNE DE LYDIA CABRERA

Vicente Echerri

I

Por muchos años viví ignorante de que Trinidad de Cuba, uno de los primeros asentamientos europeos en América y sin duda uno de los conjuntos coloniales mejor conservados del continente, era también uno de los sitios más hermosos y singulares de mi país y del Nuevo Mundo.

Y esta ignorancia no era el resultado del desconocimiento, semejante al de muchos de mis compatriotas que, un tanto vergonzosamente, han venido a enterarse de la existencia de Trinidad después de estar en el exilio y cuando ya es muy difícil visitarla; sino precisamente de todo lo contrario, diría que esa ignorancia obedecía a la familiaridad casi obscena de haber nacido allí y de haber vivido allí ininterrumpidamente durante los primeros veinte años de mi vida; de suerte que la singularidad de mi pueblo natal era la norma, y lo insólito de su paisaje urbano, la cotidianeidad.

Tendría que pasar mucho tiempo, y cobrar cierta distancia de esta ciudad donde había habido gente de mi sangre desde el siglo XVIII, para ir descubriendo, especialmente a través de los asombrados ojos de mis amigos, que había tenido la inmensa fortuna de asomarme al mundo en un ámbito de rara belleza y de fisonomía tan peculiar que signaría de manera definitiva mi cosmovisión y, desde luego, esos papeles que ya habrá quien llame mi literatura.

Los años vividos fuera de Trinidad, que suman casi dieciocho, y muy especialmente los vividos fuera de Cuba, han sido también años dedicados a la evocación y revalorización de esa patria chica, años en que la identidad, el sello que alguna vez cierto paisaje imprimió en mí y en mi quehacer, se destacaban sobre el fondo,

73

cada vez más borroso —y circunstancial— del resto del mundo; de modo que deambulando por otras ciudades —Londres, París, Nueva York— que fueron por mucho tiempo las de mi fantasía, recurren con deslumbrante fijeza las torcidas calles de piedra, las apacibles casonas, los patios arbolados y, sobre todo, la gente —rostros, gestos, palabras— desaparecida mucha de ella, que ayudan a confirmar íntimamente éste que soy.

Trinidad sigue donde mismo la fundaran los primeros colonizadores en 1514, casi igual a como se quedara tras la época de prosperidad que terminara hacia la sexta década del pasado siglo. La dictadura marxista no ha derribado los palacios de los notables ni ha desfigurado el panorama urbano; más bien se ha cuidado de preservar y remozar, con cierto celo, lo que bien denominan «monumento nacional».

Sin embargo, el conglomerado de edificaciones que, para consumo de turistas, se torna en un enorme museo, ya no es el pueblo amable que alguna vez enamorara a propios y a ajenos, sino más bien una máscara retocada y vacía. La villa que, gracias al aislamiento y la ruina económica, conservaba el hálito de otra época en sus costumbres, en sus tradiciones, en los pregones, en el habla coloquial de la gente, en los cuentos que, de generación en generación, se hacían en los umbrosos corredores, se ha esfumado acaso para siempre y ya es sólo una nostálgica y punzante memoria.

Más de una vez he pensado en la necesidad de rescatar para la literatura esa atmósfera —que algo menos leve no podría describirla— de la Trinidad que alcancé a conocer, que tanto ha determinado en mí y que ya es cosa del ayer; pero la memoria de Lydia Cabrera, asistida fielmente por el insomnio, me ha relevado en gran medida de este deber en un libro [1] en el que consigue devolvernos viva y palpitante, como atrapada en un cedazo, esa alma evanescida de mi pueblo.

II

Trinidad de Cuba se presenta como una «carta a un amigo», acaso para justificar el tono coloquial del discurso en que la autora se dirige a su corresponsal —el lector— con la intimidad de la segunda persona. No pretendo negar la existencia real de este innominado corresponsal a quien Lydia trata de iniciar en la

1. Lydia Cabrera, *Itinerarios del insomnio. Trinidad de Cuba* (Miami: Peninsular Préating, Inc., 1977).

convocación minuciosa del pasado en horas de desvelo. Tal vez la primera parte de este libro es verdaderamente el texto de una auténtica epístola; pero ello no me importa, ni le importa al que lee, que se siente el verdadero interlocutor de la hablante.

La voz no es la de un rapsoda —no se propone cantar grandes acciones épicas—, ni desarrolla una trama apasionante —como suele hacerse en la novela—, ni se reviste del tono impersonal típico del ensayo. Es una voz sencilla y cordial, sin pretensiones, que, en algún momento, se confunde intencionalmente con las de los personajes femeninos que nombra, y que a ratos parece salida de las tertulias de las casas trinitarias que la autora revive, con extraordinaria lucidez, en su desvelo.

A Trinidad no regresa Lydia volando —como en los sueños—, la senda del insomnio es más ardua. Su memoria recorre los accidentes del camino, la peripecia, especialmente en el segundo viaje a la ciudad de su fascinación en 1940, a poco de volver de Europa donde en ese momento se libra la Segunda Guerra Mundial. Ajena a estas catástrofes, Trinidad no cuenta aún en esa fecha con su primera carretera, y Lydia y su compañera de viaje —María Teresa de Rojas— hacen el último trayecto en un ferrocarril intramontano que, me consta, atraviesa una naturaleza diversa y hermosísima. Me llama la atención que al describir el paisaje, Lydia se olvide de mencionar el bosque, lo intrincado, incluso de coníferas, que ponían una nota distintiva, de exotismo, en la ruta; pero realmente me asombra que pueda recordar los nombres de las estaciones más insignificantes: Alfonso, Sierra Alta, Güinía, Sopimpa, Magua, nombres que me fueron familiares mucho tiempo después y que ya había olvidado.

Las viajeras han llegado a la estación de trenes, un antiguo cuartel de la época colonial idóneo para empezar la gira. La estación, que aún conserva las torres almenadas, está en el extremo sur de la ciudad, a la salida de la carretera que lleva al puerto de Casilda. Desde allí no hay más que ascender: la ciudad, de muchas casas encaladas como era entonces, se tiende perezosa en la falda de una loma.

Aquí la narradora hace un alto para explicar su preferencia por Trinidad, lo que a ella y a su compañera de viaje le resultaba tan atrayente, y apunta cosas tales como la arquitectura, el clima y el aislamiento; sin embargo, su argumento de más peso que se me había escapado hasta que la autora me sorprende nombrándolo: la «convivencia con los muertos»[2] cuyo sentido explica po-

2. *Op. cit.*, p. 14.

cos renglones después: «En Trinidad... no todos los muertos habían muerto... Allí los vivos los fuerzan a estar presentes».[3]

Con esas breves frases Lydia Cabrera acaba de hacerme una revelación trascendental: de pronto me doy cuenta que, efectivamente, los individuos que levantaron las grandes mansiones trinitarias —Béquer, Brunet, Cantero, etc.— o que fueron famosos por su piedad —Clarita Pavía, el Padre Valencia—, personajes que vivieron y murieron en el siglo XIX, ¡seguían vivos! Sus casas y propiedades seguían perteneciéndoles, y se les mencionaba muchas veces en el presente. Esa atemporalidad —para usar un término de la autora— permeaba las personas y los objetos, y todos, en alguna medida, estábamos sujetos a ella, situados, en alguna medida también, en lo eterno; situación ésta que al menos para mí —reconozco empavorecido— se tornó en una característica permanente.

Trinidad gozó de una «edad de oro» desde finales del siglo XVIII hasta poco más de mediados del siglo XIX en que —agotados los suelos e incapaces los terratenientes de organizar compañías para hacer frente a los gastos de la mecanización de la industria azucarera, entre otros factores— la ciudad declinó aceleradamente y no tardó en sumirse en una lenta y permanente decadencia. El trinitario se negó a aceptar la realidad de su brusco cambio de fortuna, y su mirada seguía fija en el pasado esplendor un siglo después, aun cuando todos los que fueron testigos de ese esplendor ya eran polvo en el viejo cementerio local, donde la autora se sorprende de encontrar sus epitafios —¡tan vivos se les siente!

Recuerda LC algunos de estos epitafios y los incluye en el libro. El conocerlos de memoria —especialmente la octava real que se dice escribió Plácido por encargo del marqués de Calatrava para la tumba de su esposa Isabel de Malibrán, y que Lydia reproduce casi íntegramente— era parte de una tradición que conocí de niño y que me llevó en muchas ocasiones a frecuentar este cementerio donde también estaban buena parte de mis antepasados. ¡Qué oportuna me parece esta inclusión!, no por perturbar la paz de los que *in pulvere dormian*, sino por completar la visión de un pueblo que, al detenerse en el tiempo, hizo un pacto de amistad con la muerte.

Lydia Cabrera recoge este sentimiento cuando dice: «aquí todo se eterniza. No aterra, al contrario, se siente amor por la muerte: Don Pancho está haciendo su féretro a su gusto, me dice Carme-

3. *Ibíd.*, pp. 14-15.

lina»...[4] Esta familiaridad era un acto de madurez, de escepticismo o de resignación de personas que sabían cómo pasan las glorias del mundo.

III

Trinidad no era tan sólo una forma de mirar el mundo, sino también un estilo de hablar, un léxico, un universo del discurso. En *Trinidad de Cuba*, LC tiene una clara conciencia de ello y hasta por el modo en que lo destaca, se diría que lo considera punto capital del juicio que dicta esta obra.

La Trinidad que LC conoció ya en su primer viaje de 1923, y más tarde en 1940 era una comunidad empobrecida que rememoraba su pasado. La historia local, magnificada por el paso del tiempo, se convirtió en oficio del habla. Por otra parte el aislamiento tardaba en imponer las urgencias que ya regían en otros sitios, y la conversación mantenía su antiguo prestigio asistida por una vocación a fabular:

«Tienen casi todas el don de la conversación, que se perdió en La Habana» dice Lydia refiriéndose a las mujeres trinitarias, y agrega «...muchas de ellas venían a verme al mediodía, a contarme esas "cosas de antes" que tanto me gustan... y a ellas también».[5]

Bien me conozco esas «cosas de antes» que le contaban a Lydia Cabrera aquellas mujeres trinitarias. El presente ya era entonces bastante feo y aburrido para merecer mayor atención. Viviendo aún en sus viejas casonas venidas a menos, se empeñaban en reconstruir una gloria que había sido verdad en tiempo de sus abuelos. Otras, ni siquiera con ese privilegio, se conformaban con tripular en gloria ajena, haciéndose eco de las historias que ya eran del dominio público.

La aristocarcia criolla prevalecía en el relato, que LC es fiel en registrar, ya se trate de las fiestas de Conchita Cantero, la munificencia de doña Monza de Lara, o las yeguadas de los Arrechea;[6] pero había historias con protagonistas de la plebe, como la del negro Carlos Ayala, o anécdotas de milagros como los que se le atribuían al P. Valencia, u otras que, sin ser locales, resultaban alteradas en el repertorio popular, como la que LC dice le contó su amiga Sarito sobre Santa Rita de Casia.[7]

4. *Op. cit.*, p. 17.
5. *Op. cit.*, p. 42.
6. *Op. cit.*, p. 43.
7. Idem.

En una ciudad donde podía decirse que el mercado iba a las casas de la gente en lugar de que la gente fuera al mercado, gracias a la diligencia de innumerables vendedores: desde el pescadero hasta el amolador de tijeras, desde el carbonero hasta el yerbero, el pregón tenía que ser necesariamente una institución, y así, desde luego, algunos de los pregoneros.

Lydia Cabrera recoge, entre otros, un pregón de Trina la dulcera, a quien yo no llegué a conocer, pero que hasta el día de hoy ha sido la pregonera de Trinidad por antonomasia y quien —con su tablero— llegó a convertirse en un personaje legendario: *«voy vendiendo el dulce / con el tablerito / con el tablerito».*[8]

Gracias a las cuevas que minaban el subsuelo de Trinidad, estos pregones adquirían una resonancia especial en ciertas calles, en determinadas esquinas, donde un sistema de acústica natural los multiplicaba. Al liquidar la pequeña empresa privada, el estado comunista liquidó los pregones, interrumpiendo así una tradición secular que no parece posible que se recupere. LC supo que la ciudad que la había cautivado, también le hablaba en sus pregones, y estos que aquí nos ha preservado puede que sean realmente los únicos que conserve la posteridad.

La autora dedica un largo espacio a glosar adivinanzas o acertijos que aprendió en sus viajes a Trinidad. Confieso que la primera vez que leí este libro me pareció que esa sección lo empobrecía y le restaba dignidad al relato. Vuelto a él años después me reconcilio con el propósito de LC de incluir ese repertorio en su reseña de este viaje que su memoria nos entrega. Las adivinanzas son algo más que una mera curiosidad de compilador frívolo: son en esencia un rasgo —acaso el más ingenuo— del perfil de una sociedad que Lydia Cabrera se empeña, con abundantes ejemplos, en trasmitirnos.

Quedan luego, en el nivel del léxico, en lo puramente morfológico, los vocablos que pervivieron en Trinidad, amparados por el mar y la cordillera de Guamuhaya, cuando ya habían desaparecido en otros lugares de Cuba. Tuve un amigo que coleccionaba estos «trinitarismos» y llegó a tener una lista respetable. Confieso, sin embargo, con gran vergüenza, que a pesar de ser trinitario no sé lo que es un «benergal», un «guardamangel» ni un «melampio».[9]

8. *Ibíd.*, p. 40.
9. *Op. cit.*, p. 56.

Pese a su brevedad, *Itinerarios del insomnio, Trinidad de Cuba* es realmente un libro que se propone y logra un alcance mucho mayor que el de sus proporciones aparentes. Por su composición podría llegar a confundirse, a veces, con un libro de apuntes en que la autora, con vistas a un trabajo mayor, incluyó diversos materiales con rigurosa síntesis; sin embargo, por debajo de ese supuesto caos, prevalece un orden, una armonía, que consigue ofrecernos la corporeización de un grupo viviente, de una peculiar sociedad provinciana, sin par en Cuba, que periclitó tras los rudos cambios políticos, económicos y sociales que ocurrieran en ese país.

Sincera gratitud merece Lydia Cabrera por este regalo que nos hace su memoria insomne y que, por obra de esas fuerzas que concita el destino, la convierten para siempre en parte viva del pueblo que tan fielmente ha recreado su amoroso recuerdo.

Me entusiasma el creer que la casa de Trinidad que ella concibió como su retiro —llamada también de los Conquistadores y en la que se hospedó el barón de Humbolt— llegue a ser conocida como la casa de Lydia Cabrera, en donde, confundiendo los tiempos —con el transcurso de generaciones— la gente común pueda pensar que la etnóloga criolla mostró alguna vez sus piedras mágicas al sabio alemán.

LA MEMORIA COMO SALVACIÓN: *ITINERARIOS DEL INSOMNIO. TRINIDAD DE CUBA* DE LYDIA CABRERA

José A. Escarpanter
Auburn University

El tratamiento del tema del pasado, visto como hecho colectivo o como experiencia personal, ha sido un motivo importante en la literatura de los países latinos. Los renacentistas, fascinados por el conocimiento del arte antiguo, soñaron con el ideal de la Edad de Oro, pero la escuela barroca, después de la plenitud gozosa del hombre que significó el Renacimiento, se detuvo a meditar la fragilidad del ser humano, su entorno y su trayectoria. Alrededor de ellos los artistas barrocos contemplaron bellezas que se marchitaban, riquezas que se habían agotado, amores que se esfumaban y glorias sepultadas en el olvido. Estas reflexiones suscitaron el concepto del desengaño, que conforma una gran vertiente de la literatura del siglo XVII.[1] El siglo siguiente, llamado «de las luces», intentó erradicar esa idea pesimista con su confianza plena en la razón y en los progresos científicos alcanzados por el hombre. El pasado se estimó entonces como una sabia lección histórica, como un aprendizaje necesario para que el ser humano consiguiera su realización plena.[2] Pero la llegada del Romanticismo, que defendió los derechos del individuo a la libertad y a los sentimientos, representó en cierta manera un retorno a los postulados del Barroco. El escritor romántico, conmovido por su imaginación y su sensibilidad, volvió a meditar sobre el destino del hombre en este

---

1. Este concepto se manifestó preferentemente en la poesía lírica y en el teatro. Recordemos como ejemplos precisos algunos sonetos de Góngora («Gozad vuestra juventud») y de Quevedo («A Roma sepultada en sus ruinas», «Arrepentimiento y lágrimas debidas al engaño de la vida» y «Enseña cómo todas las cosas avisan de la muerte»).
2. Dentro de esta actitud se encuentra la mayoría de las tragedias de Vittorio Alfieri.

mundo y comparó los instantes de dicha, casi siempre idos, con los momentos de infortunio. Así se crea la típica oposición pasado feliz/presente desgraciado que inspiró obras sustanciales de esa tendencia. El artista romántico casi siempre interpreta el pasado como época de paz y ventura en contraste con el presente, incierto y huraño.[3]

Esta actitud se prolonga en la corriente modernista que renovó el arte literario hispánico en las postrimerías del siglo XIX. Aunque muchos escritores coétaneos del Modernismo desarrollan el tema del pasado enriqueciéndolo con una interpretación metafísica del tiempo, como *Azorín* en España, hay que llegar a Marcel Proust y su ingente creación de *En busca del tiempo perdido* (1913-1927) para encontrar de veras un nuevo concepto del acercamiento del literato al pasado. El ayer ya no se concibe en puros términos históricos ni a la luz del presente para contraponerlo a él. Proust va al tiempo pretérito para rescatarlo y perpetuarlo en la obra de arte, la cual constituye su intención última.

El camino abierto por el narrador francés propició múltiples experimentaciones literarias que en su mayoría se han orientado más a la elaboración de nuevas técnicas narrativas y de novedosas interpretaciones del tiempo apoyadas en la obra filosófica de Henri Bergson que a plantear el viejo tema del pasado y su funcionalidad en el presente. Así sucede en el coto de la literatura hispanoamericana con figuras como Jorge Luis Borges, Alejo Carpentier y Gabriel García Márquez. Sin embargo, en nuestros días, una escritora cubana que se exilió en los primeros años de la revolución de 1959, Lydia Cabrera, ha retomado el tema y le ha aportado una nueva dimensión en *Itinerarios del insomnio. Trinidad de Cuba*, tomito publicado en Miami en 1977.[4]

La autora sostiene en este libro que rememorar las épocas pretéritas y las vivencias personales no es, como ocurría entre los barrocos y los románticos, una experiencia que conduce al desengaño y a la nostalgia. Lydia Cabrera, desde su perspectiva de exiliada, considera que recordar es un eficaz recurso contra el

---

3. Los versos finales de la elegía «Fidelia», del poeta cubano Juan Clemente Zenea, son un paradigma de este motivo:

> Mas... lo pasado fue gloria,
> pero el presente, Fidelia,
> el presente es un martirio:
> yo estoy triste y tú estás muerta.

4. Lydia Cabrera, *Itinerarios del insomnio. Trinidad de Cuba* (Miami: Peninsular Printing Inc., 1977). Todas las citas se refieren a las páginas de esta edición.

desaliento y la desesperación. La memoria para ella funciona como un arma poderosa al servicio de una actitud vital nacida del empeño de preservar la propia identidad con entereza y lucidez frente a los embates de la mala fortuna, postura que responde a una antigua tradición estoica que se encuentra tanto en la cultura española —recordemos la corriente senequista de la literatura peninsular— como en la negra africana trasladada a las colonias de América.

La autora desterrada no elabora una sutil disquisición con estas afirmaciones, sino que con un definido sentido pragmático las muestra aplicadas a su propia experiencia. En la «Carta a un amigo» con que se inicia el texto, declara:

> Me entrego a evocar los años que he vivido y los que otros vivieron antes que yo. Este ejercicio recomendable para conservar la memoria y rescatar de nuestras muertes sucesivas lo vivido en cada espacio de tiempo consumido... estimula la imaginación y afina la sensibilidad (2).

pues el ser humano «al recordar su pasado, defiende su identidad, defiende su alma distinta» (2). Esta actividad «le devolverá a tu alma que se quedó pobre, un poco de riqueza» (3-4). Afirma: «estas escapadas del presente... me alegran, me consuelan y siempre me obligan a darle gracias a Dios por haber sido sencillamente feliz» (4). Como podemos observar, nada más alejado de la actitud barroca y de la romántica que estas afirmaciones. La memoria para Lydia Cabrera tiene un saludable efecto vivificador que la reconcilia con la vida y con Dios.

«Mis recuerdos me impiden sentir amargura y me han curado ¡esto es muy importante! el terror que aquí, recién desterrada, me causó la muerte la primera vez que la vi por la cerradura de la noche» «4). Por ello aconseja al amigo: «Pon en práctica estos ejercicios que llamaremos de revivificación o recuperación de lo que ya no es, era nuestro y nos devuelve el recuerdo» (4). La memoria para Lydia Cabrera es la salvación que el destierro otorga a los desposeídos de la tierra natal.

La prosista trae aquí, pues, un nuevo sentido en el secular tema literario de los recuerdos y su función en el presente. Como modelo a seguir para el destinatario de la carta, la autora se dedica a hilvanar sus memorias de la ciudad cubana, las cuales se constituyen en el corpus del texto. Por tanto, la intencionalidad de éste viene a resumirse en un principio de pura categoría neoclásica: enseñarle al amigo los beneficios de adiestrar la memoria como instrumento seguro para afrontar las limitaciones que impone el presente.

Por todo ello, *Itinerarios del insomnio. Trinidad de Cuba* se aparta de los géneros que habitualmente cultiva la escritora exiliada. Resulta un ejemplo único dentro de su obra porque nunca antes había expresado esas ideas ni había seleccionado temática semejante, es decir, sus recuerdos personales. Ambos elementos hacen que el libro no se pueda catalogar en ninguno de los dos apartados que Rosario Hiriart ha deslindado en la extensa producción de la autora, a saber: las obras de ficción y las de investigación folklórica.[5]

En este texto, Lydia Cabrera se nos manifiesta en una dimensión íntima, absolutamente personal, como nunca lo había hecho antes. La publicación resume en su brevedad —68 páginas— los rasgos del apunte autobiográfico, el libro de viajes y la literatura costumbrista, animados por un amor enorme a la patria perdida. Una fuerte nota subjetiva aflora siempre en medio de las descripciones de paisajes, palacios, callejas y seres que componen la ciudad recordada. La autora no persigue aquí con precisión el dato suministrado por un informante autorizado, como en sus libros de investigación, ni elabora amenas historias del folklore mulato insular escudada en sus hábiles recursos de narradora, como en las obras de ficción. El texto brota y crece alimentado sólo por sus memorias, en las que confluyen armoniosamente las leyendas, historias y costumbres que los habitantes de Trinidad en cordial bienvenida le proporcionaron durante sus distintas visitas a la ciudad. Esta fue una de las siete villas fundadas por el adelantado Diego Velázquez en los albores de la colonización y se convirtió en uno de los centros urbanos más prósperos de la isla en tiempos de la colonia, pero decayó a comienzos del siglo XX y se quedó estática entre las montañas que la cobijan con un aura legendaria que le confirió un sabor único en el azaroso devenir republicano.

Al evocarla en este libro, Lydia Cabrera estima que su esfuerzo carece de valores literarios, pero, sin embargo, estos se advierten desde los comienzos, en la mencionada «Carta a un amigo». Aquí traza con perspicacia y sagacidad su visión nada amable ni entusiasta del vivir norteamericano contemporáneo apoyada en la técnica de la paradoja a la que su proverbial sentido del humor le infunde especial relieve. Así se encuentran expresiones como: «En esta prodigiosa civilización en que nos debatimos» (1), «este gran país, triste gran país» (1) y «la infelicidad de tanta prosperidad»

5. Rosario Hiriart, *Lydia Cabrera: vida hecha arte* (Nueva York: Eliseo Torres and Sons, 1978), pp. 182-194.

(1). Estos párrafos dedicados a Estados Unidos, pocos en verdad, pero elocuentes, son un alto ejemplo de prosa sociológica que traen a la mente las magníficas páginas que José Martí muchas décadas antes le dedicó a la misma civilización.

Después de los consejos, aparece el procedimiento principal que organiza el texto, es decir, la digresión, técnica que armoniza con el carácter del libro, ya que la memoria, continuo reflujo de experiencias y emociones, es una capacidad que no se produce con el rigor que muchos desean en los tiempos nuestros de apoteosis mecánicas y culto a las estadísticas. En consonancia con los caminos múltiples por los que transitan los recuerdos, el texto se va desarrollando a un ritmo lento, sin plan explícito y con evidentes saltos en el tiempo y en el espacio que cumplen a cabalidad con el espíritu del libro. En su desenvolvimiento van apareciendo los vecinos de Trinidad y las personas amigas de la autora que poco a poco enriquecen el texto con historias siempre interesantes, recetas culinarias, acertijos, pregones, poemas y canciones populares, elementos disímiles entre sí que terminan por configurar el texto como un especial «collage» criollo.

El tratamiento de las abundantes narraciones enmarcadas que se insertan sigue el procedimiento muy usado en la novela hispanoamericana contemporánea de las cajas chinas, pues un relato incluye a su vez otro y a veces el lector queda apresado en una confusa red de acontecimientos y personajes.

El dato autobiográfico es el que unifica y orienta todo el libro, aunque desprovisto, como las narraciones incluidas, de referencias cronológicas exactas porque, como se aclara en más de una ocasión, en la Trinidad que conoció la autora el incesante decursar de los años no existía y los fantasmas de épocas diferentes se paseaban confundidos con los habitantes reales en un ambiente mágico y único, imposible de hallar en otro paraje de la isla. «Todo era una resurrección continua, un pasar sin intermitencias de lo que había sido a lo que ya no era. Una armonía de realidades e irrealidades» (34), explica la escritora y poco después añade: «Por la magia de las palabras, por un continuo evocar se recrea todo, aquí en esta ciudad encantada —sin automóviles y ómnibus— y se cree ver lo que ya no existe» (34). Lydia Cabrera observa que en Trinidad, «el presente lleno de nostalgia, indiferente al porvenir, en cesación de esfuerzos inútiles, no se desprende del pasado. Hoy se disuelve en ayer e insensiblemente se torna imperecedero» (36). Es un mundo sin tiempo, como el de *Pedro Páramo* de Juan Rulfo, pero sin violencia ni desesperación. Así refiriéndose al guardián del cementerio comenta: «El único día que nos acercamos a él nos describió la epidemia del año 1895 como si hubiera acontecido hacía poco» (31) y más adelante:

Un señor nos hablaba de los estragos, aún visibles, que el ciclón había hecho en la planta alta de una de sus propiedades. En el curso de la conversación nos dimos cuenta de que no se refería al último ciclón que había cruzado por allí, sino a uno que azotó a Trinidad por los años 1870 (32).

En consonancia con esta atemporalidad, el texto con frecuencia emplea el tiempo presente en detrimento del pretérito, que es la forma usual en el libro de memorias y viajes: «Con lujo de detalles nos describe las volantas... No entiendo los términos que emplea. José de la Cruz se acuerda y nombra con amor a todos sus caballos» (10).

Por todos estos detalles, Lydia Cabrera titula la segunda parte del libro «La ciudad de los fantasmas» y escribe:

En Trinidad cualquier forastero por distraído que fuese, no tardaba en darse cuenta de que en ella no todos los muertos habían muerto: por breve que hubiera sido su estancia, de haber tomado contacto con su pueblo y haberse granjeado algunas simpatías, todos los muertos le habrían sido presentados y hasta hubiese llegado a conocer sus intimidades más escabrosas. (14-15).

Este viaje a los recuerdos conducido por la digresión posee otros muchos valores además del entramado técnico. Es evidente que el interés en el factor humano desplaza al descriptivo de la naturaleza y de la arquitectura, pues estos dos últimos elementos sólo integran el espacio físico para la creación del ambiente social de la ciudad. Ello no impide, sin embargo, que aquí y allá aparezcan descripciones de paisajes y monumentos en un estilo nominal muy vivo: «En Magua, borbotones de marabú. Casi rozándonos, escapan las flores de los piñones. Manacal: las copas inmensas de los mangos cuajados de flores-estrellas, naranjales custodiados por palmas reales, más frescura de platanales de hojas relucientes» (13).

En cuanto al aspecto humano, aparece multitud de relatos y leyendas sobre los antiguos trinitarios, pertenecientes a las más diversas clases sociales y étnias, muchos de los cuales se dice que se siguen manifestando como fantasmas en los rincones donde vivieron. Hay anécdotas sobre los nobles y los riquísimos dueños de palacios, tanto españoles, como el conde de Brunet, como criollos, como don Justo Germán Cantero, y norteamericanos, como Juan J. Becker; sobre caballeros y damas de la burguesía patricia, como Carlos Lucena y Monza de Lara y muchas historias sobre el pueblo blanco, los mulatos y negros libres y los esclavos. En este variopinto universo, surgen indistintamente en una y otra escala social, sin maniqueísmo alguno, la bondad y el mal. Se recogen narraciones macabras, como las del criminal negro Carlos Ayala, y otras sobre figuras abnegadas, especialmente mujeres, como la negrita Esperanza. Existe una tierna pintura de los imprescindibles mendigos y tontos de la ciudad, como la negra Ignacia la loca, María Cosita, la niña limosnera, y Anón, la negra vieja. El texto aporta varios incidentes que brindan una visión paternalista de las relaciones señor-criado y amo-esclavo, como la historia de don Justo Germán Cantero y su negro liberto Miguelito Fariñas, que atenúa los sombríos matices con que se ha pintado la esclavitud en Cuba en muchas ocasiones.

Todos estos relatos en lo que se entrecruzan amores, venganzas, orgullos y fidelidades e infidelidades, dan una descripción mucho más viva y rica de la ciudad que cualquier sesudo y documentado trabajo histórico.

Otro valor esencial de la obra es el costumbrista, que abarca la mayoría de los aspectos de la vida cotidiana. Abundan, en primer lugar, minuciosas recetas de la cocina criolla, como el sopón, la piña de almendra, el pilón de naranja y el matahambre y remedios medicinales caseros, como el cocimiento de geranio; se incluyen algunas «ensaladillas», especie de diatribas criollas sobre personajes conocidos, y los pregones de vendedores callejeros de frutas, dulces y comidas; los trabalenguas que hacían las delicias de los contertulios; las agudas adivinanzas; las letras de las canciones de las frecuentes serenatas; poemas de dominio popular, en su mayoría burlescos; oraciones compuestas al milagroso padre Valencia y se describen las principales fiestas de la ciudad, como los Carnavales, la Semana Santa, la Navidad y los bailes de los negros, así como la hospitalidad y el carácter amable de los trinitarios.

Dentro de este marco costumbrista ocupa una posición importante el lenguaje. Como es usual en los trabajos de Lydia Cabrera, aparecen expresiones populares llenas de gracia, como la de «como Dios pintó a Perico», es decir, completamente desnudo, pero aquí, afín con el carácter del tema, se menciona un buen grupo de dialectalismos del habla trinitaria. A veces son expresiones, como «tener en el mentar», o sea, tener presente en el recuerdo a alguien; otras, vocablos específicos, como «la piguaraya» que significa la honra, y otras, muchos términos que poseen una semántica especial en la ciudad, como «derrotero» con el significado de plano de algún lugar; las viudas, hombres que ocultos por un capuchón negro acudían a citas amorosas nocturnas, y el entierro para referirse a tesoros escondidos.

Además de esta amplia descripción de la vida trinitaria, la digresión que rige el texto permite que se incorporen a él abundantes comentarios y referencias a otras regiones y ciudades de Cuba, como Guantánamo, Holguín y, sobre todo, Santiago de Cuba, la cual se describe en expresivo contraste con Trinidad: «Santiago no era dado a evocar; es alegre, se divierte, empina el codo, sus embriagueces son de ron. A ninguna hora su atmósfera nos cautiva con aquel hechizo que en Trinidad hace que todo nos hable al alma». (40).

Por todos estos méritos literarios, lingüísticos e históricos que se unen a su peculiar concepto de interpretar la memoria, *Itinerarios del insomnio. Trinidad de Cuba* supera la intención didáctica que motivó a su autora para componerlo. En él nos ha entregado su libro más personal, donde nos expone su inquebrantable espíritu cubano y nos dibuja de modo indeleble sus experiencias a través de su fina sensibilidad. Pero también nos da una ejemplar lección de estoicismo que debe ser conocida y admirada por todos los cubanos en el exilio.

JICOTEA: UN GRAN PERSONAJE DE LYDIA CABRERA *

Mariela Gutiérrez
Concordia University
Montreal, P.Q., Canadá

En el pensamiento africano, la astucia es una virtud; el africano durante la esclavitud se sirve de la misma para una y otra vez salvar obstáculos o salirse de apuros, a veces de vida o muerte. En los cuentos negros de Lydia Cabrera podemos apreciar el valor que esta «cualidad» tiene para el africano a través de la *dramatis persona* de más popularidad en los cuentos de la autora, Jicotea, la tortuguita de agua dulce que en sí encarna la astucia misma, y que representa para el negro el símbolo de llegar a lo que se desea, tome el tiempo que tome el lograrlo. Lo importante es ser astuto y vencer contra los que supuestamente pueden más que uno.

Jicotea, en sus diferentes roles en los cuentos de Lydia Cabrera, se encuentra dotada de un sin fin de atributos, buenos y malos. En los relatos donde su lado maligno no sale a relucir, las características principales de Jicotea son la astucia, la magia y el ser amigo de burlas y tretas sin llegar a caer en la maldad; a veces nos hace reír, otras nos impacienta, pero siempre se le celebra su astucia sin par, la que lo salva de situaciones increíbles una y otra vez.

Por desgracia, Jicotea tiene un lado maligno, demoníaco, que destruye por momentos todos los recuerdos buenos que se tienen de él. Sus atributos malos son estremecedores. En cuentos como «La venganza de Jicotea» su conducta es amoral, es perverso, mentiroso, y sobre todo su astucia es malvada. En «El ladrón del boniatal» su maldad raya en lo inhumano. Aquí Jicotea es crimi-

---

* Este ensayo es parte de una publicación de la autora que lleva por título *Los cuentos negros de Lydia Cabrera: un estudio morfológico* (Miami: Ediciones Universal, 1986).

nal, malvado, amoral, falto de caridad para con su prójimo. Otro ejemplo es «El árbol de Güira que nadie sembró». En este relato Jicotea, es ante todo cruel, física y mentalmente, sin razón ni motivo, sólo por celos.

Hoy profundizamos más en el alma de Jicotea, analizando cuatro cuentos en donde lo veremos unido al símbolo, tanto él como los otros personajes que forman parte de cada cuento. No podemos olvidar la unión que siempre existe entre el personaje, su función y su símbolo, ya que toda actividad terrena, todo atributo en un ente, también está ligado al símbolo, que como dice Mircea Eliade es la unificación de un nivel con otro, porque bajo la fachada de las leyendas y mitos se esconden los principios morales y religiosos, y las leyes que gobiernan la vida del Universo.

Los cuentos que analizamos son «Osaín de Un Pie» (Cuentos negros de Cuba), «La venganza de Jicotea» (Ayapá), «Ncharriri» (Ayapá), y «La herencia de Jicotea» (Ayapá).

Los personajes de «Osaín de Un Pie» tienen características individuales que los acercan un poco más al lector, lo que no sucede en todos los cuentos de la autora, aun así el relato mismo les permite alcanzar una profundidad dramática un tanto superficial: la negra está recién casada, cansada, perezosa, con antojos de dama blanca, su marido es complaciente, hace el caldo, pero sólo va a recoger los ñames en segunda instancia, mandando a la mujer primero; el rey tiene control sobre su ejército el cual está formado de hombres valientes, que tratan de recoger los ñames; al rey se le llama buen gobernante, reflexivo, y terco; Osaín de Tres Pies es un Santo de Yerbas, un Santo Adivino. Osaín de Dos Pies es Yerbero y Adivino también pero es más viejo que el primero, y por lo tanto más sabio. Osaín de Un Pie es por igual Yerbero y Adivino. Los tres adivinos y sus mismos atributos claramente representan la trinidad empleada en el folklore tradicional; sabemos que en el folklore en general hay siempre tres deseos, tres pruebas, tres princesas o príncipes, tres brujas, etc... porque el número tres es equivalente de la síntesis, de la plenitud. Tengamos también en cuenta que en la mayoría de las tradiciones existe al menos una trinidad; a veces, como en el cristianismo, hay varias trinidades, por ejemplo la del Padre, Hijo y Espíritu Santo; las tres virtudes teologales: Fe, Esperanza y Caridad; los tres Reyes Magos, entre otras. En las creencias africanas la trinidad está representada por Olodumare el Creador, por Obatalá su hijo y ejecutor de sus designios en la tierra, y por los Orishas, santos intermediarios entre los hombres y el Ser Supremo.

Por otra parte, el símbolo del hechicero o adivino está ligado al del gigante y al del brujo, o sea, es la personificación junguiana del padre terrible de nuestra infancia o del mito de Saturno, padre devorador. El hechicero, como el gigante; puede aparecer en el folklore como protector de un pueblo, pero también puede ser maléfico, puede ser defensor o enemigo, que simbólicamente representa las fuerzas de la naturaleza, el poder primordial, lo elemental, la obscuridad, la noche y el invierno.

También tenemos en el relato a Jicotea, que como siempre hace su aparición llena de astucia, mintiendo, sin maldad esta vez, sólo para proteger su albergue. Una característica importante de Jicotea en este relato es su naturaleza mágica, por lo que puede resucitar al final, aun cuando ha sido despedazada.

Si nos detenemos ante el tema del despedazamiento, o desmembramiento, que aparece en relación con el poder mágico de Jicotea de reunir sus miembros dispersos, vemos un símbolo que data desde la antigüedad. El más conocido es el mito de Osiris despedazado por Set, quien dispersó sus partes, las que Isis buscó y reunió de nuevo. Es común en las mitologías que los gigantes sean destrozados y luego sus pedazos se reúnan mágicamente; lo mismo sucede con la espada de Sigmundo, que hecha pedazos sólo Sigfrido puede recomponerla. Aún más, en la mitología de la India todo desmembramiento revela el proceso de la formación de la unidad primigenia que emanó de la multiplicidad o sea, la reintegración de todo en la unidad. Si mencionamos el cristianismo, por ejemplo, su meta ha sido convertir al hombre en un ser unitario espiritualmente.

Por lo tanto, el simbolismo básico del desmembramiento es el de la iniciación a través de la muerte y el renacimiento, haciendo necesaria la muerte del individuo antes de su reintegración. Podemos agregar que el despedazamiento está ligado también a la idea de sacrificio. Sabemos que muchos dioses, como Osiris o Dionisio, fueron descuartizados, sus pedazos dispersos, y luego reintegrados a su forma inicial; así, este proceso representa la multiplicidad del universo en su creación y por consiguiente su retorno final a la unidad primera.

Con todo lo antes dicho no podemos dejar de mencionar que en la mitología yoruba el desmembramiento y reintegración de un Orisha (santo, deidad) también significa el retorno a la unidad primordial; por eso Jicotea que, entre su sin fin de características, es también Orisha, sufre desmembramientos en algunos relatos y siempre sus pedazos vuelven a reunirse.

En «La venganza de Jicotea» *(Ayapá)* Jicotea se muestra tan astuto como siempre, pero en este caso su astucia es malvada, sin razón; en este relato él es amoral porque hace el mal para sólo satisfacer un deseo o capricho, rayando en la perversidad. Sus mentiras son parte de su juego de hacer el mal para aliviar una carencia innata, ya que el Elefante no es culpable de la pequeñez de aquél.

El Elefante, a su vez, está dotado de atributos que molestan a Jicotea, y es obvio que el Elefante es el obstáculo a la felicidad de Jicotea. El es grande «inmenso, imponente, como una montaña, inaccesible» a la pequeñez de Jicotea, pero cae en la trampa de ser goloso.

El elefante simboliza fuerza, fidelidad, memoria, paciencia, sabiduría, y no podemos negar que atributos como estos lo hacen digno rival de los celos del perverso Jicotea. Por otra parte, el que Jicotea ciegue al Elefante es un acto simbólico relacionado con el simbolismo del Ojo Divino o Místico como facultad omnisciente, luz, poder, conocimiento, infalibilidad. Al quedar ciego el Elefante, su ceguera física le abre las puertas a la visión intuitiva, facultad que está ligada con el poder del Ojo Divino.

Un insignificante gusano de tierra es el auxiliar en el cuento; pero nuestro gusano no tiene relación con su simbolismo tradicional de muerte, disolución, y energía reptante y anudada. Sin embargo, es de notar que por contraste con el Elefante el gusano tiene la misma característica de Jicotea: ser pequeño, en revancha, esto le sirve de virtud, y no de falta, devolviendo con su generoso gesto, un bien por un mal.

En el hermoso relato «Ncharriri» *(Ayapá)* nos encontramos ante un personaje extraordinario, un monstruo increíble llamado Ncharriri, al que se le describe dotado de cuernos admirables, uñas de tigre, dientes de marfil, una nariz larga pintada de amarillo, grandes orejas redondas ornadas de caracoles, una cola flexible y airosa que termina la copa de un arbolito lleno de flores extrañas y cocuyos fulgurantes, con pies en vez de patas, ojos de cuentas rojas, cuatro manos inmensas, y... un corazón. No es preciso decir que nuestro monstruo es un digno ejemplar entre las bestias fabulosas del folklore mundial.

La otra *dramatis persona* en el cuento es Jicotea, que una vez más, en el rol de animal mágico, posee ciertos poderes que utiliza en este relato para vencer a Ncharriri. Por ejemplo, tiene el don de la palabra para encantar los ojos; Jicotea también transforma un hilo de agua en un cerco de llamas, y se transfigura, ante los ojos encantados del monstruo, en una bellísima doncella. Por otra parte, al eliminar el peligro de Ncharriri, Jicotea realiza una buena acción, ya que salvando a las doncellas del pueblo su actuación cobra calidad humana.

Ncharriri, como cualquier otra bestia fabulosa, posee una combinación de diferentes características físicas que sugieren otras posibilidades de la creación y la liberación de los principios convencionales que rigen los fenómenos del universo. Tengamos en cuenta que los monstruos compuestos de variados atributos son símbolos del caos primordial o de los poderes aterradores de la naturaleza, y que ante todo los monstruos aterradores representan el mal o las fuerzas caóticas del mundo y de la naturaleza humana.

Es interesante recordar que algunas bestias fabulosas del folklore tienen como adversario a un dios o a un héroe, como es el caso de Marduk, el Creador, que vence a Tiamat, símbolo del caos primordial; o Teseo que vence al Minotauro; sin ir más lejos, recordemos que muchos caballeros matan dragones. Hazañas de este tipo siempre representan el triunfo del orden sobre el caos, del bien sobre el mal, de la luz sobre las tinieblas.

Así, en este relato, Jicotea puede ser comparado con uno de estos héroes, al salvar a las doncellas de las garras de Ncharriri. ¡Y qué hermoso es Jicotea!; en su personaje hay la magia que todo héroe debe poseer y hay el espíritu de la contienda —en este caso mental y sobrenatural— que se lleva a cabo entre él y el monstruo que amenaza a las doncellas del pueblo. Jicotea es el héroe de las doncellas y del pueblo, triunfando sobre el caos y los poderes aterradores de la naturaleza simbolizados en el personaje de Ncharriri.

Hemos visto, aunque escuetamente, que en la esfera del personaje encontramos atributos que le pertenecen y que dan colorido al relato, y que varían según la realidad histórica del momento, sin contar las influencias de la religión, la tradición y las leyendas nacionales. O sea, según el lugar donde se encuentren nuestros personajes, según el escenario en el cual se desarrollen, tendrán cualidades y atributos diferentes, como bien se puede constatar en los cuentos negros de Lydia Cabrera, con los personajes de Jicotea, el elefante, el mono, los dioses, entre otros. Por otra parte, lo que abre posibilidades sin fin son los atributos dados a los personajes, sus cualidades, características, a veces humanas o mágicas, otras ancestrales o divinas, sin olvidar las características rituales, míticas o religiosas que algunos de los personajes poseen, gracias a la repetición de los rituales ancestrales que mantiene siempre en el subconsciente colectivo del mundo ese pasado mítico de la humanidad.

El cuento de «La herencia de Jicotea» (Ayapá) se presenta como una verdadera joyita de la literatura afrocubana. Este relato respira el espíritu africano por cada uno de sus poros, ya que en él se encuentran la veneración de la astucia, como virtud, y varios de los símbolos que están en relación con la muerte y la inmortalidad de Jicotea.

No es el marido Jicotea, sino su viuda Mamá Ayé la protagonista en este cuento. Mamá Ayé está vieja pero aún le queda su astucia. En el relato Mamá Ayé siempre habla español con el acento lucumí (yoruba). También vemos por primera vez, en el último cuento del volumen *Ayapá*, que una Jicotea muere; la inmortalidad de que se encuentra investido este animal en la tradición africana, se pone en duda con la muerte del marido de Mamá Ayé... ni ella misma puede creerlo, al principio.

Sin embargo, no podemos descartar el hecho tan fácilmente sin analizar el simbolismo tradicional, tanto europeo como africano, de Jicotea (tortuga). La tortuga tradicionalmente simboliza la longevidad, la astucia, la lentitud, la lujuria, la fecundidad, la regeneración, el comienzo de la creación, el tiempo y, en ciertas instancias, la inmortalidad. Como símbolo cósmico se relaciona con la inmortalidad, pero como símbolo de la realidad existencial se relaciona con la longevidad. Por eso el marido de Mamá Ayé puede morir, él es sólo una representación terrena del símbolo, que nunca muere: no puede morir la Tortuga Negra de la cultura china, símbolo del caos primordial; no puede morir la tortuga taoísta, símbolo del Cosmos, con su carapacho redondo representando el Cielo, su interior gelatinoso representando la Tierra o el Hombre, y su bajo vientre son las aguas. Los símbolos no mueren, sólo sus representaciones. La jicotea simbólica de las creencias africanas es un genio o duende que maneja las fuerzas secretas de la naturaleza; su nombre lucumí (yoruba) es Ayapá. En su forma existencial tiene como cualidades principales: el poder de resurrección —por lo que se le cree inmortal—, una astucia inconmensurable, y el honor de ser vehículo y alimento ritual del dios del trueno, Changó; también los africanos dicen que puede hablar con los hombres como lo hacen los espíritus.

Por último, si consideramos que la Muerte en el simbolismo tradicional precede al renacimiento espiritual, entonces Jicotea sólo muere para renacer de otra forma; su período terreno termina para comenzar otro de reintegración al cosmos. Esta idea de regeneración continua, asociada también a la filosofía y a las creencias africanas, puede tomarse en consideración ante la muerte de Jicotea.

El antagonista no es un ser sobrenatural, es el bodeguero Gómez, hombre servicial, pero con la doble intención de que todo servicio debe ser recompensado. A Gómez se le describe como buen bodeguero, buen regateador de precios, con la costumbre de alisarse el bigote, siempre con alpargatas cómodas y un poco metido en donde no lo llaman. Su personaje recuerda al bodeguero español, típico de las bodegas cubanas.

Para concluir es preciso decir que todo lo que hemos expuesto anteriormente es posible en la obra de Lydia Cabrera porque su ficción es ese modo «nuevo» de representar la realidad, a través del descubrimiento de nuevas esferas de realidad y la implicación de nuevas experiencias e interpretaciones de la realidad. Su ficción da cabida al irracionalismo y por lo tanto a la ambigüedad, al mito, al sueño, a lo absurdo. La ficción de Lydia Cabrera contiene la elaboración mítica y mágica del superrealismo, o sea la revelación de una realidad maravillosa escondida —la africana— que convive en medio de un mundo blanco y cristiano.

LYDIA CABRERA EN LOS ESTADOS UNIDOS *

LILIANE HASSON
Universidad de París III - Sorbonne Nouvelle

Al llegar a los Estados Unidos en 1960, la autora de *El Monte,*[1] suma de etnografía afrocubana, ya lleva más de 30 años de intensa labor investigativa y creadora, con una obra científica, literaria, e incluso artística, de asombrosa riqueza. Obra que Lydia Cabrera prosigue en el exilio con insaciable curiosidad: lingüística, botánica, medicina popular, recopilación de leyendas, refranes y chascarrillos de los negros cubanos, amén de dos libros de cuentos.[2] Ante la imposible tarea de dejar constancia en este breve espacio de la magnitud de tal obra, le dejo la palabra a la misma Lydia: me concedió una larga entrevista en julio de 1985, en su casa de Miami, de la que entresaco algunas porciones referentes a los últimos veinticinco años. Luego pasaré a analizar su último libro de ficción, titulado con humor *Cuentos para adultos niños y retrasados mentales.*

Conversación con Lydia Cabrera

Reside L. C. con su amiga María Teresa de Rojas («Titina»), insigne paleógrafa, en la planta baja de una sencilla casa del barrio residencial de Coral Gables. En la salita, muchos lienzos,

---

* Una versión de este trabajo fue presentada en el simposio *The cultural expression of Hispanics in the United States,* organizado por las Universidades de París III y París VII, 12-14 de marzo de 1986.

1. Lydia Cabrera, *El Monte (Notas sobre las religiones, la magia, las supersticiones y el folklore de los negros criollos y el pueblo de Cuba),* (La Habana, Eds. CR, 1954); (Miami, Florida, col. del Chicherekú, sexta edición, 1983).

2. *Ayapá: Cuentos de Jicotea* (Miami: Eds. Universal, 1971). *Cuentos para adultos, niños y retrasados mentales* (Miami: col. del Chicherekú en el exilio, 1983).

dibujos y litografías de artistas cubanos, entre los cuales se destacan cuadros de Wifredo Lam.[3] Las estanterías se hallan repletas de figurillas y objetos rituales de los cultos afrocubanos, no todos auténticos, y originales muestras de creaciones artísticas de la misma Lydia. Presencia la entrevista, al lado de Titina, Isabel Castellanos, profesora de Lingüística y amiga de L. C.

Igual que sus informantes negros, L. C. odia los «aparaticos»; sin embargo, y sin hacerse de rogar, me dejó grabar la entrevista, por espacio de noventa minutos. Entrevista que, como se verá, se convirtió muy pronto, por obra y gracia de Lydia, en charla informal. En varias ocasiones, Lydia pasó al francés, idioma que habla con verdadero deleite y que domina perfectamente.

Liliane Hasson: Lydia, usted ha publicado más de diez libros en estos años de exilio. ¿Le habrá costado trabajo escribir alejada de su país, alejada de su gente?

Lydia Cabrera: A mí me ha pasado lo siguiente: yo pasé aquí diez años, *sans bouger du pays. Alors j'arrive a Madrid. Le troisième jour, j'ai commencé a écrire. J'écrivais tout le temps, tous les jours, c'est curieux.* Llegué a España y a los tres días... (estaba escribiendo)... ¡casi todos los libros, esas «maravillas»! (ríe)...

Isabel Castellanos: Pero usted sacó las fichas suyas de Cuba ¿no? Es lo importante.

L. C.: Sí es un dato importante. Íbamos a salir por una semana, para orientarnos, para tener una idea. Y luego vimos aquellos baúles. Chica, ¿cómo diablos se me ocurre llenarlos con todas mis notas?... Con eso escribí... Eso es magia. Bueno... *on dit que je suis sorcière!*

L. H.: *On le dit, on le dit!* (risas).

L. C.: No nos quedamos en España más que dos años porque yo me enfermé. Mi médico estaba aquí y me salvó la vida. Entonces... seguí trabajando mucho, con resignación. Y tengo tantas notas que no se acaban nunca.

L. H.: Hay muchos negros cubanos aquí en Miami, ¿no?

L. C.: Bueno, le avisaron a la Virgen que venían para aquí, le pidieron que los salvara, (tienen) una fe, un sincretismo interesante, muy curioso... Aquí, luego he perdido el contacto con (ellos)... Sé que hay muchos santeros en Miami. Pero me temo que eso se vuelva un comercio. Yo hubiera podido ganar mucho dinero aquí. *Parce qu'on m'a demandé des consultations par téléphone.*

L. H.: *Vraiment?*

3. Wifredo Lam ha ilustrado *Le retour au pays natal,* de Aimé Cesaire (poemas), traducidos al español por L. Cabrera, La Habana, 1942.

L. C.: ¡Cómo no! «Quiero que me dé una consulta, que le pago lo que usted me pida». Pero dije: «No puedo, no estoy iniciada». Yo no tenía cara para tomarle el pelo a nadie.

L. H.: ¿En qué está trabajando ahora, Lydia?

L. C.: En este momento, creo... creo que no estoy haciendo nada.

I. C.: Pero acaba de terminar el libro de los «pataquíes».

L. C.: ¡Ah, no! Todavía no está terminado.

L. H.: ¿Qué son los «pataquíes»?

L. C.: Es una cosa muy bonita, es algo muy bonito en el sistema de adivinación yoruba, lucumí. Son los ejemplos, las moralejas, a eso se le llama «pataquí».

I. C.: Sí, el pataquí es un cuento, con una conclusión edificante.

L. H.: ¿Y eso es lo que está haciendo?

L. C.: Bueno, recomponiéndolos.

I. C.: Se les puede llamar *Cuentos mitológicos*, que según le he oído (parece que) será el título definitivo.

María Teresa de Rojas: O *Relatos* (mitológicos).

I. C.: Sí, algunos son «pataquíes», otros son hechos por Lydia tomando temas mitológicos.

L. H.: Dígame, Lydia, ¿cuándo recopila, cuándo adapta, cuándo inventa de su propia cosecha?

L. C.: *Eh bien par example, «El Monte», ça, tout ça, c'est vrai, c'est un livre honnête. Dans les contes... ce n'est pas tellement honnête!* Incluso los dos últimos libros de cuentos, *Ayapá: Cuentos de Jicotea* (1971) y *Cuentos para adultos niños y retrasados mentales* (1983)...

L. H.: Son cuentos inventados, no adaptados, ¿verdad?

L. C.: Todavía no sé.

L. H.: ¿Puede evocar los problemas editoriales que encuentra aquí?

L. C.: Tengo un libro que (es importante), no porque lo hice yo, sino por la información que contiene sobre una sociedad secreta. Se trata de *La Lengua secreta de los Abakuá*, un vocabulario que está inédito todavía. (N. E.) Me han pedido doce mil dólares para editarlo.

I. C.: Es que ella ha publicado la mayor parte de sus libros por su cuenta.

L. C.: Cuando podía los publicaba yo, naturalmente, los costeaba.

L. H.: ¿Incluso *El Monte*?

(N. E.): Este libro se encuentra actualmente en prensa. Su título es *La lengua sagrada de los Ñáñigos.*

L. C.: *El Monte* también. Tiene ya seis ediciones. *On est en train de le traduire en anglais.* Y ahora salió en italiano, en una edición muy bonita. Usted sabe que (a) este libro lo llaman «la Biblia».[4] Es gracioso... *La lengua secreta de los Abakúa* es un libro importante porque... (los Abakuá constituyen) una sociedad impenetrable. Yo tuve la suerte de tener un informante, un negro que me quería mucho (y a quien) le salvamos la vida. María Teresa, que tenía una casa muy bonita —la Quinta San José—,[5] le hizo un cuarto con su baño y el negro nos adoraba. Un día me dice: «Niña» —*on nous appelle «niña»*, es muy gracioso— «Niña, ¿tú tienes ganas de saber de los ñáñigos, de los Abakuá? Coge la libreta y ven para acá». Entonces fui y me encontré con dos negros viejos. *Ils m'ont dicté un livre qui est encore inédit et que je considère pour ça très important* porque nunca se ha podido hablar de los Abakuá, de sus ritos, de su idioma, etc. Pero ahora no lo puedo publicar porque me han pedido doce mil dólares por la edición.

L. H.: ¿No habría alguna posibilidad en España?

L. C.: En España lo que pasa es (que la distancia causa dificultades) con la corrección de pruebas y tardaría mucho en salir. A lo mejor me muero, y me gustaría verlo impreso.

L. H.: En la revista *Noticias de Arte*[6] he leído que los Abakuá se sentían halagados de que usted se interesara por sus tradiciones con respeto y comprensión.

L. C.: Claro, yo me acerqué a ellos con mucho respeto ¿por qué no? Es una religión como cualquier otra. (Isabel) va a publicar un libro sobre el bozal, que es la manera de hablar del negro cubano viejo, porque eso se pierde.

I. C.: Es un criollo que ya no se habla, o sea, nada más que se utiliza en las canciones...

L. H.: ¿Y se entiende la letra?

I. C.: Sí, se entiende, porque es un criollo ya muy españolizado, con rasgos... de las lenguas africanas. Lydia tiene grabaciones antiguas y son las únicas que hay. Las hizo en Matanzas. Son de cantos y es el único corpus oral. Todos los demás son datos escritos.

---

4. Según testimonio de una Santera.

5. La Quinta San José, en La Habana. Cfr. en la misma entrevista: «(era) una casa preciosa del siglo XVIII, que pensábamos entregar a la Nación, para crear lo que los americanos llaman un *house-museum*. Una de las primeras cosas que hizo el Gobierno fue derrumbarla».

6. *Noticias de Arte*, Nueva York, n.º especial, *Homenaje] a Lydia Cabrera* (mayo, 1982).

L. C.: Sí, yo reproduzco el habla del negro, me parecía tan interesante que lo transcribía fonéticamente.

I. C.: El trabajo que se puede hacer es nada más que sobre la gramática.

L. C.: «Yo desí que yo pué hablá como bozal». Es que esta gente fue muy buena conmigo. Me abrieron las puertas de un mundo que yo no podía imaginar. Si no, cuando acabó la guerra, me hubiera vuelto a Francia.[7] Como ellos sentían que me acercaba con respeto, me abrieron las puertas de un mundo interesantísimo.

L. H.: ¿Tiene algún vínculo con los investigadores cubanos que permanecen en la Isla? ¿Está al tanto de lo que se publica en Cuba en materia de etnología?

L. C.: Es que nunca he sido una intelectual, nunca he hecho vida intelectual. Yo soy una persona muy solitaria. Pero ojalá se interese alguien y trabaje bien.

L. H.: ¿Algo más, Lydia?

L. C.: ¿Qué le voy a decir? Nada, que hay que resignarse...

Lydia Cabrera expresa conmovida su agradecimiento a los que le «abrieron las puertas» de su mundo, por el respeto que les manifestaba. No sin angustia, lamenta no poder publicar su libro sobre la lengua de la Sociedad Secreta Abakuá. Desconfía de los santeros de Miami, por lo cual abandonó la investigación de terreno para dedicarse a explotar el tesoro de sus fichas traídas de Cuba, a escribir obras de ficción y a pintar.[8] Hace hincapié en su afán de soledad y reitera la necesidad de resignarse.

Cuentos para adultos niños y retrasados mentales

Decía antaño Fernando Ortiz, el gran etnólogo africanista, que los cuentos de su cuñada Lydia Cabrera resultaban de «una colaboración, la del folklore negro con su traductora blanca».[9] La «traductora» se ha convertido en creadora, y los *Cuentos para adultos niños y retrasados mentales*, se nutren de la amplia cul-

7. Lydia Cabrera residió en París de 1927 a 1938.

8. En los años 30, decidió renunciar a la pintura y quemó sus lienzos. En el exilio de Miami, se dedicó a pintar piedras y «Chicherekús» (piedras mágicas).

9. L. Cabrera, *Cuentos negros de Cuba*, prólogo de Fernando Ortiz, titulado «Prejuicio» (La Habana: La Verónica, 1940). La primera edición del libro apareció en francés, *Contes Nègres de Cuba*, trad. de Francis de Miomandre (París: Gallimard, 1936).

tura literaria de Lydia que, por supuesto, no se limita al Caribe; de su vivencia; de su fantasía y savia poética. En este cuarto libro de cuentos,[10] escrito casi medio siglo después del primero y publicado en 1983, se involucra la autora personalmente.

Muchos protagonistas de los cuentos, hombres, animales, diablos, proceden de la Isla de Cuba; tampoco faltan los ogros, las sirenas, las hadas disfrazadas de brujas del medioevo europeo, con intrigas similares, nada específicas de los mitos afrocubanos. Y se encuentran algunas citas de *Las mil y una noches*, como en «Cara linda-cuerpo de araña», en que la doncella monstruosa le dice al joven «bien parecido»: «¡Habla... o te mato!» Más que reminiscencias, son coincidencias, más que transposición, es creación partiendo de la trama común de los cuentos universales. No sin razón se llamó a LC «hermana tropical de los Grimm». Se dan en *Cuentos para adultos...* las funciones narrativas tales como las definió Propp en su *Morfología del cuento popular ruso*: presentación, prueba y lucha, recompensa / castigo. Pero en LC son escasos los desenlaces felices. Ignora el maniqueísmo, sus personajes son, sin juego de palabras, blanquinegros, con ogresas piadosas y diablos enamorados. En el cuento «Se va por el río», la protagonista es como una Cenicienta de las favoritas de su esposo. Salvada por una cuchara milagrosa, renuncia al trono que le ofrecen: «No quiero ser reina poderosa. Lo único que deseo es un poco de cariño». Se lo dio el pueblo entero, y «vivió adorada y feliz... más allá del fin de sus días». La cuchara había sido el instrumento de su destino. Con poesía y sutileza psicológica, la escritora ha renovado el consabido relato.

Aparecen en varios cuentos los temas autobiográficos, siempre disfrazados. En el ya citado «Cara linda - Cuerpo de araña», se evoca «una de esas casas antiguas y abandonadas que aún milagrosamente no han derrumbado las piquetas del presente», alusión clara a la Quinta San José donde vivió hasta 1960: viejas mansiones donde los fantasmas de los antiguos moradores «se obstinan en permanecer». Así expresa Lydia su angustia del olvido y de la muerte. Con el mismo pudor pero hondo pesimismo evoca la casa «de las horas perdidas, de las vidas perdidas». Con sus duendes y su mujer-araña, es un cuento filosófico desgarrador sobre la condición humana, sobre las ilusiones perdidas, que aparece con otros dos relatos en un capítulo titulado «Tres historias para viejos adolescentes románticos».

Lydia rescata del olvido su juventud habanera, los años mozos

10. *Cuentos negros de Cuba,* 1936 y 1940. *Por qué... Cuentos Negros de Cuba* (La Habana: Eds. C.R., 1948), *Ayapá: Cuentos de Jicotea,* 1971.

de su familia en el siglo pasado. Hay varias escenas costumbristas que evocan la sociedad colonial, La Habana de los quitrines y de la esclavitud. Describiendo minuciosamente los artículos valiosos pregonados en una subasta, aparece en la enumeración «una negrita criolla de veinte años», y surte más efecto tal denuncia que los comentarios plañideros. En otras páginas, retrata a la aristocracia criolla a través de la mirada de un gato hambriento. LC supera el costumbrismo denunciando las lacras del antiguo régimen.

Otros cuentos aluden más directamente a la situación actual. En »La antecesora», «aparecían las golondrinas en el cielo radiante de una isla que aún se llama Cuba». Pero su destino es «emigrar de cielo en cielo», su patria es «temporera». Cosa inusitada, emplea la primera persona: «nos detuvimos en Trinidad de Cuba».[11] Había allí el sabio profesor, un Salomón «universalmente desconocido» que había dedicado su vida a descifrar el lenguaje de los pájaros. A aquel sabio, el canto de un pájaro le despertaba, «aunque sea en la Florida», la imagen del «Jardín del Paraíso». Ejerce sobre sí misma una ironía festiva y conmovedora. Hay otros ejemplos. Si los cubanos tuviesen la misma vocación de emigrar que las golondrinas, no se lamentarían tanto «de su suerte en las tierras en que por sus culpas se han refugiado...» Algunas cubanas se «yankinizan» y salpican sus oraciones de voces americanas. El tema es de mucha trascendencia, y la última frase del libro es para fustigar a los americanos que «sin descanso sólo en ganarla pierden la vida».

La sátira de la antigua sociedad cubana es feroz y burlesca, como en este cuento de «La muerte de María Feliú» en que los respetables empresarios especulan en torno al cadáver de su madre. En otra tierra, en un tiempo no tan remoto, los *manduchka* acabaron con todo, ya no quedaba comida. Luego se llamaron *manduchkabanos*, y resultó peor.

Otro tema muy recurrente en todo el libro es el de la traición, la del amigo por el amigo, del pobre por el rico... y sobre todo del hombre por la mujer, no sin cierta misoginia, como en tantos cuentos de tradición oral.

El rasgo esencial de este libro de cuentos es un humor polivalente, una maliciosa gracia que hace su lectura tan amena y entretenida. Aquí, unos toques leves en que la escritora entabla una complicidad con los retrasados mentales que somos, advirtiéndonos que no hay que tomar al pie de la letra sus relatos:

11. Cfr. L. Cabrera, *Itinerarios del insomnio. Trinidad de Cuba* (Miami: Eds. C.R., Peninsular Printing, 1977).

este bosque de la Isla era, «contra toda lógica, recinto de brujos y diablos». Hallamos este mismo distanciamiento cuando se parodia a sí misma, burlándose del estilo melodramático: «La niña murió, ¡qué dolor, qué dolor, qué pena!»». En cuanto a los ogros, hoy los hay disfrazados por todas partes, antes eran «más sinceros». En otros cuentos despunta la picardía, un escabroso erotismo que provoca la carcajada. Así se percibe en la mujer adúltera del cuento «Pasión infernal». Instaló a su amante en una capilla donde «le ofrendaba a diario». El cuento gira en torno a esta ambigüedad del vocabulario religioso de doble sentido. «¡Pídele a tu Santo...! ¡Pídele!» le decía el marido engañado. Y ella se pasaba el día en «oraciones y adoraciones». Hasta que el marido descubre la burla y se venga de ambos. ¿Final edificante? No, por cierto. Hay otra conclusión, muy pagana: «Esto podía ocurrirle antes a las mujeres cuando el adulterio era un pecado. Un pecado mortal». De doble sentido también el verbo «comerse»; el pastorcillo ogro debe *comerse* a la mujer. Tanto así que un ogro que no ha comido a una mujer no pasa de la adolescencia. Digno de Lazarillo, el gato acogido en casa de una Santera «bayusera», y a mucha honra, porque «las damas» lo prefieren a sus «putañeros parroquianos». Digno de un personaje de Boccaccio aquel caballero cuyo dedo se ha extraviado «entre las faldas de una mulata de rumbo y rumba y jamás regresó...»» Lo lúdico en estos cuentos se da también en un sinnúmero de inventos y juegos de palabras como en estos ejemplos: «Ha muerto el León —¿de qué?— de repentón». O de las golondrinas que hablaban «a *sotto* pío», o del famoso «marinero Mariano Lamar». En el cuento «Por falta de espacio», que es una apología del goce sexual liberado de convencionalismos, la protagonista firma su testamento a favor del incestuoso amante: una larga retahíla de apellidos que finalizan con «Martínez Reboyo». Pero no había espacio sino para «Martínez Re...» «Preguntó alarmada: ¡Licenciado! ¿Dónde, dónde pongo boyo?» Atrevido desenlace... Y a veces la mitificación se vuelve mistificación que raya en sacrilegio:

«Dios tenía un hermano mayor que es por lo que se dice ¡Ay Dios! ¡Ay Dios mío! y de ahí que a Ay se le miente primero en consideración a su edad, aunque Ay no servía, ni sirve para nada». («Más diablo que el diablo»).

El delirio verbal, la innovación metafórica, el simbolismo poético, caracterizan el estilo de LC. Brota un arte muy visual, no sin parentesco con la pintura surrealista, no sin reminiscencias de El Bosco. Al evocar las pasiones humanas (el amor, la envidia, la codicia), nos envuelve en su universo mágico, donde la mujer ansiada se convierte en agua entre los brazos del amante. Las aguas y los bosques, la manigua y la sabana, el sol y las tormentas, participan de las acciones humanas en el mundo panteísta de LC. De ahí un clima de misterio de gran intensidad poética. Abundan las aliteraciones como ésta: (una bruja) «hecha de cieno, sin una partícula de cielo». Abundan los versos engarzados en las frases: «Partió el muchacho alegre / como arroyo de agua clara / que va de mañana cantándole al sol» (dos octosílabos y un duodecasílabo). El ritmo es descabellado, el movimiento incesante, con una profusión de verbos de acción y de sustantivos. Es un dechado del arte de narrar, situando el cuadro y la acción con escasos adjetivos, escasísimas descripciones.

La moraleja de este libro de cuentos es sumamente inmoral, con respecto a la moral cristiana. Nos invita a gozar de los bienes terrenales sin temer a Dios ni al Diablo. Hasta pone en tela de juicio el dogma de la virginidad de María. Como en el Buñuel de *El discreto encanto de la burguesía*, se vale de la inversión de valores para sugerir la relatividad y el distanciamiento. Una ogresa era tan malvada «que hubiera sido capaz de vender a Dios su alma». El ladrón cumple a cabalidad con su deber profesional, que es conseguir «el pan robado de cada día». Y el ogro se avergüenza porque no desea devorar a la pastora sino casarse con ella. Pero todos acaban cumpliendo su destino, porque nadie puede escapar a su índole, somos predestinados. Son cuentos desesperados o lo que viene a ser lo mismo, resignados. Lo cual no impide las inquietudes sociales. Hay una sátira mordaz de los pudientes de ayer y de hoy, esclavistas, especuladores y políticos corrompidos, tiranos; pero sin asomo de maniqueísmo. Hay negros lúbricos y crueles y santeras putas. Además, Lydia, con arte consumado, cultiva la ambigüedad mediante los símbolos que otorgan varios niveles de lectura. Así del vecino de un pueblo de tierra adentro que todos rehuyen porque apesta a mar. Más allá de la lectura inmediata, ¿no podría descifrarse como una apología sobre la intolerancia?

Y el otro mensaje de este libro es de amor hacia los humildes, hacia las víctimas, de amor hacia la patria perdida para siempre.

Pecheur

TRES CRIOLLAS EJEMPLARES

JOSEFINA INCLÁN

En el gran retablo de los cuentos de Lydia Cabrera, sorprende la rica variedad de sus caracteres femeninos humanos y animales, diosas de mito, mujeres de leyenda, de autóctono blanco y negro, de blanco y negro criollo, mulatas tropicales, negras blanqueadas, blancas amulatadas y en lo interior buenas y malas, destructoras o forjadoras.

Ante la imposibilidad de llamarlas a todas para su presentación, vienen a estas páginas, tres, de diferentes categorías: una madre de Génesis mitológico, una ninfa evocadora de lo eterno femenino amoroso y una negra criolla, vital y desconcertante. Son: Sanune, la Mujer de agua y Dolé. Singulares en sus categorías y hermanas en tiempo y espacio cubanos, de cosmogonía milenaria o de historia moderna.

Variados son sus tipos porque variado es el aspecto de la vida cubana, de su religión y sus creencias. Si son certeros los rasgos de su apariencia física que no descuida. son sus rasgos internos los que destaca porque penetra en sus personalidades, de ahí la naturalidad de sus vidas.

SANUNE

En el reino de Cocozumba vivía Sanune «la terca, del color de almendra tostada». En la historia «Bregantino Bregantín»[1] estaría destinada a cumplir un relevante destino.

En Cocozumba vivía un Toro casado con Dingadingá, que todos los años le daba un hijo varón. Era tal su virilidad que no

---

1. Lydia Cabrera, *Cuentos negros de Cuba*, 2.ª ed. (Madrid: Ediciones C.R., 1972), p. 11.

le bastaba ni una ni muchas mujeres y declaró que todas le pertenecían por derecho propio. Hubo las consabidas protestas y como medida para precaver peores consecuencias, ordenó degollar a todos los hombres de Cocozumba, sin excluir a sus propios hijos. Después decidió degollar todo hijo varón que le naciera de sus incontables concubinas. Aseguraba así su supremacía de varón este señor a quien Lombriz, enfermo y cansado de ser rey, decidió cederle el reino y la mujer que él había ganado en buena lid de música y canto, como se sabe por un cuento que en la misma narración precede a la historia de Bregantino Bregantín.

Toro como las Amazonas no permitía coexistencia con varones. Aquellas sólo sabían de hombres cuando de tiempo en tiempo los hacían traer para procurarse descendencia. Si daban a luz varones los mataban y enviaban a sus padres. Otros historiadores hablan de ellas como tribus de sociedad matriarcal, en la cual las mujeres gobernaban y guerreaban mientras los hombres hacían las labores de la casa, pero en uno u otro caso conservaban a las niñas para adiestrarlas en artes de guerra y mantener viva la leyenda. Toro conservaba a las hembras para su propia satisfacción y para que su egolatría no tuviera rival. Las Amazonas y el rey Toro, coincidieron en la noche del tiempo de los pueblos primitivos y en su mitología para crear leyenda y mito.

Toro tenía costumbre de llegarse a una colina muy de mañana y desde allí, oteando los valles hasta donde le alcanzaba la vista, gritar su orgullo y su gloria.

—«¡Yo, yo, yo, yo, yo, yo!
No hay hombre en el mundo más que yo,
¡Yo, yo, yo!» (p. 18).

Sanune le había dado seis hijos y visto como segaban sus vidas tajándoles el cuello. Sanune callaba y tejía canastos. Un odio sordo le crecía pecho adentro y supo que otra vez estaba encinta. No dudaba que el séptimo fruto de sus entrañas sería varón. Calló su estado en complicidad con su apariencia física que no delataba sus repetidas maternidades porque sus pechos de adolescente apenas se insinuaban, su cuerpo permanecía pobre de carnes, su paso era ágil y su vientre —por causas inexplicables— se mantenía liso.

Sanune era terca y odiaba al toro con el odio del esclavo al dueño cruel.

No conocemos que intenciones ocultaba, sí, su antojo de embarazada que le pedía gritar su odio, su rebeldía donde no la oyesen, porque «Sanune no era sumisa, pero tenía miedo», (p. 19)

106

y un día fingiendo dolor de muelas, le pide al toro permiso para ir a la cañada porque «allí los lirios, floreciendo después del plenilunio, daban al agua una virtud curativa» (p. 19). Distraído el toro, le concede el permiso y Sanune se aleja. No va a la cañada, va más alla del río cruzando un viejo puente hasta alcanzar los límites de la selva inmensa de misterios. Va conducida por el espíritu de su madre; es su mano etérea la que muy sabiamente la arrastraba a la selva, y la madre que había adorado en vida a sus protectores Ogún y Ochosi, los dioses de hierro, iba pidiéndoles misericordia.

El puente que ha atravesado Sanune es el que aleja al pueblo de la selva y también lo acerca. Al cruzarlo ella pasa de la realidad de su vida al mundo mágico de los dioses. El puente viejo y abandonado vincula realidad y magia. Es muy significativo que este primer cuento de su primer libro, ya determine el nervio central de la realidad mágica de su literatura; realidad valiosa desde tiempos remotos para los creadores de fábulas. Ella le ha dado nueva lumbre a esa realidad en un también mágico resurgir, que andaban necesitando las letras de imaginación.

Ya lejos de Cocozumba, mucho era el susto de Sanune, cuando de pronto vio aparecer frente a ella dos negros gallardos de tallada hermosura. No dudó que los santos africanos del ancestro materno, que eran también sus Santos, salían a su encuentro a protegerla. Postrada ante ellos, tocó la tierra reverenciándola «y la besó en la yema de los dedos» (p. 22). Allí postrada, quedó sin sentido. Despertaría ya de noche en una habitación que olía «espesamente a fronda caliente y fruto de guayaba» (p. 22).

El recinto mostraba haber sido altar y lugar de reunión para ritos sagrados, que sin duda habían sido favorables a ella porque no la dejaron partir sin darle un lío donde se alegraban géneros de siete colores, símbolos de siete orishas. Fiel a su religión Sanune les daría uso práctico, en su oportunidad, en un acto de fe.

Llegó la semana anterior al parto y llegó la hora de usar los géneros de colores que le dieron al partir de la selva, con precisas instrucciones. Como sacerdotisa de dioses africanos desplegaría esas banderolas de esperanza y fe. Al verlas, cualquier amante de la buena plástica le admiraría el colorido.

El primer día depositó el rojo de Changó, al pie de un álamo. El segundo arrojó la tela azul de Yemayá, al mar que la diosa adueña. El tercero, el género amarillo lo extendió sobre las aguas de un río de Ochún. El cuarto, en un camino, dejó el paño morado para Ogún. El quinto en la esquina de una calle, arrojó el género verde de Orula. El sexto y en una encrucijada, puso el carmelita de Odaiburukú, y por fin, el séptimo, con el género blanco llamó a Obatalá y le habló palabras que no se oyeron. Después, con el género untado en aceite de coco, se frotó el vientre. Estas y otras cosas hizo Sanune en acatamiento a las órdenes de Ogún y Ochosi, en los siete días simbólicos de liturgia como los siete géneros y los siete colores.

Poco después alumbró un varón y no tardó en aparecer una de las «viejas verdugos cabezaleras», que para tal fin tenía el Toro, y ante sus ojos, fue degollado con la misma rapidez que sus seis becerritos anteriores.

Sanune recogió los restos de su hijo y volvió a su oficio de tejer canastas y a alejarse por los campos en busca de caña —decía— para paciente seguir tejiendo.

En uno de esos viajes se escapó a la selva, teniendo buen cuidado de llevar los restos del recién nacido bien escondidos en una cesta. Iba al encuentro de sus dioses protectores. Ochosi tomó al niño y frotándole los miembros con su miel milagrosa lo devolvió a la vida. Ogún le pidió que volviese a Cocozumba, no sin antes decirle que cuando el hijo, a los diez años, derribara una palma y a los veinte, una ceiba, «su voz se oiría en el mundo» (p. 24).

Podía morir tranquila sin tanto odio impotente afeándole el alma. Poco después la encontraron sin vida, con una campanilla entre las manos y en el rostro inmóvil, estampada a firme, la risa. Los que la vieron no podían creer hubiese un cadáver «tan contento». Los dioses si sabían el secreto.

Corrían los años y la vida transcurría sin que se alterase el yugo despótico ni la injusticia. El Toro rey seguía yendo día a día a la cumbre de la colina a mugir su vanidad y su egolatría hasta que un día, acabado de proclamar su gloria, oyó una voz de potente juventud con un yo que no era eco del suyo, con un yo de macho fuerte que lo retaba y le aseguraba que el mismo era Bregantino Bregantín. Toro rey no quería creer lo que oía y en acto de soberbia, repitió su auto-loa:

«Hombre no conozco en el mundo más que yo,
¡Yo, yo, yo!» (p. 26).

Se había cumplido la profecía de Ogún y allí estaba el hijo de Sanune. Su presencia atestiguaba la realidad de su voz que respondía al rey:

«Yo mismo soy Monte Firme, Monte Firme» (p. 27).

Se ha presentado con otro nombre y al oírlo puede pensarse que la autora usa Monte Firme, como epíteto caracterizador de la personalidad del joven toro; creemos, más bien, que al elegir el sobrenombre reafirma el sitio de su procedencia porque el hijo de Sanune se crió en bosque cubano y ya el siglo pasado Esteban

Pichardo[2] aclaró, que la frase es equivalente a bosque, a lugar despoblado, lleno de árboles y arbustos, que cuando es muy espeso se titula Monte Firme. Al rebautizar a Bregantino Bregantín lo vincula, definidoramente, a la tierra donde creció.

El reino de Cocozumba escuchó a Monte Firme imponer su voz más fuerte que la del rey Toro. Vio que el intruso le aventajaba en juventud y gallardía.

No tardaron en encontrarse y lanzarse al ataque en furiosa embestida. La batalla «fue sólo un instante de una belleza horrenda...» (p. 27). Tras la contienda de bravura se vio al Toro viejo tendido sobre el río de su sangre. Se imponía un nuevo soberano.

Las mujeres se postraron proclamándolo dueño, pero el hijo de Sanune no quería reinar. Venía a redimirlas de la esclavitud y a buscar hombres para que cada mujer tuviera uno por pareja y las leyes de la naturaleza cumplieran sus funciones de vida con toda libertad.

El cuento a pesar de su nombre español se nos presenta enraizado en África que de allí parece ser el reino de Cocozumba, fundado por el primer Elefante que habitó el bosque, pero según transcurre lo vemos asentado en la Isla de Cuba. Lo afirman el rey, suegro de la Lombriz y el Toro, holgazaneando en medio de un platanal y tendido en hamaca; la negra verdugo que después de cumplir su despreciable tarea se marcha chancleteando; y lo reafirma el tabaco que ahumó la miel de abeja que en un baño ritual usó Sanune. Pudo haberse desplazado en el recuerdo de alguno de los negros que trajeron los barcos que arracimaban esclavos —muchos eran miembros de la realeza de sus tribus— pero sea recreado por la autora y enriquecido por su fantasía o hijo de su imaginación, es fecundo en símbolos engendradores de mito.

Simbólico es el número siete. Aunque sabemos por ella es su favorito, no lo ha usado al narrar por capricho y gusto. Es número sagrado. La suma del tres —símbolo de vida espiritual— y del cuatro que lo es de vida material, viene a representar, se ha dicho, la vida y la naturaleza humanas.

Simbólica es la canasta. Si en el Antiguo Testamento depositan a Moisés en una cesta de papiro, Sanune deposita los restos de su hijo en una cesta de caña de Castilla. Precavida, no lo deja a la suerte del río, lo lleva a la selva y lo confía al cuidado de los dioses. El hijo de Sanune, engendro de toro y mujer, nace en este cuento negro de Cuba para ser héroe y si la historia se

2. Esteban Pichardo, *Diccionariot Provincial casi razonado de vozes y frases cubanas*, 4.ª ed. (La Habana, 1875), p. 258.

pudiera interpretar bíblicamente, sería el Moisés que liberaría en Cocozumba a su raza de la esclavitud.

Toro es el animal que simboliza la fuerza bruta enraizada en machos. Su función es la envigoración. Toro rey es símbolo de fuerza tiránica derrotada por su propio hijo que hace uso también de la fuerza para vencerlo, pero no utiliza el poder para oprimir. Mató a su padre no por odio ni copiando a Edipo sino para romper ataduras de esclavitud.

A la muerte se le atribuye ser símbolo del fin de una época. La muerte de Sanune es anuncio de una nueva era: la de la libertad.

En la historia donde vive Sanune, la escritora pinta un mundo profundo, religioso y antiguo, como corresponde a la ficción alegórica del mito que proclama lo que ocurrió en el origen sagrado del negro cubano.

Para aligerar la seriedad de la fábula irrumpe su humor, que no descarta, haciendo de las suyas y provocando a risa en dichos y situaciones hilarantes. Es su ocurrencia juguetona y traviesa, la que decide suprimir del lenguaje en Cocozumba, el género masculino y decir que allí «un pie era una pie; así la pela, la ojo, la pecha, la cuella, la pescueza» (p. 25). Sólo conserva su género la palabra Dios porque al oírla, Toro se sentía llamado. De esta manera no corre el riesgo de compartir el poder con una rival diosa y lo que es más importante, el personaje no debilita su carácter.

Sanune, mulata, vive en un cuento africano con el color de almendra tostada de su piel criolla que ya no es de azabache como la de los dioses que venera y que su madre le legó en herencia. Se le ve humilde y seca de cuerpo. Aparenta sumisión pero es terca y es rebelde; cuando avanza por el campo con su cesta parece una indefensa criatura. Lleva por todo adorno, soldada en un tobillo, una cadenita de cobre que de niña le dieron por resguardo y que reluce sobre su piel desnuda. Su perfume mejor es el que le impregnan las guayabas. Las palmas y ceibas de su tierra son el marco natural de su figura, digna de un Gauguín criollo, que se acrecienta cuando corre a la selva con los restos del hijo. Un ansia vehemente la alienta y la sostiene: que los dioses lo vuelvan a la vida.

Ella es la creadora, la madre que salva la raza con la ayuda de los orishas y da al mito —mito ella también— un héroe nacido para redimir esclavitud.

Sanune, con su belleza interior y sus nobles anhelos es un símbolo: el de la madre creadora de destino, en la rica mitología isleña de la autora.

LA MUJER DE AGUA

Del rango poético de «Arere Marekén», Lydia Cabrera nos entrega «La mujer de agua»», cuento breve que no dudamos catalogar de poema y que es joya literaria de su última obra narrativa *Cuentos para adultos niños y retrasados mentales*.[3]

Nifé es la mujer de agua y su nombre es clara alusión a una ninfa, mitológica deidad de las aguas que representa el amor, aquí, por transmutación de Moba, la linda muchaha que en el mercado vendía verduras y de quien se enamora Sense, un pescador con nombre que halaga a los sentidos y que la autora presenta soñador, con ojos tristes y amorosos, frente a un paisaje líquido. Al comenzar su relato en sugeridor anticipo de la trama, dice: «Estar bajo el agua tersa, tranquila, dormir sin despertar, soñar en lo más hondo» (p. 33).

Soñando, Sense arroja su anzuelo que muerde un pez que el desprende del gancho atrapador y lanza al fondo de la canoa. Desde allí, gime el pescado: —«¡Madre agua que me ahogo!» «¡Madre agua que me muero!» (p. 33), al tiempo que brincaba y se golpeaba marcando sonido onomatopéyico, frecuente en el estilo de la autora: «Tatúnteka, tatúnteka». Desesperado clamaba el pez: —«¡Madre agua que me llevan!» (p. 33).

Sordo a sus lamentos, asido a los remos, el pescador impulsó la marcha de la canoa en tanto oía una voz —elemento de misterio— repetir: «Algún día nos veremos» (p. 33).

Sense lanzó el pez al agua, no sabemos si atemorizado por la voz, y remó hasta alcanzar la orilla: —«Gracias, creyó oírle al silencio» (p. 33).

Y con esa única línea, la autora cierra la introducción de los elementos componentes del relato con ejemplar economía verbal.

Ante la imagen de Sense recordamos el cuadro de Carlos Enríquez[4] «El pescador de ensueños» y aunque la persona del pintor, de muy distinto empaque, no arroja al agua anzuelo sino redes, ambos son criollos isleños, hermanos en sueños y amantes del agua como lo son sus artistas creadores.

La historia cuenta que enamorado Sense de Moba, no le declara su amor por timidez y la pierde porque un poderoso que la conoce, indaga por ella y... Moba no regresó al mercado. Gol-

3. Lydia Cabrera, *Cuentos para adultos, niños y retrasados mentales* (Miami: Ediciones C.R., 1983), p. 33.

4. Carlos Enríquez, pintor y escritor cubano (1900-1957).

pe duro el de perderla sin haberle declarado su amor, callado pero hondo. Pasaban los años y a un buen amigo le confiaba su soledad y su hambre de amor: «¡Si yo tuviese como tú una mujer que me esperase!» (p. 34).

Los hilos invisibles del tiempo trazan caminos y un día el pescador, por inexplicables designios, dirige sus pasos de nuevo a la laguna y se queda dormido a sus orillas para despertar cuando la noche lo rodeaba. El logro del ambiente es de feliz entorno sensual y lírico: «Demasiado azul, demasiado transparente y suave para temerle y tan dulce que Sense volvía a estremecerse como si la noche fuese una mujer, su Moba adorada que lo encercaba en su ternura» (p. 34).

Sabiamente prepara el escenario para la aparición del ser que da nombre a la historia y la presenta: «Nacida del perfume de la noche, del sueño del agua, del aire extasiado, de aquella dulzura inmensa que descendía del cielo florecido de estrellas, una mujer reclinó en el pecho de Sense, su cabeza oscura y húmeda» (p. 34). Este nuevo amor «no era Moba, pero era el mismo gran amor» (p. 34).

Sense, decidió esta vez defender el amor y abandona el pueblo porque en los pueblos, bien dice Lydia, abundan los hombres con el alma roída por la envidia y con decir refranero anota, que para esos «la dicha del prójimo es una afrenta que no se perdona» (p. 34).

Para su desgracia alguien lo vio en compañía de ella, mujer que parecía una diosa ¿acaso no lo era?, y la noticia se dio a conocer.

No hubo posibles escondites que la envidia y la codicia no registraran y los descubrieron en lo más intrincado del bosque. Le codiciaron a Nifé, le codiciaron el amor los más fuertes y los más ricos y no fue el más rico sino el más robusto, «tanto que en la última tormenta que azotó al pueblo, le partió un brazo al viento» (p. 35), el que se apoderó de ella, pero al abrazarla supo que el cuerpo de aquella mujer-ninfa era de agua y sólo recuperaba la forma y consistencia de su cuerpo, cuando el ladrón, presa de pavor, huía. Muchos al abrazarla pasaron por la misma experiencia sin poder explicar el extraño fenómeno. «Un chorro de agua cerraban sus brazos. Un charco de agua quedaba en el suelo...» (p. 35). Entonces ella le pidió a Sense que se fueran donde nadie pudiera turbarlos.

Y el poema de su imaginación, con la presencia de un pescador, de un pez, de una voz misteriosa, de la esencia del amor en forma de Moba, muchacha real o de Nifé, mujer de fantasía no menos real. Mujer de agua que al comienzo del relato dejó oír su voz para decir: «Algún día nos veremos» (p. 33), cierra con broche digno la historia que presenta: «Volvieron a la laguna. Bajo el agua tersa, en lo más hondo, allí se aman, allí duermen y sueñan sin despertar» (p. 35).

La voz de la Mujer de agua no es canto melodioso de sirena sino voz convincente de náyade tropical. Los griegos decían de las ninfas que si un hombre llegaba a verlas quedaba prisionero de sus encantos y que si algún hombre les gustaba, lo robaban y llevaban consigo.

Sense el pescador se prendó de Nifé, la escuchó y marchó con ella al fondo de la laguna; por seguirla encontró la muerte. Ella lo quiso para sí. El amor para él no era un espejismo. Su realidad la encontró en Nifé. Evidentes son la dualidad de vida y amor y la de muerte y sueños.

Este cuento poema-líquido de un decir diáfano en su difícil sencillez de fina poesía, en el cual las palabras parecen deslizarse como el agua entre los dedos, es muestra ejemplar de su creación y la Mujer de agua queda en la mitología de Lydia Cabrera, como la ninfa de la laguna que encarna el amor.

DOLÉ

En la cuentística de Lydia Cabrera hay personajes que ya sirvan al mito; la historia, el folklore o la fábula, simbolizan en su representación virtudes, pasiones o creencias. No importa se valga de un ser humano o de un animal. Tal es el caso de la negra Dolé, en «Los compadres».[5]

Llevados de su mano la conocemos: «No Dolé no era mala, pero no era fiel. Todos los hombres la apetecían y el que menos le gustaba era el suyo, un negro manumiso» (p. 69) que por haber vivido en el campo muchos años, no era ladino, como otros negros de ciudad.

No podía decirse que Dolé era mala porque: «Todos somos hijos de los Santos, y lo de la malicia y el gusto de pecar ya le viene al hombre de los Santos» (p. 67). No es de extrañar que Dolé, hija de Ochún, tuviera un amante.

Un día, ante la llegada a deshora del marido, lo esconde y fingiendo gran dolor le pide vaya en busca de un remedio que el brujo le recetó. «¿Qué remedio y qué brujo y qué doló?» (p. 69), pregunta el buen negro. Ella le cuenta que tiene un animalito alo-

---

5. Lydia Cabrera, *Cuentos negros de Cuba*, 2.ª ed. (Madrid: Eds. C.R., 1972), p. 67.

jado en el estómago y que no podría expulsarlo si no sorbía un huevo fresco de caimán.

Evaristo de la Torre fue al río esa y muchas veces en busca del huevo, con gran riesgo de su vida porque la hembra del caimán defendía su nido, presta a atacar a quien ose robárselo.

Tan pronto se alejaba Evaristo, Dolé y su amante hacían mofa del negro tonto.

—«Saúla bómbo, saúla bómbodil
Saúla bómbo, saúla, ¡bobo se va!
Saúla bómbo, saúla bómbodil
Saúla bómbo,saúla ¡bobo se fue!» (p. 70).

y el estribillo apuntala la burla como un fraseo musical.

Capinche el estibador era compadre de Evaristo y un día se le suelta la lengua y después de llamarlo mentecato, cumple el buen oficio de decirle que Dolé no tiene ningún bicho en la barriga, que padece de «sinvergüenzura» y que lo que tiene es un negro «chévere» escondido debajo de la cama. No sabe si creerlo o no. Malhumorado llega al cuarto donde vive y encarando a su mujer, la increpa: —«¿Con qué el bicho... el bicho?» (p. 72).

La muy pícara responde: —«Sió ¡que se despierta!» (p. 72).

Con la duda metida en el cuerpo, se rindió al sueño para despertar con la sorpresa que el bicho osaba gritarle desde la garganta de Dolé, apremiándole a que le trajese el huevo de caimán.

Impresionado, decide partir hacia el río en busca del remedio a pesar de que no olvida lo dicho por su compadre. Al paso le salen tipos del barrio con malicias, murmullos, palabras de sorna. Evaristo «olfatea la chunga en el aire de su calle» (p. 73).

Casi con la certeza de ser engañado regresa a su vivienda y se encuentra a Dolé, en la cama, cariñosa, desvestida y... en compañía de un individuo.

Hay que oír a Dolé, la infiel, frente a la arremetida de Evaristo al negro a quien le da un botellazo y le rompe la cabeza, propinándole trompadas y coces en embestida de furia salvaje.

—«Si no támo haciendo ná malo!» —jura y perjura Dolé
«Era en conversación, y hacía caló... Ese é un pariente que tenía, que llegó del campo cansáo» (p. 74).

Esa noche todos los vecinos se reúnen en casa de Evaristo para impedir cualquier desatino. Pero lo que pudo haber terminado en tragedia, termina en jolgorio. Capinche y otros negros «tamboleros» hacen resonar los tambores hasta bien entrada la madru-

114

gada. El gallego bodeguero del barrio, que los escucha, sentencia:
—«Estos morenos, ¡por mi madre! todo lo arreglan bailando...
Bailan para nacer, para morir, para matar... ¡Se alegran hasta con
los cuernos que les plantan las mujeres!» (p. 76).

Transcurre la vida de la historia. Capinche enviuda y le queda
un negrito barrigón, el ahijado de Dolé y Evaristo. Dolé se hace
costurera para ayudar a su propio marido. Los Santos después
de un «sarayeyéo» (limpieza, purificación) que le hicieron a Evaristo, no se cansaban de pedir palomas, chivos, gallos, para lograr
su curación, al tiempo que había que darle buenos y caros ali-
mentos. Por otra parte, el boticario oponiendo la ciencia a la santería, aseguraba que le curaba la tisis con «patente» francesa de
a centén» (p. 77), que había que comprar.

Trabajaba Dolé y también ayudaba el compadre que se había
enamorado de ella. Un día abrazándola, le declaró su deseo: —«E
cumari, mi cumari, que me gusta mi cumari! ¿Vamo a timbé,
cumari?» (p. 78).

A la negra le gustaba el compadre, pero ¿y el sacramento del
bautismo que se interponía entre ellos? «Ni con el sacramento ni
con los Santos se puede jugar chacota» (p. 78).

Capinche no cesaba en su estribillo: —«¡Ay cumari, mi cuma-
ril!, ¡que me gusta mi cumari! ¿Vamo a timbé, cumari?» (p. 79).

Ante la inminencia de la muerte de Evaristo, promete Dolé:
—«Cuando se muera, Capinche, espera que se muera. Entonces sí» (p. 79).

Al morir Evaristo son grandes las muestras de desesperación
de la negra. A sus ayes se unen las plañideras, y un viejo congo
complacido por tanta muestra de dolor, le dice a Dolé: «Moana,
vamo a rezá al cadáver...»

El coro: —«Vamo langaína, ainganso
    ¡Vamo langaína, ainganso...»
Dolé: —«¡Se murió!»
Coro: —«¡Vamo langaína, ainganso!»
Dolé: —«¿Tú te acuerda?»
Coro: —«Vamo langaína, ainganso
    Vamo langaína, ainganso...»
Dolé: —«¡Ay, mi Dió! ¡Qué doló!» (p. 82).

Entierran a Evaristo pero su alma volvió «a la querencia de
su rincón» (p. 84), con el tiempo justo para contemplar como Capinche se apretaba a las caderas de Dolé y le suplicaba con el
mismo estribillo: —«¡Ay cumari, mi cumari!, ¡qué me gusta mi
cumari! ¿Vamo a timbé, cumari?» (p. 84).

Dolé se niega por el momento:

—«Entodavía no, Capinche. ¡No acabamos de darle tierra! Espera unos días más... Hay que tener precaución» (p. 84).

La presencia del marido la siente Dolé con fuerza de realidad. Sabe que no está sola y oye muy claramente que la llaman.

El compadre Capinche, le exige cumplimiento de promesa. Dolé se desnuda, pero sus ojos no pueden evitar fijarse en un retrato del difunto que ya en vida lo hacía aparecer como si fuera muerto. Y lloriqueando, retrocede y habla, tratando de justificar su actitud esquiva.

—«¡Por tu madrecita, no te propases!»... «¡Mira a Evaristo!... Su escupidera y su reloj de nickel. Lo mismo que si estuviera aquí; ¿tú crees que hay gusto así?» (p. 86). Y Capinche no logró su deseo.

De repente se enferma Dolé. Se había quejado de un frío que le subía hasta el corazón. No valieron tisanas ni remedios caseros ante el mal súbito. Siete frazadas sobre su cuerpo —todas las del barrio— no podían detener el frío que la sacudía implacable y que al decir de una vecina «era el mismo frío que emana de la muerte...» (p. 87). Alcanzó a reconocer a Capinche y sus ojos casi sin vida, señalaron el retrato de Evaristo antes de morir.

Capinche se vuelve loco de una locura muy mala. Lo vieron arrastrándose hasta los pies de la muerta como un animal herido, bufando de impotencia y desesperación. Como perro enfurecido se agarraba a los pies de Dolé decidido a no perder su presa y queriéndola volver a la vida, clamaba:

> —«Dolele no quié pondé
> Vamo a llamá Dolé,
> Dolele no quié pondé...
>   ¡Dolé, endolé!
> ¡Dolé, Dolé, Dolé, Dolé! (p. 89).

No podían llevárselo. Desarrollaba fuerzas de bestia y ante el terror de todos los presentes, «deshizo el sudario. Se echó encima del cadáver. La estrujaba, la besaba en la boca, era una culebra revolviéndose en el cuerpo de Dolé» (p. 90). Insano de deseo no quiere renunciar ni ante la muerte al goce de su cuerpo. Su voz de enloquecido, obstinada le insiste a Dolé que ya no puede oírlo:

—«¡Ah, cumari, mi cumari, que me gusta mi cumari! ¿Vamo a timbé cumari»... (p. 90).

Sus movimientos cada vez más lascivos decidieron a los hombres impedirle que consumara sacrilegio. Se arrojaron sobre él para separarlo de Dolé y lo que levantaron fue un cuerpo inerte. Evaristo había vengado el adulterio.

Al ser llamada y deseada Dolé, ya muerta, su nombre breve y agudo en boca de Capinche parece sinónimo de dolor, abreviada variante de Dolores. Al oír al compadre en su desgracia clamar: «Dolé, endolé», se hace presente que su nombre sugiere dolor y que él se duele.

Dolé no es pagana del todo y el temor a las consecuencias de faltar a juramento de cristiano —cosa muy seria para los negros— la detiene en la entrega a Capinche. Ya muerta y en diálogo de muertos con su difunto marido trata de justificarse y apoya su autodefensa —¡negra lista!— en el sacramento del bautismo: «Pero Evaristo... tampoco yo podía desairar a mi compadre. ¡Ponte en mi lugar!» (p. 90).

Prolíjamente hemos contado la historia donde vive Dolé para que se le vea actuar y se le oiga decir. Junto a ella Evaristo y Capinche, buenos actores de un triángulo que determinó el deseo, la pasión y los celos. En los fabulosos diálogos, en los estribillos y juegos silábicos no exentos de ritmo y musicalidad se entregan, y le afianzan la naturaleza negra al cuento.

Dolé tiene una aproximada tocaya fonética en Doellé, el personaje central de *Fetish*,[6] obra de ficción que desenvuelve su trama en un pueblo de África. Tiene amores con un blanco esta africana que no escatima su cuerpo del que dispone a libertad. A su juicio puede hacerlo porque es soltera y no está obligada a respetar sagrados vínculos matrimoniales, a los que su tribu exige obediencia. Cuando se sabe rechazada retorna a sus creencias africanas y a sus prácticas de hechizos y conjuros. Esta mujer mestiza, nieta de portugués y ewe, no presenta una personalidad con la fuerza de la negra cubana Dolé. La suya es opaca e incolora.

En un ambiente erótico de fuerte sensualismo, de ataduras felúricas, transcurre la historia de Dolé, con Santos también sensuales, con el respeto a deberes y creencias de sacramentos y cultos, ambiente donde resuenan en liturgia africana tambores para acompañar velorio de muerto o para celebrar festejos de reconciliación, ambiente donde reina un definido sincretismo de credos y religiones.

Muchos años después de Dolé, una mestiza brasileira de Bahía, de nombre doña Flor, creada por Jorge Amado,[7] tendrá relaciones con dos maridos. Doña Flor alardea de su honradez pero su fuerte erotismo añora al primer marido Vadhino, que llamado por su

6. Christine Carnier, *Fetish* (Nueva York: Putnam's, 1952).

7. Jorge Amado, *Doña Flor y sus dos maridos*, 14.ª ed. (Buenos Aires: Editorial Losada, 1969).

deseo regresa del mundo de los muertos. Doña Flor aunque no quiere ser infiel, se le entrega venciendo toda resistencia de principios y voluntad. Se alarma, y para salvar su honra busca a una comadre, hija de Oxossi, para que ésta logre enviar al difunto al mundo de los muertos. La comadre acude a su vez, al babalao Didi. Consultados los orishas responden que si doña Flor quería librarse del finado protegido por Exu, y éste en pie de guerra estaba dispuesto a defenderlo, no era bastante un simple ebó (ofrenda a los dioses), para librarla del difunto. Se procedió de acuerdo al dictamen de los orishas. Cumplidas sus exigencias todos ellos se presentaron para enterrar a Vadhino. Se oyó el grito de Yansá —la que gobierna a los muertos— en la selva, lo que equivalía a asegurar que el finado quedaría para siempre atado a su muerte.

Cuando comenzó a surtir efecto el ebó, cuando doña Flor vio que estaba a punto de perder a Vadhino, venció su hipocresía y sus contradicciones. Su grito de amor fue más alto que el de Yansá. No renunció al difunto sólo visible para ella y siguió con sus dos maridos. Vadhino no era celoso y le hizo ver que estaba obligada con los dos por ley y sacramento.

La brasileira doña Flor, mestiza, y la negra Dolé, cubana, justifican la entrega amorosa a conveniencia. En realidad las dos sirven al deseo y la pasión. Doña Flor no rompe códigos sociales, ni de los escritos ni de los no escritos, porque los hombres aún no han contemplado juzgar el pecado de la infidelidad con los muertos y su amante es un ser sin vida humana.

Sobresale el hecho que en las vidas de Dolé y doña Flor intervienen sus maridos ya muertos, en continuidad de existencia.

Cuando Dolé habla, siente, razona, actúa de acuerdo a sus impulsos. Su burla ante el ingenuo marido es de una crueldad ácida. A ratos es buena y compasiva. No duda en trabajar para ayudar a pagar la curación de Evaristo pero antes en un acto irresponsable, inconsciente de pecado, lo envía a buscar huevos de caimán a sabiendas que por lograrlos él puede morir. Digna hija de Ochún es apasionada y como ella se da a la vida y al placer. En la narrativa lydiana sin dejar de ser fiel a sí misma, representa la liviandad en un mundo de sincretismos.

De ese mundo, Lydia en una ocasión me contó, que había conocido a una negra que con gran fervor iba a misa todas las mañanas y se la pasaba en la iglesia rezando. Al preguntarle como en otro momento echaba sangre de pollo a una piedra, le respondió: «Dió é el mimo perro con ditinto collar».

El cuento «Los compadres» »es sede sincrética donde se concilian la fuerza de la creencia en los orishas y sus oficios y la de los sacramentos católicos que se encuentran y coexisten en el mundo de sus personajes. Junto a ellos, personaje también de importancia es la muerte, que interviene cuando lo requiere la brujería para matar a la mujer de Capinche, para ser instrumento de castigo de Evaristo o cuando su presencia es el fin lógico del incurable mal que lo aqueja. Su frecuente aparición entristece la alegría de vivir de unos y otros concertando tragedias, pero ni aun vencida por la muerte, Dolé renuncia a su picardía.

Lydia Cabrera en sus cuentos habla en símbolos, es amiga del misterio y de la fantasía. Ha sabido relatar misterios de la religión de los negros de Cuba y al hacerlo ha descubierto la esencia de su religiosidad y el tesoro de su mitología.

Si es un ser de carne y hueso el que ocupa su atención, lo mueve en una sociedad que ella pinta artísticamente, que le observa las buenas o malas cualidades que exhibieron y no son pocos los animales que humaniza para que actúen en el mismo escenario social.

Esperanza Figueroa ha señalado que a Lydia Cabrera, «se le reconoce el valor artístico, el humor, la erudición. Pero no se ha podido apresar que el tema de sus libros, especialmente sus cuentos, es la historia tetravalente (blancos, negros, criollos y peninsulares) de la fundación de un pueblo, la primera conjunción de lo cubano en ser y siendo, la adivinanza sin solución de quién es y cómo es, el tú y el yo de lo cubano como pueblo y como individuo. De hecho los cuentos expresan la memoria colectiva de la isla de Cuba desde la colonia hasta las primeras décadas independientes».[8]

En «Los compadres» hay negros de nación, hay criollos, hay españoles, como los hay en el magnífico cuento «La tesorera del diablo» y en «La excelente doña Jicotea Concha» y más recientemente en «Historia de un negro que decía llamarse Mampurias» y en «Por falta de espacio». En estas y otras narraciones se encuentra una irónica presentación social que proclama son valiosos testimonios para la historia y la sociología.

Si en el siglo XIX una criolla de Camagüey (Cuba), la Avellaneda, imprimió a su creación un sello de genialidad y renovación de altos vuelos que ha hecho que hasta hoy sean numerosos los estudios y tesis sobre su producción, en el siglo XX la muy habanera y criolla Lydia Cabrera, escritora también de gran talento, sensibilidad e imaginación ya es motivo de numerosos estudios y tesis doctorales. No sigue moldes; los ha roto todos. El gran aco-

---

8. Esperanza Figueroa, «Lydia Cabrera: Cuentos negros de Cuba», *Sur*, Buenos Aires, 349, Cincuentenario 1931-1981 (julio-diciembre 1981), p. 91.

pio de datos que presenta, no sólo en obras de erudición sino muy bien tamizadas y ensamblados en su narrativa de ficción, está muy lejos de hacerla pieza de museo. Es vital y actual. Cada nuevo enfoque de su escritura es un hallazgo original.

Su obra nacida en el siglo xx se proyectará en el xxi y en los venideros. Su estilo y sus temas serán motivo de continuo interés. Libros como *Anagó. El vocabulario lucumí* y *Vocabulario Congo. (El Bantú que se habla en Cuba)*, serán objeto de cuidadosos estudios. Si hasta ahora no podían establecerse comparaciones con obras de la misma índole de otros países, ya pueden realizarse esos trabajos gracias a la dedicación de Lydia Cabrera que con toda paciencia se ocupó de reunir y preservar las voces oriundas del negro cubano. A estas obras y a otras de gran importancia que ha entregado a la bibliografía cubana como son *El Monte* y *La medicina popular de Cuba*, se acudirá en imprescindible consulta al paso de los años que acrecentarán con la debida perspectiva, su riqueza y valor.

La lectura de *Cuentos negros de Cuba, Por qué..., Ayapá. Cuentos de Jicotea, Itinerarios del insomnio. Trinidad de Cuba* y *Cuentos para adultos niños y retrasados mentales*, motivarán el mismo interés que cuando nacieron y es que Lydia Cabrera, artista novedosa y renovadora es una de las escritoras más originales que ha dado América en este siglo.

LYDIA CABRERA: SU ORIGINALIDAD Y ESTILO

Antonio Hernández Travieso

Yo no estaba familiarizado con Lydia Cabrera y su obra última. Sabía que algunos la consideraban una «santera» revestida de erudición, pero que los especialistas y consagrados en los trajines afrocubanos pensaban distinto. Hace muchos años, había escuchado de labios de su propio cuñado, don Fernando Ortiz, referirse a ella y su obra con singular admiración y respeto. Eran los tiempos de los «Cuentos negros», aparecidos en París.

Posteriormente leí un ensayo de Esperanza Figueroa sobre Lydia, en la revista argentina «Sur». Más adelante leía la «Medicina popular de Cuba» y, por último, Isabel Castellanos, profesora de lingüística de la Universidad Internacional de la Florida, me prestó el ejemplar que Lydia le dedicara de sus «Cuentos para adultos niños y retrasados mentales», que hacen de su prosa algo diferente. Tan nuevo que no se parece a lo que todavía llaman nuevo, a pesar de que dicha denominación se halla en los umbrales del sobreseimiento literario.

En verdad nunca libro alguno, como éste, me había retrotraído al recuerdo de Dostoievsky, cuando siendo adolescente cayó en mis manos, como lectura de descubrimiento, el tomo que contenía «Las noches blancas» y «Los jugadores».

No digo lo anterior porque haya percibido similaridad, sino golpe, impacto. Si hay similaridad consiste en que ambos son absorbentes. No llegan nunca a caerse de las manos. Pero el ruso es como un alucinógeno, atonta, desconcierta. Mi compatriota es como jazminero, que embriaga y envuelve hasta producir una deliciosa lasitud. Lydia, con su estilo destuerce conceptos y con su fantasía opera cambios, sin que uno se aperciba si es pájaro, ogro, piedra, luz o todos los astros reunidos, con los que juega a la vez, con una destreza estilística que se resume en cuatro frases, dos renglones o una sola palabra. Azorín le envidiaría la economía de palabras. Para Lydia un gato puede ser cardenal o monaguillo, sin que pierda sus atributos de gran pícaro, y un ratón nunca dejará de serlo, aunque sea miembro distinguido de la alta clase media y capaz de batirse en duelo a muerte con un monstruo inventado por Franz Kafka o un cíclope enano desencajado de la literatura homérica. En el estilo de Lydia pierde el curso de la lógica humana y tampoco la identidad zoológica de sus personajes.

Su estilo nos hace aflorar las emociones más puras y llenas de vibrante candor. Nos invade una genuina frustración, cuando sin transiciones nos entera, que los gusanos que devoran carroña son dignos de lástima porque también tendrán que comerse a Fidel Castro. Todo el mundo desearía que se lo comieran ahora, aunque sufrieran los gusanos.

Novelistas y escritores de todos los tiempos han pretendido lo mismo: ser originales, poseer un estilo. Pero muchos han perdido el tiempo retorciendo el hierro de la imaginación para obtener un temple de originalidad que sobra a la prosa de Lydia Cabrera, sea imaginativa sea erudita. Su prosa viaja en la entelequia aristotélica de tiempo, acción y lugar, como guiada por un Dios que tiene que ser necesariamente neocartesiano, ya que es «metiche», cazuelero, «que en ocasión de todo se mete en todo», y a este Dios le puede hablar Lydia también en francés, puesto que es la lengua en que inició su carrera literaria. Por eso Lydia zarandea a sus personajes y los mezcla con el viento de La Habana, con sus negros, con perros ladrones y gatos de «bayuses». Ella sabe cómo hacer las cosas en una manera única y de dominio absoluto.

Hay libros que se vuelven aburridos, no porque no sean en realidad interesantes, sino porque no fluyen. Se estancan, como si cientos de castores acarrearan palabras y más palabras para entorpecer su fluir y oscurecer las situaciones haciéndolas herméticas y en el mejor de los casos anfibológicas, por originales que sean.

Shakespeare no fue original. Un «copión», como diría la propia Lydia Cabrera. Pero era escritor y tenía la mente poblada de imágenes poéticas y respuestas filosóficas para las preguntas que todos llevamos metidas en la cabeza y pensamos allanar por lo menos con soluciones que definiendo tampoco resuelven ni definen nada, pero que «tranquilizan» al espíritu.

Las intuiciones artísticas son buenas o malas, según dijo Croce, en una definición «tranquilizante». Pero si bien esto define no asegura nada, porque también puede trocarlas el espíritu creador. Dos días antes de morir, Tomás de Aquino aseguró haber tenido «visiones» que le llevarían a escribir de nuevo a las «Súmulas».

Lydia debe tener visiones así, pero las capta con enorme sencillez intuitiva para volcarlas a sus lectores en igual forma. Sus tramas no desbordan las esencias de donde manan. Más bien afirman y aclaran, sin retorsiones y sin hermetismos como los que llueven hoy del cosmos literario. Ella mezcla agua y aceite y transforma la mezcla en agua con azúcar. Sus hermetismos, si los hay, pueden ser como los enigmas cósmicos, capaces de irse resolviendo, pero sólo por teorías más amplias que las meramente conocidas, como lo hizo Einstein con el espacio euclidiano concebido por Newton.

Juzgo que en el mundo histórico-literario actual, no existe figura que se destaque tanto como Lydia Cabrera, por su originalidad y estilo.

Su mensaje es uno que trasciende a través de un universo comprometido y fragmentado. Infiltrado —como suele decirse ahora—, desde la Santa Sede a la ONU, por aquel personaje de Arthur Koestler, quien de acuerdo con la actitud del «incumbente» ante la línea del partido, leía uno de los dos discursos de que era portador: Uno, exaltando su obra y personalidad. Otro, de repudio y condena ante las masas. Algo así como los grupos de rocanrol, que apenas son famosos cuando los peritos de las llamadas «payolas» juran que ya han pasado de moda.

Ahora bien, ¿qué va a quedar de toda esa ripiería literaria, cuando se aplaquen los ebullentes fermentos que la fomentan recurriendo a causas artificiales? ¿Qué de santos y santones de la poética sin poesía y de la prosa forjada a empellones por el abuso de ideólogos cambia casacas?

Cuando ese momento llegue Lydia Cabrera quedará donde está, donde la han colocado los jugos de su prosa sin compromiso y la savia nutriente de su imaginación: Sujeta al gran peñón de la literatura universal, como quedó el Morro de La Habana enclavado en el desafiante arrecife que lo sustenta.

LECTOR Y DESTINATARIO EN DOS LIBROS DE LYDIA CABRERA

ESTELLE IRIZARRY
Georgetown University

El interés teórico que se ha demostrado en los últimos años por la cuestión de los varios papeles lectoriales en el texto literario provee un acercamiento particularmente apto para estudiar los cuentos de Lydia Cabrera, donde se puede descubrir una multiplicidad de lectores explícitos, implícitos, ideales y reales. La identificación y el examen de estos diversos tipos de lectores dentro y fuera del texto nos pueden proporcionar valiosas intuiciones para apreciar tanto el polo artístico que es el texto como el polo estético que es su realización lograda por el lector.[1] La estructura misma del texto y la voz narrativa prefiguran la presencia de ciertos destinatarios y lectores que pueden reaccionar de diversas maneras a la lectura. La percepción de la presencia de «otros lectores» »por parte del lector real puede enriquecer su lectura de los cuentos inmensurablemente y sugerirle otras perspectivas. Trataremos a continuación dos libros de cuentos —*Ayapá. Cuentos de Jicotea* (1971) y *Cuentos para adultos niños y retrasados mentales* (1983)— en que se destacan con notable relieve diferentes tipos de lectores y destinatarios. Veremos cómo se anticipan o se introducen en la narración y con qué efectos.

En *Ayapá. Cuentos de Jicotea*, se pueden percibir dos niveles lectoriales bastante divergentes que influyen en el texto y la reacción que éste suscita. Al primer grupo podemos llamarle lector implícito, aunque en este caso es más probable que sea oyente que lector, porque se trata del auditorio negro, afrocubano, cuyas leyendas y tradiciones se cuentan como «en familia». La acusada

---

1. Iser define estos polos en *The Art of Reading: A Theory of Aesthetic Response* (Baltimore: Johns Hopkins, 1978), pp. 21-22.

presencia de este destinatario original está implícita pero muy palpable en el texto porque éste parece referirse a lo que Iser llama un «código cultural» que apela a un «repertorio» que depende principalmente de ciertas normas culturales y alusiones que proceden de un sistema,[2] en este caso compartido por una comunidad determinada, la de los afrocubanos. El lector real está muy consciente de la presencia de otro destinatario debido a ciertos elementos narrativos que le recuerdan que él no es el único destinatario. Al mismo tiempo se siente invitado a asumir el papel de este destinatario implícito, un papel ofrecido por la estructura del texto pero no impuesto.

El primer llamado que le advierte al lector real de la presencia de otro lector implícito es el hecho de que la voz narrativa no se inmute ante los hechos más insólitos. Su naturalidad exige o toma por sentada en el lector u oyente la suspensión de la duda de acuerdo con la consigna enunciada en «La tesorera del diablo»: «No dudar de nada y temerlo todo» (143). El narrador y el lector/oyente implícito parecen compartir un código cultural común que acepta fenómenos extraños, tales como el concubinato de animales y humanos («La excelente doña Jicotea Concha»), los poderes de la magia y la brujería, y la metamorfosis de Jicotea en las más diversas formas. Hay toda una mitología poblada por seres de nombres raros como Sambia, Maklé y Ncharriri. El lector implícito evidentemente cree en las fábulas y cifra en ellas explicaciones cosmogónicas o ejemplos de conducta. Sabe que las piedras «en su interior hacen música» y que «todos los árboles son brujos» (142). No le sorprende que los tambores tengan alma («Ilú Kekeré») ni que el río se enamore («En el río enamorado»). Es evidente que su repertorio cultural incluye recuerdos de las grandes sequías de África («Jicotea era un buen hijo») y la afición al baile y las fiestas («Jicotea, una noche fresca»).

El lenguaje es otro indicio de un código lectorial distinto, puesto que el empleo de vocablos y versos del idioma lucumí, que le parecerán extraños a la mayor parte de los lectores reales, no lo serán para el lector implícito negro. Para el lector real podrán parecerle pintorescos adornos de colorido local o testimonios documentales de interés antropológico o lingüístico, pero para el negro estos vocablos y versos, sin los cuales no se obra la magia, han de ser una parte integral de lo que se cuenta. A veces el texto rebosa de un ritmo tan atrayente que parece efectuar una especie de comunicación subliminal dentro del grupo, parecida a la de

2. *Ibíd.,* pp. 53-85.

los tambores, como en este párrafo inicial de «El vuelo de Jicotea», que es una invitación a bailar:

> ...En una esterilla de sol, miraba al cielo desde el patio oloroso a hierbabuena y albahaca, mientras su moana torombola refunfuñaba y barría más que escoba nueva de palmiche, sacudía sus muleles y, a grandes chorros de plata, baldeaba el suelo. Era su orgullo que la vecina, una negra tajalana, piojosa y moñuda como caraira, oyera la charracacharra de su furibundo trajineo mañanero con algún canto de pulla. (67).[3]

Se percibe también que ciertas moralejas que se desprenden de algunos cuentos son dirigidas al destinario original que es la comunidad negra, por ejemplo en «La tesorera del diablo», con su evidente crítica del negro que quiere ser blanco, y en «El vuelo de Jicotea», «La porfía de las comadres» y «Vida y muerte», donde se destaca la importancia de la cooperación colectiva y la fraternidad.

Lo que más denuncia la presencia de una audiencia implícita afrocubana es un ocasional asomo de lo que podríamos llamar «exclusivismo», que se comunica mediante alusiones a «los blancos» como si éstos no estuvieran presentes, como la observación: «¡Bah!, ¿qué saben los blancos? A los blancos los ciega la lógica» («La rama en el muro», 102). Otras veces el lector se da por aludido cuando se insinúa que sólo los tontos no son capaces de discernir la presencia de espíritus o de saber que un peñasco no se mueve para Jicotea porque «todas las peñas son sordas» (72). Predomina en general una impresión de intimidad y complicidad por parte del narrador con los negros haciendo que el lector «blanco» »se sienta a veces como un intruso, aunque sea un intruso simpatizante.

Otro elemento que apunta a la presencia implícita de un lector/oyente afrocubano es el título, por el uso del vocablo «Ayapá» y la identificación de los relatos como «Cuentos de Jicotea». Es un título que incorpora la perspectiva negra y que sugiere más proximidad afectiva con la comunidad negra que el de *Cuentos negros de Cuba*, que da la impresión de presentar ejemplos de cuentos de los negros cubanos para lectores que no lo son.

El segundo nivel lectorial en *Ayapá* es el del lector situado no sólo fuera del texto sino a una distancia considerable, porque está consciente de que cuenta con un repertorio y un código cultural

3. *Ayapá. Cuentos de Jicotea* (Miami: Ediciones Universal, 1971).

distintos. En este lector blanco —no por el color sino por la cultura— el texto produce efectos de desconcierto ante el tremendismo de algunos cuentos («La venganza de Jicotea», «Jicotea era un buen hijo») y la consistente estimación de «valores» como la picardía, la maña y la astucia. Algunos cuentos en particular estimulan esta reacción desconcertante por la extrañeza de su actitud moral o porque se asemejan a historias bíblicas conocidas pero revestidas de significaciones que nos parecen completamente ajenas y sorprendentes. En «El ladrón del boniatal» Jicotea traiciona al pobre venado que le había ayudado a liberarse del muñeco untado de liria y la muerte de la víctima inocente en su lugar provee una versión inquietante de la traición de Judas porque Jicotea es el supuesto «héroe» del cuento. «Jicotea y el árbol de güira que nadie sembró» en que Jicotea humilla ala güira chiquita, contrasta con la preocupación de Jonás en la Biblia por el árbol de güira que Dios le quitó en las afueras de Nínive. En «Vida o muerte» se atribuye a Jicotea el haber logrado la muerte para todo lo creado como si fuera un triunfo. El sistema moral que rige en los cuentos ha de parecer extraño e inexplicable para muchos de los lectores reales. Se ha creado en la lectura lo que Gadamer llama una experiencia de «tensión histórica», un contraste que surge entre el texto y la realidad actual del lector debido a la conciencia de incompatibilidad, que en este caso es más cultural que histórica.[4]

El efecto de la lectura para el lector fuera del texto es que no se siente llamado a creer lo que se cuenta (como el lector implícito que es el público afrocubano), sino más bien a admirar. No sólo siente admiración hacia los hechos extraordinarios que se relatan sino también hacia la cultura del destinatario implícito que le permite ver maravillas en todo. Tiene plena conciencia de que el auditorio negro se interpone entre la fábula narrada y él, que se siente como el público «secundario». A veces se siente aún más desplazado por la presencia de la narradora que se caracteriza a su vez como oyente que transmite estos cuentos que le contaron a ella. No obstante, el lector real que por su experiencia y cultura no se sitúa en el mismo plano que el supuesto destinatario implícito, es el más capaz de percibir el libro como una obra de *arte*, precisamente por la distancia que le permite contemplar el texto y percibir sus dimensiones como una creación literaria. El estilo, que al hipotético lector implícito afrocubano debe parecerle connatural precisamente porque procura imitarle,

---

4. Hans-Georg Gadamer, *Truth and Method* (Londres: Sheed & Ward, 1979), p. 273.

para el lector fuera del ámbito del texto se reviste de un encanto poético que se desprende de la elaboración artística de la prosa. El ritmo, las metáforas y la onomatopeya nos maravillan en vez de parecernos naturales, como así también descripciones tan gráficas como «una pedrada de su voz» (67) o «nubes espesas de merengue» (70).

Hay una diferencia fundamental en la función de la narrativa para los dos grupos de lectores también. Para el lector real, el texto constituye una verdadera comunicación, que para Iser «siempre implica la transmisión de algo nuevo» (69), porque nos cuenta historias que no conocemos o nuevas versiones sorprendentes de otras ya conocidas. La distancia intelectual y cultural nos hace verlas como fábulas o mitos interesantes. Por otra parte, es evidente que nada de lo que se cuenta sería nuevo para los supuestos destinatarios originales o lectores a cuyo repertorio cultural pertenecen. Se trata más bien de reforzar tradiciones antiguas. El recuento de estas tradiciones tiene más función de rito que de comunicación.

A pesar de la distancia que separa los dos niveles lectoriales que hemos distinguido en *Ayapá. Cuentos de Jicotea*, hay un punto en que convergen. Se deriva de la construcción de consistencias que hace el lector real a base de perspectivas diversas y cambiantes de la figura de Jicotea, que conducen a la percepción de la libertad como uno de los más altos logros humanos. El lector/oyente implícito negro de antes la vería como remedio ideal a su esclavitud. Para él la historia de «La venganza de Jicotea» en que Jicotea humilla a Elefante grande y poderoso es la alegoría o el recuerdo de su relación con el amo y los que mandan. Para el lector real de hoy el dominio que logra ejercer la humilde jicotea sobre criaturas y elementos de la naturaleza se extiende más allá de los contextos concretos del mundo afrocubano para constituir una alegoría universal de la lucha de los pequeños contra los poderosos. Para el lector real de hoy Lydia proporciona un contexto adicional, de particular importancia para ella, explicado en su prólogo: «En el presente Jicotea personifica al nuevo esclavo de nuestra Isla comunista, sin esperanza de carta de libertad, ni calor de un amo paternal, que nunca faltaba» (13). Esto sugiere la proyección de la imagen de un «lector ideal», situado quizás entre los lectores reales desconocidos, un lector ideal capaz de reconocer que la situación actual de Cuba es muy parecida a la del negro esclavizado. Este lector ideal es evidentemente cubano y, como Lydia, recuerda con cierta nostalgia escenas de La Habana del ayer, como las que se recrean en «La excelente doña Jicotea Concha».

Aquí conviene notar la importancia del prólogo porque hace posible que el lector real no pierda de vista el vínculo que puede acercarlo al lector implícito negro y que reconozca que a pesar de las grandes diferencias que median entre una y otra cultura, se trata de un amor por la libertad que rebasa todo límite de tiempo, lugar y educación. Así el lector real puede convertirse en lector ideal.

El lector real también puede ver los cuentos en conjunto como un documento de valor antropológico que revela de la manera más amena los valores colectivos del afrocubano revelados en su folklore, sus tradiciones, costumbres, creencias y lenguaje. A veces la voz narrativa se adelanta para ofrecerle al lector de fuera alguna aclaración, como cuando se ofrece el comentario de que «Los negros olvidan pronto si se les echa una gota de aceite en la quemadura que se hace a su amor propio» (98).

En el caso de *Cuentos para adultos niños y retrasados mentales* la cuestión de los niveles lectoriales se vuelve más compleja que en *Ayapá. Cuentos de Jicotea*, a pesar de que no responden todos los cuentos a la presencia implícita de un grupo de lectores homogéneos, como en éste. Como no hay una figura común a todos los relatos, comparable a la de Jicotea, hay más diversidad en los tipos de cuentos y en las respuestas lectoriales que éstos puedan invitar. Lo que pone en primer plano la consideración del papel del lector o de los lectores es el título mismo que, además de ser curioso y ambiguo, tiene una sugestión algo desafiante. La autora, mediante el título, declara abiertamente quiénes son sus destinatarios, suscitando en el lector real una variedad de posibles reacciones, como veremos a continuación.

En un principio se puede distinguir cuatro tipos de lectores prefigurados en el texto. Identificaremos como «lector explícito» al destinatario declarado por la autora. El «lector implícito», como ya hemos tenido la ocasión de comprobar, no se nombra, pero puede percibirse por las intuiciones que se desprenden del texto; puede coincidir con el lector explícito o ser completamente diferente. Otro lector es el que designaremos como el lector ideal, el que más corresponda a las posibles intenciones autoriales, capaz de recoger alusiones tal vez veladas para otros. Es el que Fish llama el «intended reader», el que más se acerca al que el autor se imagina. El cuarto lector que distinguimos es el que se sitúa completamente fuera del texto y fuera del alcance del autor, el lector real. Confrontado con tres otros tipos de lectores o destinatarios, cada uno con su perspectiva particular, el lector real debe asumir un papel activo, parecido al que describe Iser cuando indica que el papel del lector emerge de la interacción de perspectivas, cuando se siente llamado a mediar entre ellas (33). ¿Qué hará el lector real con estos otros lectores y destinatarios que parecen tener la ventaja de contar con la aprobación de la autora? ¿Hasta qué punto dejará que su propia visión como lector sea influida por la de ellos?

Comenzaremos con el lector explícito, el destinatario, identificado por el título como «adultos niños y retrasados mentales». Con la declaración de destinatarios tan dispares, Lydia plantea un reto ante el lector real. Éste se ve obligado a medirse para ver hasta qué punto se conforma al patrón propuesto por el título, que influirá sin duda en su lectura. Una posibilidad es tomarlo en broma, ver el título como un pretexto, un chiste para ponernos en una disposición jocosa. Otra posibilidad es que el lector trate de adoptar las actitudes y la postura que se suponen características de estos destinatarios para acercarse al modelo impuesto por la autora. Una tercera posibilidad es tratar de descubrir en la lectura del texto por qué Lydia Cabrera ha destinado sus cuentos a ellos.

Conviene primero tratar de determinar las características de ambos grupos. Los adultos niños evidentemente son adultos de disposición imaginativa y creadora que se deleitan en los cuentos de hadas, las fábulas y la magia y que no ven contradicción entre la imaginación y la razón científica. No les molesta saber que lo que llaman los científicos un «eclipse» se debe a que «por el cielo anda una serpiente que se traga a la Luna cuantas veces la encuentra», que la artritis es causada por los dedos que de noche se desprenden de las manos para corretear y curiosear, y que las simpatías y antipatías se deben a la intervención de «los duendecillos de la primera mirada». La designación de «retrasados mentales» tiene una connotación poco halagadora, pero el hecho de que la autora les dedique el libro parece sugerir que, para ella, le lleva cierta ventaja a la gente que sólo sabe utilizar las facultades de la mente o la razón sin poseer la capacidad imaginativa. También pueden representar a los desvalidos, según sugiere Esperanza Figueroa en su prólogo (20). En todo caso, el poder contarse entre los destinatarios explícitos tiene decidida connotación positiva, y no negativa, como podría creerse a primera vista.

Otros destinatarios explícitos son los de «Tres historias para viejos adolescentes románticos» (31).[5] En los tres cuentos el objeto de la búsqueda de los protagonistas (románticos quizá por sus ilusiones y sueños) solamente ofrece sus tesoros o se hace

---

5. *Cuentos para adultos niños y retrasados mentales* (Miami: Colección del Chicherekú en el exilio, 1983).

visible ante los seres buenos y sensibles, como el humilde Sense («La mujer de agua»), el forastero don Dirindín («Cara linda-cuerpo de araña»), o la más infeliz de las mujeres del rey («Se va por el río»). Al dirigirse a adultos niños, retrasados mentales y viejos adolescentes románticos, Lydia parece atribuir a estos grupos poco ortodoxos ciertas características de imaginación, humildad y disposición de espíritu que hacen falta para la captación cabal de sus cuentos.

Los cuentos, anécdotas, fábulas y chistes narrados en el libro nos presentan con una enorme variedad, pero creo que se puede entrever en ellos un lector implícito, que se presta a creer lo que se cuenta o que gusta de oír historias inventadas. El comienzo de un relato sobre la figura folklórica de Pedro Animal anuncia a este lector implícito: «Esta es una vieja historia que todos han olvidado» (124). Le da información acerca del origen o la procedencia del cuento «El hombre de los tres moños», o le exige que le crea cuando afirma que los ruidos percibidos en duermevela «los hacen los dedos de las manos cuando se desprenden de ellas» («De noche», 171). Este lector implícito parece coincidir con el «curioso lector» a quien los autores de antes se dirigían, siempre curioso por leer «Cosas olvidadas y otras vistas u oídas». Es amigo de oír cuentos antiguos que empiezan con «Era un matrimonio con un solo hijo de pocos años...» (89) o «En tiempos ya muy remotos vivía una pareja...» (95), y tradiciones cubanas (que recuerdan las peruanas de Ricardo Palma), como «La muerte de María Feliú». Estas frases tradicionales proporcionan sutiles indicaciones al lector real para que se ponga en disposición de recibir lo que se cuenta con cierta actitud de credulidad, como la que exige la de los cuentos de hadas.

En este libro, aun más que en *Ayapá*, se advierte la fuerte presencia de otro tipo de lector, que hemos nombrado el lector ideal.[6] Resulta difícil identificarlo con el tipo de lector explícito nombrado en el título, porque los adultos niños y los retrasados mentales, por mucho que sean capaces de recibir con gusto las imaginaciones más insólitas, no serán las personas más capacitadas para percibir una interpretación alegórica y descubrir intenciones ocultas. Esperanza Figueroa, al comentar en su prólogo el cuento «Por falta de espacio», alude a estas intenciones cuando

6. Francisco Ayala llama «lector ideal» al destinatario anticipado por el autor «desde el comienzo» ([La estructura narrativa, Madrid: Taurus, 1970], p. 34). Como en Lydia esta cuestión se complica porque son varios los destinatarios anticipados, creo conveniente diferenciar entre el lector «ideal», que es el óptimo lector «iniciado», y el lector implícito sugerido por el texto.

131

dice: «Se cierra con un final imprevisto, atrevido, callejero, cuba-nísimo, semántico, en clave para que lo entiendan solamente los indianos nativos. Porque la seria y elegante autora Cabrera es maestra en embelecos y donaires» (22). Noté este carácter cripto-gráfico del libro en una reseña que le hice hace un par de años:

...aun sin tener la ventaja de poseer, como la indefensa pastora, protagonista de un cuento, un perro protector ca-paz de oler las intenciones de los demás, sospecho que detrás de muchos de estos relatos de tono ligero hay inten-ciones ocultas que invitan al lector a descifrarlas, y de esta manera el libro constituye una especie de reto para el lector.[7]

El lector ideal del libro es el que conoce la experiencia cubana de la emigración y que puede recoger las alusiones metafóricas y parabólicas a la Cuba comunista. A este lector le parecerá irónico, si es «buen entendedor», que se ubiquen los acontecimientos de un cuento «en Cuba o quizá en otros mundos» (36) o «en tiempos ya muy remotos» (95). El cuento titulado «Y así fue» describe lo que pasó cuando los ratones se confiaron en el rumor de que los gatos se habían vuelto santos y cayeron en su trampa, menos uno que, precavido, se cavó un hoyo por el cual se escapó para con-vertirse en el «nostálgico ratón que emigró a tiempo». El lector ideal advertirá en seguida la parábola de los funestos resultados de confiar en el «Cielo» prometido por los gatos traicioneros como la historia de la revolución cubana. Las alusiones a las golondrinas cubanas y su «vocación de emigrar», la nostalgia del gato casero que suspira por su rincón perdido, la mujer que prefiere el cari-ño a las riquezas que podría otorgarle la cuchara de oro y en-cuentra al final un pueblo que la recibe con cariño y le ofrece la paz, forman parte de un repertorio común de la autora y sus lec-tores ideales. Éstos descubrirán en las alusiones a tiranos y pue-blos hambrientos (como los «mandutchkabanos») y a demasiados diablos, brujos y ogros, no sólo una visión universal del mal en el mundo, sino más específicamente alusiones a la Cuba contem-poránea. El lector ideal no dejará de poner en un contexto cubano el contraste de los diablos de ayer con los de hoy: «Ogros, dia-blos, hoy los hay disfrazados en todas partes, pero aquellos eran más sinceros y no ocultaban su hábito de comerse a los hom-bres» (113). En «Un libertador sin estatua», un mozo efectúa la

7. *Verbena: Revista bilingüe de las Artes*, Washington, D. C. (Otoño-invierno, 1984), p. 21.

muerte del diablo y libera a los obreros que éste guarda «para venderlos como esclavos a ciertos países que pactaban con él» (103). A éste desconocido héroe «siglos después, en el otro mundo», le dice José Martí: —«¡Te admiro!» (103). En el prólogo Esperanza Figueroa parece expresar los sentimientos del lector ideal cuando dice: «...embaídos de añoranza llegamos a las últimas líneas» (20). Sin embargo, no hay que ser cubano para ser el lector ideal; cualquier lector puede llegar a serlo si se esfuerza por ser un lector *informado,* que Fish define como «un lector real (yo) que hace todo lo posible por informarse».[8]

A esta lista de lectores explícitos, implícitos, ideales y reales, se puede agregar un tipo de lector más —el crítico, que podría ser a la vez uno de los lectores ideales o reales (se me ocurre llamarle «un lector con teorías»). En este libro es un lector «aludido», ya que emerge por medio de inferencias y señales al «buen entendedor». Podemos ver en dos «sabios» actitudes intelectuales y críticas que Lydia parece invitar o rechazar. El ejemplo positivo es un amigo del narrador de «La antecesora», el «sabio profesor Titunius —universalmente desconocido»— que demuestra que todos los pájaros son sobrenaturales y nos da una pista para entender el título del libro:

Y es posible que el sabio profesor Titunius tenga también razón cuando asegura que la vista de un pájaro que le canta al alba en una rama florecida, aunque sea en la Florida, despierta en la memoria del adulto más torpe, la imagen perdida en los escombros del tiempo, del Jardín del Paraíso... (112).

El ejemplo negativo es don Romualdo Nalganes, quien, según la nota necrológica que lo caracteriza, «de tan vastos y sólidos conocimientos merecía que se le llamase Erúdito» (230). En la festiva y jocosa descripción del misógeno, se ve su desprecio de lo humano que lo ha llevado al extremo de lamentar la proliferación de la especie humana representada por la manzana. De su muerte se comenta: «(La ciencia, naturalmente, ignoró, no hubiese podido aceptar que las manzanas se vengasen de su viejo enemigo).» La presencia de los dos profesores invita al lector erudito a no convertirse en «Erúdito», a no convertir la literatura en ciencia y a no perder de vista lo humano y lo maravilloso, porque si lo hiciera, mejor sería acudir a los adultos niños y los re-

8. Stanley Fish, *Is There a Text in This Class?* (Cambridge: Harvard University, 1980), p. 49. (Traducción mía.)

trasados mentales en busca de un semejante. El ejemplo de estos dos personajes nos anima a atenernos siempre en los cuentos de Lydia a lo humano, y ¿qué elemento literario puede ser más humano que el lector que acude al texto, responde a él y lo hace parte de su experiencia vital?

Como hemos visto, Lydia Cabrera, como consumada escritora, sabe proporcionar al lector real una multiplicidad de papeles estimulantes. Sus títulos, prólogos y cuentos anticipan la presencia de distintos lectores potenciales, posibles, hipotéticos o deseados. La experiencia del lector real se enriquece al poder asumir las perspectivas de otros supuestos «lectores» además de la suya propia que se va configurando durante la lectura. Al leer *Ayapá*, puede identificarse con el destinatario negro afrocubano; en *Cuentos para adultos niños y retrasados mentales*, puede tratar de identificarse con los destinatarios explícitos del título, asumir la actitud crédula y receptiva del lector implícito, descubrir las alusiones puestas allí para el lector ideal o informado, y completar la lectura con sus propias perspectivas individuales. El lector real es el único que puede captar las otras perspectivas, que son parciales, de modo que la suya será siempre la más completa. Lydia Cabrera, con su arte de narrar, sabe estimular al lector a ser varios lectores a la vez para enriquecernos la experiencia literaria y hacer que nuestro contacto con sus cuentos sea en grado sumo un «evento» dinámico.

ALGUNOS ASPECTOS DEL UNIVERSO RELIGIOSO Y MENTAL DEL NEGRO EN DOS COLECCIONES DE CUENTOS DE LYDIA CABRERA

Hortensia Ruiz del Vizo
Bennett College

Intentamos, en este ensayo, analizar algunas de las características del universo religioso negro, tal como se presenta en los cuentos de Lydia Cabrera contenidos en dos volumenes: en *Cuentos Negros*,[1] su primer libro de narraciones publicado en francés en 1936, y *Ayapá, Cuentos de Jicotea*, edición de 1971.

Es el universo negro harto complicado. Se diferencia de los demás universos religiosos, como el griego, digamos por ejemplo, por contener un razonamiento que es intensamente lógico para el negro, aunque a nosotros nos parece primitivo. El griego, explicado a través de Ovidio, en su *Metamorfosis*, o en los más antiguos mitos de la Grecia de los grandes filósofos y anteriores, presenta, para el hombre occidental, un molde de pensamiento, al que él está ajustado. Una lógica que encaja en la de él. El universo religioso griego, en otra palabra, es más intelectualizado, es lógica occidental. Es el predominio de la razón aristotélica.

El del negro, y vuelvo a tomar el hilo de lo dicho en el primer párrafo en cuanto al mismo, lo vemos muy simplista, pero nos sorprende la lógica, es decir el hilo de pensamiento lineal que termina en una conclusión; nos sorprende su silogismo.

Sólo cuando recordamos que el sabio psiquiatra suizo, Carl Jung,[2] había enseñado que no hay pensamiento primitivo como

---

1. *Cuentos negros de Cuba* (Madrid: Ramos, Artes Gráficas, 1972). A partir de este momento todos los números entre paréntesis se refieren a páginas de este libro.

2. Carlos Gustavo Jung, *Modern Man in Search of a Soul* (Londres: K. Paul, Trench, Trubner and Co. Ltd., 1933). Véase, además, Claude Levi-Strauss, *The Savage Mind* (Chicago: University of Chicago Press, 1966).

pensaba Levi Bruhl[3] por ejemplo, en su obra clásica sobre la materia, y que para el primitivo su lógica, es para él, como la de Aristóteles al hombre occidental, entendemos en toda su maravillosa urdimbre, estas narraciones de Lydia Cabrera, donde los animales son los héroes de las narraciones, aunque hay algunas, como *Los compadres* —de *Cuentos Negros*— en que la intervención de ellos es mínima.

Muestran, por otro lado estos cuentos de que hablo, que la lógica del negro se inspira en su medio ambiente. El negro es una criatura pegada a la naturaleza. Ha vivido junto a ella, en un continente en que se daba lujuriante y salvaje. De aquí, que su universo religioso esté condicionado por el habitat y por los animales que en ella viven, así como por el monte, el lugar solitario, de misterio, donde moran los animales salvajes, donde el hombre se extravía; del que no regresa cuando entra.

Es el monte el compendio, para el negro, del cielo y del infierno. Es el centro de sus creencias pues en él habita la vida y la muerte.[4]

Habita la vida. En efecto, es en el monte donde crecen las yerbas que evitan la parca y la enfermedad. Las yerbas que son uno de los elementos básicos de las creencias africanas: las que utiliza en sus prácticas religiosas. Las que lo protegen contra los espíritus malos. Las que, en fin, impiden la llegada de Ikú, o sea, del esqueleto con la guadaña. Por eso Lydia Cabrera ha titulado su libro más popular: *El Monte*, compendio de leyendas africanas, de yerbas con sus propiedades curativas, de ceremonias africanas cubanas, es la Biblia del creyente. En él encuentra todo lo que necesita para entender a los orishas; para comprender a los dioses desde Changó a Oyá; para hacer un «embó», es decir preparar una ofrenda; para evitar el «bilongo» —lo dañiño en general— para cumplir el ceremonial al pie de la letra cuando venera a un santo.

Si *El Monte* es el compendio del mismo; si en este libro se engloba todo lo concerniente a él, no por ello su figura deja de estar presente en los cuentos de Lydia Cabrera, como se verá.

Hay un sinnúmero de leyendas negras que cuentan de la maldad que habita en el monte. Hasta en los muñones de los árboles secados por un rayo o derribados por un hacha ve el negro seres

3. Luciano Levi Bruhl, *Primitive Mentality* (Nueva York: AMS Press), 1978. Este sociólogo que llenó las tres primeras décadas del siglo, como autoridad en la materia, concebía el pensamiento salvaje como algo «prelógico».

4. Mircea Eliade, *The Forbidden Forest* (Notre Dame: University of Notre Dame Press), 1978.

horribles, prestos a atacarlo; a devorarlo. El monte es campo dominado por los espíritus malos, en aquellos momentos en que Cristo ha sido preso y crucificado.

Y es que el sincretismo religioso del negro, ve a Cristo como la máxima autoridad en el cielo y en la tierra. Atada o derribada su autoridad, como cree el negro, en la Semana Santa, es natural que el negro crea que el bosque es dominio exclusivo de los dioses y espíritus malignos.

Y es natural que así sea. Mircea Eliade, el famoso etnólogo, ha mostrado como el negro se siente arrojado por su Creador y dejado a merced de dioses caprichosos, a los que hay que pacificar continuamente, y espíritus malos a los que hay que evitar a través de protecciones y «resguardos».

Mircea Eliade ha demostrado que en el panteón religioso negro así como en el de otras razas o grupos humanos, el Creador, después del acto enorme de la creación, se ha sentido cansado y se ha retirado, dejando al hombre a merced de las fuerzas más oscuras o caprichosas. Así ha sucedido, insisto, con el negro.[5]

En el primer libro, *Cuentos Negros de Cuba* ya aparece el monte.

Lydia Cabrera, en *Cuentos Negros de Cuba*, nos habla del bosque en el primero, titulado *Bregantino Bregantín*.

Después de indicarnos el pavor que por el bosque siente el negro señalando que el héroe del cuento, Sanune, una mujer «llegó a los lindes de la selva temida» (19). Mediante una leyenda, nos señala como el bosque es el paraíso, pues abundan los dioses buenos. Esta leyenda es la de Ochún, la Caridad del Cobre (en Cuba existe un sincretismo religioso: se confunden los dioses de la religión africana y de la religión católica) y Ogún, que es «el hombre de la selva» (19).

Ogún es virgen, y Ochún lo persigue por el Monte. Él huye pero ella logra catequizarlo dándole miel y cantándole: «Ochún llenó de miel a "ibá" y Ogún estaba metido en el tronco de un árbol, y ella dando vueltas, bailando en torno del árbol, le cantaba a Ogún» (20).

Atraído por la música, Ogún sale del tronco y ella lo hace su prisionero usando la miel: «Y Ogún al fin —dice la escritora— sintió deseos de verla, por saber si era como la veía en el canto; salió rasgando el tronco y al mostrársele, Ochún le frotó los labios con la miel (oñí), que Ogún, en su boca aquella dulzura repentina, fue amasando detrás de Ochún (20).

5. Mircea Eliade, Zalmoxis, *The Vanishing God* (Chicago: Chicago University Press, 1972).

De la unión de Ochún y Ogún nació Ochosi. Ochosi es el dueño del bosque como nos dice la escritora (21). «Y Ochosi —continúa Lydia Cabrera— es el que purifica. ¡Ochosi es un santo muy grande! Ochosi, el que aparta los malos pensamientos, vuelve el mal al mal. El que resucita a los muertos con la miel de abeja. Es milagroso. Es oñí. El dueño del bosque y el bosque»... (21).

Hasta aquí el bosque como el mito del paraíso terrenal: donde están todas las yerbas y todos los santos que curan.

Pero el bosque, como se ha dicho antes, es igualmente el infierno. Es por lo tanto, un sitio lleno de maleficios. El próximo cuento del libro, *Chéggue*, es un compendio de este maleficio.

El argumento es muy simple: Chéggue es cazador. Le encanta la caza. El padre le dice que como el año nuevo está próximo hay que dejar de cazar. Así lo mandan los preceptos. Chéggue, que parece aceptar, de pronto se pone a llorar. Cuando la madre le pregunta por qué, le contesta que ha dejado la flecha en el monte y quiere ir a buscarla.

El padre le repite que no puede ir al bosque. Chéggue lo desobedece. En el monte encuentra una reunión de animales. Mata al jefe de ellos y en venganza le hacen perder la vida.

Si bien, en este cuento, se puede argumentar que la maldad del bosque tiene como motivo la conducta de Chéggue no es menos cierto que el padre le señala terminantemente que: «no es el momento de ir al bosque ni de tocar una flecha» (29).

Y es que, en ciertas épocas del año, el bosque es posesión, solamente, de los espíritus malignos como sucede por ejemplo, en la Semana Santa, sobre todo durante los días del encarcelamiento hasta la resurrección del Señor.

Un cuento, sin embargo, que muestra al bosque en toda su maldad es el de los mudos. En éste, un cazador quiso tener lumbre en su choza. El tigre es el que custodiaba la lumbre. El padre mandó a todos sus hijos, uno a uno, a que fueran al monte, a pedirle al tigre, que le diera algo de luz. El tigre los devoró a todos y más tarde al padre.

En el relato escribe Lydia Cabrera que: «en el vientre del Tigre el cazador halló vivos a sus siete hijos. Se dio cuenta de que tenía un cuchillo. Rasgó las entrañas de la fiera y todos salieron, uno a uno, por la brecha de su flanco» (170).

La moraleja de esto es clara: si bien el bosque es la muerte, si bien es el mal, éste puede ser vencido, aunque muchas veces a un gran costo, ya que el hombre y los siete hijos pudieron robar el fuego del tigre, pero del pavor que pasaron quedaron mudos. Por eso hay mudos en el mundo. Así nos señala la escritora, en este cuento que guarda mucha semejanza con el robo del fuego en el mito occidental.

El sapo guardiero es otro de los cuentos que nos trae Lydia Cabrera para mostrar el mal que el bosque representa para el negro.

Al iniciar el cuento, ya señala lo que el bosque representa en el universo religioso del negro. Escribe: «Este era el bosque negro de la bruja mala, que hacía inerte el aire; y éste era el sapo que guardaba el bosque y su secreto» (171).

El bosque se nos describe en todos sus horrores: «El bosque se apretaba en puntillas a su espalda, y le espiaba angustiosamente. De las ramas muertas colgaban orejas que oían latir su corazón; millones de ojos invisibles, miradas furtivas, agujereaban la oscuridad compacta. Abría, detrás, su garra el silencio». (172).

El cuento se contrae al hecho de dos mellizos que entran en este bosque y no perecen a manos de la bruja porque el sapo los salva.

En él, se muestra, una vez más, que el mal puede ser vencido con argucias.

Ciertamente, para los negros la vida está llena de espíritus malos que quieren hacer daño. Hasta los dioses más venerados como Changó, por ejemplo, pueden hacerlo.[6]

Basta que no se les atienda como es debido o una simple equivocación en el ritual, para desatar la ira de los mismos, como se ve en el cuento titulado *Tatabisaco* (116) en que el dios de las aguas le arrebata un hijo, a la mujer que se equivocó al dirigirse, ritualmente a esta deidad.

La única forma de contrarrestar el mal, es atendiendo al santo debidamente, ajustándose a los cánones que rigen su devoción de una manera estricta. Por eso, en el cuento que se acaba de citar, el dios de las aguas se dio por desagraviado cuando le ofrecieron el sacrificio de doce chivos, y devolvió al niño.

El toro y la jicotea son también, además del monte, dos fuerzas malignas en el universo religioso del negro. El mal, por lo tanto, puede venir de cualquier lado, hasta de la naturaleza.

El toro representa la opresión de la naturaleza, la fuerza ciega del mal que acosa a los hombres: el volcán; el diluvio; las inundaciones... La jicotea: el diablo, el mal sutil.

---

6. Véase John S. Mbiti, *African Religion and Philosophy* (Nueva York: Praeger, 1969). Del mismo autor, léase *Concepts of God in Africa* (Nueva York: Praeger, 1970). Un libro clásico sobre la materia es el de Dominique Zahan, *The Religion, Spirituality, and Thought of Traditional Africa* (Chicago: Chicago University Press, 1979).

Mientras, como se ha dicho, el monte sigue las líneas generales de los mitos de innumerables folklores, no pasa lo mismo con el toro en la concepción negra.

Así, mientras éste, en la mitología egipcia se ve como un ser que infunde fuerza, fortaleza, protección, y por este motivo cuando se construye una cabaña se le salpica con sangre de toro; el negro ve al animal como una fuerza destructiva de la naturaleza, como un ser al que hay que temer.

El toro como mal, como fuerza incontenible de la naturaleza, es el tema de *Bregantino Bregantín*.

En esta narración, el toro quería ser el único macho sobre la tierra. Heredó de la lombriz el reino de Cocozumba. Obligó a todas las mujeres del reino a cohabitar con él y al mismo tiempo que mataba a sus vástagos hizo lo mismo con todos los hombres del reino, hasta que por fin gritó lleno de orgullo:

—«¡Yo, yo, yo, yo, yo!
No hay hombre en el mundo más que yo.
¡Yo, yo, yo!» (18).

Su mujer, Sanune, con una estratagema, pudo rescatar, a un hijo que le parió, de la muerte, y éste desafiando al padre lo derrotó. «Y con esto, la naturaleza recobró de nuevo sus derechos y nacieron varones en Cocozumba» (28).

Otro personaje central de los cuentos de Lydia Cabrera es la jicotea. A ella ha dedicado un volumen entero: *Ayapa, Cuentos de Jicotea*. El negro teme más al mal basado en la astucia; al mal que es caraterístico de muchas deidades negras. Los cuentos sobre la astuta jicotea abundan, extraordinariamente, en el universo mental negro.

El cuento más representativo de esta astucia cargada de maldad es *El ladrón del Boniatal*. En el mismo, interrogado por la madre qué oficio deseaba tener en la vida, la jicotea le responde, para gran satisfacción de su progenitora, que quería ser bribón (80).

Atrapada en el boniatal por un muñeco de paja, un espantapájaros al que habían untado una substancia pegajosa, Jicotea logra que el venado, inocentemente, la liberte.

Al quedar éste pegado, a pesar de que le pide a Jicotea que lo ayude, ésta espera que llegue el dueño de la finca y en su presencia acusa al venado de ser él, el que había estado robando boniatos —la ladrona era ella y contempla como lo matan a tiros.

Pueblo unido a la naturaleza, alejado por años de la civilización extranjera, viviendo dentro del marco de su propia cultura, el negro a través de ella ha construido un universo religioso y mental cuyas características aparecen, nítidamente, en las dos colecciones de narraciones de Lydia Cabrera que se han estudiado.

A LOS 50 AÑOS DE *CUENTOS NEGROS DE CUBA*

Reinaldo Sánchez
Florida International University

Cúmplese este año el quincuagésimo aniversario de la publicación en París, en 1936, de los *Cuentos negros de Cuba*, de Lydia Cabrera. En el «Prejuicio» a la primera edición en español, Fernando Ortiz señalaba lo siguiente:

> Este libro es el primero de una mujer habanera, a quien hace años iniciamos en el gusto del folklore afrocubano. Lydia Cabrera fue penetrando el bosque de las leyendas negras de La Habana por simple curiosidad y luego por deleite; al fin fue transcribiéndolas y coleccionándolas. Hoy tiene multitud de ellas. En París dio lectura de varias a literatos exquisitos y suscitó entusiasmos por su contenido poético, tanto que un poeta muy conocedor de las letras de América como Francis de Miomandre, tradujo algunas y un editor inteligente las imprimió en el libro que ya está agotado. *Les contes negres de Cuba* habían sido acogidos anteriormente por revistas literarias de Francia tan exigentes como «Cahiers du Sud», «Revue de Paris» y «Les Nouvelles Litteraires». De ahí que estos cuentos vieran la luz en traducción antes que en su lenguaje original, y que al aparecer en castellano ya vengan prolongados por la excelente acogida de la crítica extranjera.[1]

El medio siglo que abarca la extensa obra de Lydia Cabrera,[2] de esencial conocimiento para el estudio de la cultura afrocuba-

1. «Prejuicio» de *Cuentos negros de Cuba* (La Habana: Imprenta La Verónica, 1940).
2. Diecinueve libros publicados, muchos de ellos con segundas y terceras ediciones. Varios han sido traducidos al francés y al italiano. En prensa: *La lengua sagrada de los Náñigos*.

na, establece en los *Cuentos negros de Cuba* el punto de partida para la aproximación estética a un mundo en el cual mito y fantasía convergen como elementos definidores de lo humano. Si algo hay de singular en esas narraciones, es precisamente la substanciación de una visión que ha sido re-establecida por la poetización del lenguaje, y en la que todo es miríficamente posible. Realismo mágico, realidad maravillosa, lo real maravilloso, constituyen en los cuentos de Lydia Cabrera las verdaderas instancias de la realidad.

Los veintidós cuentos que componen la colección, temáticamente variados, están entrelazados por un sentido de autoctonía, de conciencia nacional, de aserción del «ethos» cubano. La visión que de lo negro nos da Lydia Cabrera, por más influencias que la «negritude» parisién hubiere podido ejercer sobre ella durante su estancia de once años en esa ciudad (1927-1938), no es el resultado de una moda de época o de un artificio intelectual sino el descubrimiento del rico mundo de experiencias vivificantes de una cultura marginada. Sin lugar a dudas, «Le Tumulte Noir»[3] fue tiempo propicio para el lanzamiento de *Cuentos negros de Cuba*, pero no génesis. El mundo negro es en Lydia Cabrera vivencia, testimonio personal, amor y dolor. París, 1936, reafirma en ella el orgullo de su cubanía.

Del número de cuentos mencionados anteriormente hemos escogido uno que consideramos representativo del desdoblamiento de signos que dan fuerza a la expresión mágica del mundo, y del poder de la palabra como instrumento de fundación. Así, lenguaje y realidad van tejiendo una malla de significados que se fecundan y en los que descubrimos la otra voz que nos da forma, la otra presencia, la otra imagen de nuestro mundo. Esa narración, «Bregantino Bregantín», establece pautas que se cumplen en los otros cuentos.

«Por el bochorno de un día de verano de un año que no se sabe...»[4]: con este descolocarse de un tiempo cronológico para enraizarse en el tiempo que está más allá de la Historia, de todo hombre, en el tiempo único que nos explica, el del mito, comienza la historia de «Bregantino Bregantín». Tres textos fundamentales ordenan el cuerpo narrativo: el que cuenta la historia de Dingadingá; el que fija la realidad de Sanune y, por último, el que

3. Título que Paul Colin, el gran creador francés de afiches, dio a su álbum de litografías sobre tema negro, y con el que bautizó esta etapa de la vida cultural de París.

4. «Bregantino Bregantín», *Cuentos negros de Cuba*, 2.ª ed. (Madrid: Ramos, Artes Gráficas, 1972), p. 11. Todas las citas que aparecen en el texto entre paréntesis se refieren a esta edición.

descubre a Bregantino Bregantín. Estos textos son unidades independientes que se integran por su fluir dentro del acontecer de los hechos, para dar sentido a un mundo que sólo puede ser aprehendido poéticamente. Dentro del trazado de los textos podríamos hablar de cinco elementos básicos que configuran toda la fabulación y que estructuran un ordenamiento de los mismos: una situación inicial de equilibrio; ruptura del mismo con la muerte del rey y la reina; estado de desequilibrio causado por el poder del sucesor; intentos por recuperar lo perdido y, finalmente, recuperación del equilibrio inicial y regreso a un nuevo comienzo, a un nuevo ciclo.

Los dos primeros elementos componen la fabula de Dingadingá y es evidente desde este momento que toda la narración, lenguaje mucho más comprometido con la función estética que con otra cosa, se motiva y se mantiene delante del lector porque el narrador establece una comunicación que poco se preocupa por el tiempo cronológico o la geografía. Por el contrario, se empeña en tejer una red mucho más abierta con los hilos de una visión privilegiada y penetrante, para reajustarse contínuamente, asociando, infiriendo. La escritura, entonces, habrá de entregársenos como una asociación por transformación y no como un puro recuento de una sucesión. De aquí, pues, la función poética de un lenguaje que ayuda a esclarecer el juego del descubrimiento.

El sentido de equilibrio que la fabulación de Dingadingá establece no se fundamenta en las categorías que nuestra cultura, lógica y racionalista, ha establecido. Sus puntos de referencia son, por el contrario, realidades altamente peligrosas por lo que conllevan de afirmación de estructuras subyacentes, primigenias, mágicas. Dingadingá, hija de un buen rey y de la reina, «..negra tonuda y reparista» (12), que mordía tabaco y lo pisoteaba, comunica a sus padres que desea casarse, y «el buen rey desde su hamaca, tendido en el platanal —por la frescura— llamó a un general y ordenó que sonaran en las calles los cuernos de los grandes acontecimientos, que arrancaría de su sopor la villa paralizada en siestas» (11). Pero como ambos descienden «...del primer» Elefante que habitó el bosque... y fundó... este reino de Cocozumba» (12), se impone una estricta selección. Las disonancias culturales, con sus instancias atávidas, que los signos perfilan no son óbice para que el texto se entregue, pues la relación con el lector se interioriza por la palabra que la crea y la contiene. Ese lenguaje, sin embargo, cimenta su vitalidad en su adhesión a las formas del habla natural y cotidiana, al gusto por un idioma popular que sirve para expresar directamente las vivencias culturales, y que provee las pautas para el entendimiento espiritual de ese mundo.

Las estructuras verbales yorubas que se intercalan —incomprensibles para los no iniciados, a menos que aparezcan aclaradas en el cuento— postulan el sortilegio de los textos en su intento de aproximarse a la realidad del hombre en relación con lo desconocido, lo que traza su destino. Esta alianza con los poderes espirituales la buscan el rey y la reina a través de los «babalaos», porque era necesario que

...los antepasados sentados en ruedo alrededor del fuego, en el cielo indeciso de los muertos y de los que no han nacido todavía —y están allí esperando— les recordaran que: «Bogguará arayé micho berere bei oku kué oku eron ogguá odgá oni ombaodgá omiokue». Y bajasen para desprenderle su alma, todas las almas del cuerpo, fundiendo en un mismo frío la sangre del moribundo y la del coro que le ayuda a morir... y que a su vez morirá. (13)

El mundo mágico que Lydia Cabrera recrea no soslaya la relación entre él y la sociedad que lo vive, manifestando la potencia de un pueblo que experimenta una cultura autóctona. Ese pueblo negro, que no expresa una experiencia «concienciada», intelectual, sino de vivencias, ofrece a la cultura cubana la posibilidad de una visión mítico-sacramental como clave para un entendimiento de lo nacional. Dentro de este contexto, es entonces que comprendemos la realidad manifiesta de «... un tal Hazme-Hueco-Que-No-Quepo, del ancho de un armario de sacristía... trepidaba y vibraba con él la villa entera... lleno de sonidos de pies a cabeza...» (14), o del segundo aspirante a la mano de Dingadingá:

Éste, por consejo de un fantasma que solía aparecérsele de cuando en cuando, se había tragado vivos dos sinsontes y dos canarios ciegos. Apenas abrió la boca —olvidando las recomendaciones del fantasma, que le había insistido mucho en que sólo entreabierta los labios y se guardara de hacer el menor esfuerzo— los pájaros escaparon...» (14)

Es el último de ellos, la lombriz, el que logra fundir la cera de los oídos del rey y desligar las coyunturas de la reina, con un toque de tambor y al canto de: «Sendengue kirito, sendengue zóra / ¡Sendengue, zóra! / ¡Kerekete ketínke!» (15) De esta forma, planos antitéticos de la «realidad» logran integrarse por medio de la escritura, que descifra la potencialidad de la visión mágica.

Esta situación inicial de equilibrio en la fabulación de Dinga-dingá se rompe cuando la Lombriz, después de tres años de matrimonio, decide reintegrarse a las profundidades de la tierra y nombra a su esclavo el Toro para que ocupe su lugar y reciba todos sus derechos por haber sido su mano derecha, ya que

> Lo mismo cocinaba y servía la mesa, que fregaba, barría, lavaba, tendía y planchaba la ropa sin perder un ápice de su importancia. Cuidaba de la hortaliza, obraba el campo, daba de comer a las gallinas, llevaba a pastar el ganado; hacía recados, guardaba celosamente las espaldas frágiles de su señor... Y cuando éste lo creía oportuno, cumplía por él sus deberes conyugales con fidelidad y aplicación dignas del mayor encomio. (15)

Este orden de cosas, desafió a un planteamiento empírico y logicista de la realidad confabula un mundo donde la transgresión enfoca con mayor nitidez la certidumbre de lo imaginario. El proceso de ruptura que la fábula encierra, siguiendo el planteamiento de nuestra propuesta inicial, tiene su culminación cuando se desarticula todo el sistema de relaciones hasta entonces establecido mediante una transformación que niega toda posibilidad armónica:

> ...tan pronto Lombriz desapareció... lo primero que hizo el Toro fue colgar al rey de una guásima y abandonarlo a las tiñosas. A la reina, encerrarla en un nauseabundo calabozo... donde pasó algún tiempo privada del necesario sustento... hasta verse reducida al extremo de devorarse a sí misma... Toro se ciñó, pues, la corona de plumas de loro, se colgó los collares y entró a reinar a sus anchas. (17)

La historia de Sanune, «la terca, la del color de almendra tostada» (18), establece, en el esquema fabular que hemos trazado, el desarrollo del desequilibrio y los intentos por recuperar el paraíso perdido. Obsérvase aquí, mucho más intensamente, la transformación que lo ha originado y que verifica de manera total un aspecto de la debilidad humana: la locura por el poder absoluto. Aniquilación y muerte son las constantes de esta etapa, con la actualización de la visión cristiana de Herodes y los santos inocentes:

...mandó matar —y él mismo se constituyó en verdugo— a todos los hombres del reino, sin exceptuar a sus propios hijos. En lo adelante cada vez que una de sus innumerables concubinas daba a luz un varón, le afeaba su conducta, la castigaba severamente y, por último, degollaba a la criatura... El Toro rey degollaba anualmente varios miles de infantes, y era costumbre suya, al romper la mañana, subir con el sol a una colina que dominaba los valles, y... lanzar a los espacios este grito de gloria: «Yo, yo, yo, yo, yo! No hay hombre en el mundo más que yo»... el Único, el Dueño incontestable. (18)

El sincretismo de la fábula apunta hacia el proceso de culturación del negro esclavo, tan distintivo e importante para un mejor entendimiento de la mitología popular cubana. Dentro de esta concepción, es fundamental la presencia de los «Orichas» para remitir y restaurar la armonía humana en todos sus órdenes. Así, el texto intercalado en la historia de Sanune realza la trascendencia de la cosmogonía lucumí para reconciliar al hombre con las potencias divinas, remitiéndonos a un estado primigenio donde lo mágico explica la realidad última del individuo.

La fabulación de Ogún, Ochún, Ochosi y Yemayá articula uno de los textos de más alta calidad poética del cuento, no sólo por los elementos formales de la escritura sino por el carácter visionario de la misma y la transformación a que propende al aguijonear al lector con una nueva conciencia de la realidad. Al adentrarnos en los caminos de estos Orichas descubrimos la íntima correspondencia del mundo natural con el espiritual, el concepto de integración del hombre con sus dioses y la presencia, aquí y ahora, de los mismos. Es esta asequibilidad, esta relación íntima, directa, la que le asegura al hombre que nunca será olvidado y que, desde siempre, participa de un conocimiento de lo intangible, de lo sagrado.

La personificación de las cuatro figuras mitológicas, en consonancia con sus orígenes teogónicos, revela un mundo de realidades humanas que establecen una efectiva comunicación con el lector y avalan la inteligibilidad del texto. La fuerza mágica y ascencional del mismo recupera, finalmente, la posibilidad de una transformación liberadora del conocimiento. Ogún, «el hombre de la selva que vivía en soledad... y era virgen» (19-20); Ochún, «...una mujer... quiso tentar a Ogún en su soledad y apoderarse de él...» (20); Ochosi, «el que purifica... el que aparta los malos pensamientos... un hombre que vive en eternidad enamorado y eternamente amado» (21) y Yemayá, «dueña de la creación, del mar, madre de todos los santos» (21), no son exclusivamente referencias simbólicas concomitantes sino referentes actuantes que abren y cierran los caminos del hombre. La correspondencia que se afianza entre el ser humano y los Orichas, cimentada por una marcada materialización en su expresión, configura aspectos de incalculable valor para intuir una dinámica que se mueve a base de estructuras polares: amor/odio; vida/muerte; perdón/castigo; aceptación/rechazo. Las cuatro leyendas hacen que la narración de Sanune se sitúe dentro de un contexto que la legitima textual y existencialmente.

Los siete «ebós» de Sanune, ofrendas para obtener la protección de las siete potencias africanas que restaurarán la armonía del mundo, formalizan la tensión de una escritura que aspira por medio del desdoblamiento del signo a construir un nuevo rostro humano, y que no agota sus posibilidades de apertura. La realidad sobre la que ese lenguaje se construye afirma una propuesta humana fundamental, de naturaleza poética: el sueño y la vigilia. El texto verifica ahora la nueva transformación que se opera en el «personaje», después de ejemplarizar uno de los aspectos del desequilibrio humano, el miedo. Al aceptar el auxilio que se le ofrece, Sanune busca recobrar la armonía de todos generando la discordancia en uno. Este momento, de oposición de intenciones, llevará a una confrontación violenta que producirá una síntesis pacífica. La plasticidad y la fuerza expresiva de la escritura para reproducir este espectáculo del mundo reafirman la supremacía de estas visiones sobre las precarias instancias de sobrevivencia basadas en la razón y confieren al lenguaje su significación y función precipuas:

Era que Sanune no era sumisa, pero tenía miedo... Con una rapidez de la que no tenía conciencia llegó a los lindes de la selva temida... y la selva oscura, fresca, inmensa, abrió los brazos acogedora... Sanune tocó la tierra y la besó en la yema de sus dedos... perdió el conocimiento. Cuando abrió los ojos, estaba en una habitación rodeada de noche; olía espesamente a fronda caliente y fruto de guayaba frente a un altar, que eran dos ramas de álamo frescas, recién cortadas, apoyadas en la pared y dos pieles de gato montés. En el suelo, varias soperas cubiertas, una herradura de caballo, dos grandes cazuelas de arroz, frijoles y rosas de maíz. A su lado una vieja, envuelta la cabeza en un manto, guardaba en un pañuelo, contando y recontando, temerosa de que alguno se le hubiese perdido —el de Elegguá, precisamente— veintiún caracoles pequeños, de un pulido blanco mate de marfil. Cuando se hubo convencido de que no faltaba ninguno, tocó a Sanune en un hombro y la despidió entregándole un lío de géneros de varios colores. Transcurrieron algunos meses y Sanune calculó el tiempo que le faltaba para dar a luz. El primer día de la última semana de contar, sacó del envoltorio el género rojo de Changó, se lo llevó a la boca fervorosamente y, estampando su ruego en el lienzo, lo depositó al pie de un álamo... En la copa rumorosa del álamo se sienta Changó, ordenador del mundo: sin Él no hay brujería. El segundo día fue a la orilla del mar y, con siete monedas de cobre, le arrojó la tela azul de Yemayá. El tercero fue al río. Ochún se baña en el río; cuando sale del agua, provocadora y altiva, ha de hallar una bandeja de oro con las más exquisitas golosinas. El que sabe adorarla le lleva frutas al río... A veces Ochún rema en su barca, tocada con su corona de calabaza. Si por descuido o ignorancia su devoto deja la ofrenda en cualquier parte, lejos de la orilla, se encoleriza y mata. Sanune le dio naranjas de china; el género amarillo lo extendió sobre las aguas y dejó caer al fondo... cinco monedas de cobre. El sol estaba en mitad del cielo, exactamente. El cuarto, tostó maíz: otras cinco monedas de cobre y el paño morado de Ogún, con la mano izquierda, los echó en un camino. El día quinto, dando una vuelta a la izquierda, el verde de Orula lo arrojó sin que nadie la viese, en la esquina de una calle que cerraba la noche. El sexto —cuatro pasos adelante, cuatro pasos hacia atrás siempre con la mano izquierda— el paño carmelita de Odaiburukú lo puso en medio de una encrucijada. Y el séptimo llamó a Obatalá y le habló en el género blanco que no puede darle el sol. Trabaja en la sombra. Lo embebió en aceite de coco y se frotó el vientre. Se bañó en agua de álamo, alamisa, laurel, incienso, yerba completa de Santa Bárbara y ciguaraya colada con aguardiente y miel de abeja ahumada de tabaco. Al acostarse, decía sobre un lebrillo que contenía un poco de agua y de azogue bendito: «Azogue bendito, te necesito!» Y no tardó Sanune en parir varón... (19, 22, 23)

La intervención de los Orichas es el mecanismo que acciona el desenlace de la fábula, y todas las señales que el narrador nos ha dado apuntan hacia una solución previsible dentro del esquema trazado, llevándonos al conocimiento de la verdad a partir de los niveles mágicos que la conforman. Este proceso activa la comunicación entre el lector y el texto, y establece el plano superior en el cual lo racional jamás puede perfilarse como posibilidad cierta. Sólo lo intuitivo y lo simbólico pueden aprehender la esencia de ese mundo. Es necesario insistir, sin embargo, en que lo mitológico integra esta realidad no solamente como código referencial, como lenguaje, sino como un universo autónomo y, por tanto, las representaciones míticas de la conciencia colectiva no son usadas por el narrador como formas de expresión de un mito personal, de una experiencia vivida. La realidad de este universo se manifiesta por la solidaridad de su estructura dinámica:

Y no tardó... el Toro en despachar a su lado a una de sus viejas verdugos... Sin embargo, esta vez, cuando la vieja hundió su cuchillo en el cuello del becerrillo, Sanune hasta pudo sonreírle con humildad conciliadora... Apenas se marchó chancleteando la horrible mujer... Sanune corrió a rescatar de un montón de desperdicios el cuerpo de su hijo; y se bebió con alegría un caldo de gallina... Sanune volvió a... alejarse por los campos... En una de estas escapadas llevó a la selva... el cadáver del recién nacido, que Ochosi resucitó frotándole los miembros con miel de abeja. Y Ogún le dijo a Sanune: «Vuélvete al pueblo enhorabuena. Cuando tu hijo, a los diez años, de una cornada derribe una palma y a los veinte una seiba, su voz se oirá en el mundo. (24)

La dislocación/ruptura que aparece en el mundo se manifiesta también en una alteración de la función denotativa del lenguaje y en una violentación de sus normales relaciones con el hombre, como expresión de la triada TORO/HOMBRE/DIVINIDAD. Esta consciente inversión, que transgrede las relaciones originarias con lo que nos rodea, establece una relación de continuidad y participacionismo que encaja dentro de la contigüidad espacial y temporal del pensamiento mágico. El fluir de este texto se matiza por la cadencia jocosa del mismo:

Nada cambiaba en Cocozumba; si acaso la única innovación, a partir de cierta época, consistió en eliminar también del lenguaje corriente, el género masculino, cuando no se aludía al Toro. Por ejemplo: allí se hubiera dicho que se clavaba con la «martilla», se guisaba en la «fogona» y se chapeaba con la «macheta». Un pie era «una pie»; así, la pela, la ojo, la pecha, la cuella —o pescueza— las diez dedas de la mana, etc. Nadie se hubiera referido al Cielo, sino a la «Ciela»; Ciela abierta. ¿Que un ciclón pasó cuando nadie se lo esperaba y todo lo dejó patas arriba? Pues se recordó con pavor y se habló mucho tiempo de las furias de aquella «ciclona» que costó muchas vidas. La misma forma de los objetos más asexuados se afeminaba: nunca fueron más mujeres y pasivas las cazuelas; tan genéricas las caderas de las jarras, con sus brazos en jarras; ni tan plácidas y ventrudas madrazas, las tinajas. Los cuchillos ya tenían otra expresión —desconcertante— de tanto oírse llamar «cuchillas». (25)

Sin embargo, no disocia el discurso narrativo puesto que reproduce el sistema abierto de toda la fabulación. El relato articula conexiones culturalizadas y la lengua ofrece una red subyacente de hilos que se mueven siguiendo la lógica de la escritura, la lógica poética, creando un universo que estructura sus propios sig nificados.

El último paso en la propuesta que hemos establecido es el rescate de la armonía del mundo y el reordenamiento de las relaciones del hombre con sus semejantes y con los dioses. El discurso narrativo habrá de acentuar ahora la polarización de dos registros axiológicamente opuestos, BIEN/MAL, y la tensión que precede a un cumplimiento profético. Curiosamente, la síntesis que propiciará la intervención de los Orichas será el resultado de la fuerza que acarreará la destrucción de un orden que los ha desposeído de su preeminencia:

... en Cocozumba, sólo a Dios podía mentarse hombre, ya que Dios y Toro significaban una misma cosa. Y con esto seguía subiendo cada día a la cumbrera a mugir sobre el despertar de los valles, su vanidad soberana. «Yo, yo, yo, yo, yo. Yo, yo, yo, yo, yo.» (25)

Esa restauración solamente podrá lograrse con la muerte, una muerte inversamente propiciatoria, pues no se realiza a través del escogido de las formas sagradas. El lenguaje tenso y emocional recoge la verificación pública de la violenta transformación de la visión de la multitud que testifica el insólito evento; momento de instauración final del mito, de la caída de una totalidad contradictoria:

Pero una mañana... respondió una voz timbrada de juventud, de fuerza... que rompió medio siglo de silencio adorador: «Yo, yo, yo, yo. Yo, yo, yo, yo. Yo mismo soy Bregantino Bregantín»... toro imponente, saltaba las vallas y corría desfaritado los campos... embestía las palmeras... lanzaba a volar... desprendidas de raíz las palmas reales y las seibas

152

inmensas, ¡las seibas! cargadas de siglos... La población de Cocozumba... se entregó a una admiración delirante y aclamó el arrojo y las gallardías del toro inesperado. (26, 27)

La purificación, necesaria para religar al hombre con sus Orichas, proclama lo que desde el principio subyace en el cuento: que la muerte, la insensibilidad, el desprecio por la vida humana y el alejamiento de los dioses no son cosas triviales. Lo ético y lo metafísico se funden. Se vuelve a Dios, principio y fin. La formulación episódica, texto superficial, expresa el dramatismo del momento y la resolución de la situación:

De una ojeada enrojecida y torva, el Toro Rey... midió distancia que mediaba entre él y su adversario... Y fue sólo un instante de una belleza horrenda. Se precipitaron el uno contra el otro y... levantaron una nube de polvo y de fuego que los arrebató a los ojos de las mujeres... Oyeron el furor de la embestida, el choque de los cuernos... Cuando la luz se aquietó, el Toro viejo apareció tendido, manando de su cuerpo varias fuentes de sangre... El Toro joven seguía atacando, exasperado por no poder matarlo muchas veces. (27)

Si por la soberbia aparece el pecado/desorden, por la obediencia se recibe la salvación/orden. La fábula termina con el rechazo de Bregantino Bregantín de todos los intentos por convertirlo en amo y señor, porque «no tenía más empeño que poner fin a la tiranía que su padre había ejercido luengos años» (28) y «sin enfatuarse fue a buscar hombres. Uno para cada mujer. Y con esto, la naturaleza cobró de nuevo sus derechos y nacieron hombres en Cocozumba». (28) Ciérrase el cielo y comiénzase de nuevo a instrumentar ordenadamente la visión mágica del mundo.

Cuentos negros de Cuba cobra, a los cincuenta años de su aparición, una importancia decisiva en la dirección de la literatura cubana contemporánea. Anticipa la vigencia del realismo mágico, transformando la sustancia y la visión cosmológicas en una manifestación poética que es apertura y traslado, descubrimiento y fundación, para entregar a un lector, anti-fabuloso por naturaleza, posibilidades cognoscitivas prístinas y ancestrales. Este buceo en la interioridad cubana lo hace Lydia Cabrera sin concesiones a una literatura nativista, pintoresca, y aún social. Por el contrario, aspira a sondear en las estructuras más recónditas de nuestra psiquis por un regreso a los mitos negros que arrojan luz sobre las formas del quehacer individual y colectivo del cubano. Camino que, quizás, pueda llevarnos a descubrir el oricha que todos llevamos dentro.

En su obra *Tratados en La Habana*, José Lezama Lima hace una semblanza de Lydia Cabrera que resume el espíritu de los *Cuentos negros de Cuba*:

El nombre de Lydia Cabrera está unido para mí a ciertas mágicas asociaciones del Iluminismo. A las comisiones de botánicos franceses clasificando en los jardines bogotanos. A los doce de la piedra cúbica, en los sellos de Cagliostro. A los egiptólogos del período napoleónico, estableciendo las variantes de la clave veintiuna del Tarot. Al barón de Humboldt, saboreando como filólogo y naturalista, la «Diomedea glabrata», «flor de aquellas islas de corales, que sirven para fijar las arenas movibles enredándolas en sus raíces». En aquella región donde el ceremonial se entrecruza con el misterio, desde el punto de vista de la morfología de las culturas, tiene la misma importancia la recepción de Horace Walpole en casa de madame Du Deffand, que la hecha en la «Villa San José» para recibir a don José de Calazán Herrera, el Moro, gran babalawo abacuá. El refranero allegado por Lydia Cabrera tiene la imprescindible nobleza de aclarar el cuestionario que debe situarse en la introducción a nuestra cultura. La sabiduría de los dioses debe espejear en la de los efímeros. Modelos en perspectivas imposibles son por lo mismo apetecidos desde la infinitud, desde la no comprobable querencia... La raíz de ese espejeo es una esperadora ternura. Para salirle al paso a la angustia existencialista, hay una misión, una marcha que se obliga a extender como alfombra su propio método viandante, desde la gracia hasta la paz...[5]

Palabras que nos llevan, desde ya, hacia el centro del POEMA.

5. José Lezama Lima, *Tratados en La Habana*. Tomado de «Noticias de Arte» (Nueva York, mayo de 1982), p. 3.

ALGUNOS ASPECTOS DE CUENTOS NEGROS DE LYDIA CABRERA: REALISMO MÁGICO Y LO MÍTICO

José Sánchez-Boudy
*Universidad de Carolina del
Norte en Greensboro*

Cuando los cuentos de Lydia Cabrera, los incluidos en su primera colección, *Cuentos Negros*[1] aparecen en el horizonte literario francés, traducidos por Francis de Miomandre, como indica Fernando Ortiz en el prólogo a los mismos, sientan ellos un hito en la literatura antillana.

Y no es solamente que se den a conocer las bellísimas narraciones de los negros cubanos que la autora había burilado en lengua castellana clásica, o que se abriera el género en las literaturas de América.

Es que en estos cuentos comenzaban dos de las grandes escuelas de literatura hispanoamericana: la del Realismo Mágico y la Mítica-Simbólica.

Reivindicamos para Lydia Cabrera el inicio de estas escuelas, no simples movimientos literarios, porque el realismo mágico, y lo mítico simbólico han tenido una definida voluntad de creación universal, como algo inherente al alma americana —voluntad que los hace ser escuela y no movimiento—, que se ha trocado en obras hoy enormemente estudiadas como son algunas del cubano Alejo Carpentier; del mejicano Juan Rulfo y del guatemalteco Miguel Ángel Asturias. Basta citar, en cuanto al Realismo Mágico, la novela de Alejo Carpentier: *El reino de este mundo* y en cuanto a lo Mítico Simbólico a *Pedro Páramo*, la joyita de Juan Rulfo,[2]

---

1. *Cuentos negros de Cuba* (Madrid: Ramos, Artes Gráficas, 1972), pp. 9-10; a partir de este momento todos los números entre paréntesis se refieren a páginas de este libro.

2. El estudio más completo de *Pedro Páramo* es el de Nicolás Emilio Álvarez, *Análisis arquetípico, mítico y simbólico de Pedro Páramo* (Miami: Ediciones Universal, 1983).

que como, *Hombres de maíz* de Asturias, partiendo de lo mítico simbólico engloba al Realismo Mágico.

No se trata, en Lydia, de un superrealismo, pues el superrealismo como le llaman los españoles o surrealismo, como es más conocido, se diferencia del Realismo Mágico en que el primero busca una realidad inconsciente, de ahí que utilice, en la mayoría de las veces una escritura automática para encontrarla o los sueños. El Realismo Mágico es, por otro lado, la creencia en una realidad consciente; en una que se engloba con la propia realidad que lo rodea a uno: lo que se ve; se palpa, se siente.

Dentro del Realismo Mágico integramos al llamado, por Alejo Carpentier, en el prólogo a su novela *Viaje a la Semilla*, «lo mágico maravilloso», porque para el novelista cubano, la principal característica de éste es ser lo autóctono americano. ¿Y hay algo más autóctono americano que el Realismo Mágico? [3]

Con *Cuentos Negros* comienzan, se ha dioho estas dos escuelas. Y en este ensayo reivindicamos, repítese la primacía para Lydia Cabrera de ambas, porque una propaganda política interesada, ha olvidado, completamente, que ella dio vida a estas escuelas citadas y ha adjudicado el Realismo Mágico a Carpentier, como máximo esteta del mismo, y lo mítico-simbólico a Rulfo; con ligeras concesiones —si se compara lo que se ha escrito sobre él en la materia—, al Premio Nobel guatemalteco Miguel Ángel Asturias.

Es triste hablar de ello, pero las circunstancias nos obligan al caso: las obras literarias hoy son juzgadas, más por la filiación política del autor que por su valor intrínseco.

Para nadie es un secreto que ese fabulista genial que se llamó Jorge Luis Borges, ese hombre cuya muerte conmovió al mundo—lo que no se puede decir, por ejemplo, en el caso de Carpentier, ni de Rulfo ni de Asturias, en cuanto a la repercusión internacional del suceso no alcanzó la distinción del Premio Nobel, por ser anticomunista, por firmar un documento a favor de la invasión de Bahía de Cochinos, de los exiliados cubanos respaldados por Estados Unidos.

Esta distorsión de la verdad se ha llevado, enfatízase, a toda la literatura. Y por eso se desconocen hechos como es el caso que nos atañe, con respecto a Lydia Cabrera, cuando no se señalan a los *Cuentos Negros* como el ejemplo más palpable del Realismo Mágico.

El Realismo Mágico se puede definir —echando a un lado defi-

3. Alexis Márquez Rodríguez, *Lo barroco y lo real maravilloso en la obra de Alejo Carpentier* (Caracas: Siglo Veinte, 1984), pp. 36-41.

niciones complicadas que confunden al lector—, como la existencia de una segunda realidad que se toma como verdadera.

Siempre he explicado el Realismo Mágico, en forma bien sencilla, con este ejemplo: los negros cubanos creen que al caer la tarde, el temido monte, se llena de espíritus malos. El negro, cuando declina el sol huye del monte.

No hay tales espíritus. Lo sabemos todos. Los cazadores nos pasamos largas horas en el monte, a la puesta del sol, en un claro, esperando por las rabiches que van hacia el dormitorio o que vienen a él para dormir. No creemos ni en espíritus; ni en dioses; ni en diablos.

El recogedor negro de palomas que nos acompañaba en Cuba se negaba, rotundamente, a entrar en el bosque; y nos indicaba los peligros que corríamos si nos adentrábamos en sus predios. Como veía que nada nos pasaba, afirmaba que estábamos protegidos por un dios negro, Changó: «Tu son hijo de Changó que te protege».

El negro pues, desde nuestra realidad terrestre ve otra, la de los diablitos que no existe sino para él.

El negro anímicamente vive en esa realidad mágica. Abandonado de su Dios Creador[4] se encuentra en el mundo solo; rodeado de espíritus malignos y de dioses movidos por el capricho, a los que hay, a los primeros, que vencer con protecciones de todo tipo, y a los segundos contentar, para obtener de ellos favores y mercedes. Anímicamente el negro vive en un terror y no en una realidad como nosotros sino en dos. El mundo para el negro está dividido en dos realidades. Esta creencia en el realismo mágico, esta división entre las dos realidades habladas se ve perfectamente en el cuento e Lydia Cabrera *Chéggue*. En él, el cazador le dice al hijo que como se aproxima el año nuevo no se puede ir a cazar al bosque. De hacerlo se sucumbe. Chéggue ignorando su advertencia, va al monte, mata a un animal y perece.

En realidad todo el libro, *Cuentos Negros* es un realismo mágico. Todo el libro, por otro lado es un mito, y todo mito implica, siempre, una doble realidad. Pero este realismo mágico está afincado en las mismas entrañas de América, en Cuba, y se funden en el mismo, en un sincretismo total, la religión católica y la africana: la llevada por los esclavos a Cuba.

Una buena muestra de ello es el cuento titulado: *Los Compadres*, uno de los más elaborados de todo el volumen, *Cuentos Negros*.

4. Léase, Mircea Eliades, *Zalmoxis, The Vanishing God* (Chicago: Chicago Unversity Press, 1972. Léase, así mismo John S. Mbiti, *Concepts of God in Africa* (Nueva York: Praeger, 1970).

Unas citas que se toman del cuento ilustran lo que se acaba de afirmar: «Por enredos de las mujeres, de tierra Tacuá —el más santo de todos, Changó—, (Santa Bárbara) —he aquí el sincretismo— (...) Le gustó Ochún (La Caridad del Cobre) —La Caridad del Cobre es patrona de Cuba; ésta es otra muestra de sincretismo— (...) La conquistó bailándole y ella, en seguida, le dijo que sí y vivieron juntos. Y un día, Ochún, le dice a su hermana mayor Yemayá (Nuestra Señora de Regla)— otra muestra de sincretismo (...) (67).

Este sincretismo es, al mismo tiempo, realismo mágico pues el creyente ve al santo como dos divinidades, como dos realidades mágicas, en su mente, en su psicología.

Este cuento, he dicho, que es una de las mejores muestras de Realismo Mágico.

Y ello se desprende, además de lo visto en las líneas de arriba, en el hecho de como se explica, por el africano, la afición del hombre a pecar.

En la narración, Dolé, la negra, engaña al marido con el compadre. Es un delito gravísimo, que trae terribles consecuencias para el compadre que mancilla los lazos que lo unen espiritualmente con otro.

Desde el inicio del cuento, se nos pone en perspectiva, reitero, y se explica, por qué Dolé peca: «Todos somos —escribe la narradora— hijos de los Santos, y lo de la malicia y el gusto de pecar ya le viene al hombre de los santos.» (67)

Se nos introduce al realismo mágico creando la realidad mágica que el negro ve como verdadera: la que Changó(por ejemplo, está enamorado de Ochún (La Caridad del Cobre) y la conquista.

Se nos continúa con ese realismo indicándonos que Dolé, para no pecar, no podía comer calabaza. Y no la puede comer por lo que dice una leyenda negra que ella ve como realidad mágica.

Esta leyenda se contrae al hecho de que: «Yemayá —cito a Lydia Cabrera— cuando era mujer de Orula, (San Francisco de Asís) andaba recelosa de Ochún. Orula vivía en un pozo y Ochún se metía en el pozo.» (68)

Por lo tanto, comer calabaza conlleva quedar contaminado por el pecado de Orula. Esta explicación del pecado —que no existe en otras religiones, por ejemplo en la católica, donde no se puede pecar porque se ofende a Dios sin otra explicación— este explicar lo que es el pecado a través de una leyenda, es una segunda realidad, una realidad mágica que el negro cubano acepta como una verdad incontrovertible.

Este cuento contiene, además, y muy claramente explicado, el inicio de la Escuela Literaria que hemos llamado Mítico-Simbólica que veremos más tarde en *Pedro Páramo*, como producto de los contactos que Juan Rulfo, como etnólogo, tuvo con las razas indígenas, en las que se encuentran asimismo —lo que da fuerza al estructuralismo de Lévi-Strauss— el realismo mágico y lo mítico simbólico de los africanos.

Lo mítico consiste en el cuento, en el hecho de que el marido engañado por Dorotea, vuelve a la tierra para tomar venganza de la misma. Esto ya no es únicamente una realidad mágica en que cree el negro sino el mito de que el alma no asciende, inmediatamente, hacia el Creador; que queda en un plano paralelo a la vida, a la que regresa, en forma invisible, cuantas veces quiera. Ahora bien, esa alma es el espíritu vital del muerto y una copia de éste, en forma tal que el muerto no pierde las propiedades de la materia: tocar, rasgar, hacer ruido, derribar cosas, hablar al oído. Es su doble.

Para explicar mejor esto, cito de Lydia Cabrera cuando Evaristo, el marido de la negra Dolé, a poco de enterrado, sale de la tumba: «Aquel Evaristo —requiencantinpanche— que había sido hombre de tan buen natural, apenas se cerró sobre él la tierra, encrujiendo los pinos del cementerio, con el viento de la primera noche de su muerte, abandona su cuerpo putrefacto y torna su alma oscura y turbada a la querencia de su rincón.» (84)

Inmediatamente, Evaristo, oye la conversación entre su compadre y Dolé: el compadre requiriéndola de amores carnales y ella diciéndole que espere unos días, pues la muerte de Evaristo es muy reciente.

Acto seguido decide actuar contra Dolé. Cito de Lydia Cabrera: «Dolé escuchaba ruidos inexplicables. Pasos alterados recorren la pieza (84) Golpes secos, de nudillos en las maderas. En la puerta, en la mesa; en las vigas, muy fuertes, de maza.» (84) Por fin Dolé muere.

Y se encuentra, con su marido Evaristo, «en la oscuridad sin límites de la siempre noche» (90) Allí éste la recrimina y ella se defiende, debiéndose notar en este diálogo que en la otra vida las almas conservan toda la inteligencia que tuvieron en ésta, por eso Dolé dice graciosamente: «¡Ponte en mi lugar!»

Cito de Lydia Cabrera —«Dolé, ¿yo no te dije que si volvía a encontrarte con otro negro te hacía papilla? ¡Todavía, si no hubiera sido con mi compadre... me hubiera hecho de la vista gorda!» —«Es verdad, es verdad que tú me lo advertiste. Pero, Evaristo... tampoco yo podía desairar a mi compadre. ¡Ponte en mi lugar!» (90)

Este episodio, del alma, no se diferencia en nada de lo que

aparece en *Pedro Páramo*; es el mito del eterno retorno. Del retorno del alma del finado a la tierra siempre que lo quisiere.

El culto a las almas, que es otra de las características de *Pedro Páramo*, lo encontramos en otro cuento de esta narración: en la *Loma de Mambiala.*

En el mismo el negro relaciona este culto a un mito, como sucede en *Pedro Páramo.* No se trata de ese temor supersticioso que tienen muchas personas por una casa donde hubo un crimen o donde murió alguien, temores que la psiquiatría señala como residuos de los miedos de los primeros hombres sobre la tierra, que no han desaparecido en el ascenso a través del progreso.

En este caso el miedo está en el mito de la supervivencia del suicida como espíritu malo.

En el cuento, el suicida, es el negro don Serapio. Éste un día, para alimentar a su familia que se moría de hambre fue a la loma de Mambiala, por alimento, y encontró una cazuelita mágica, que le sirvió para dar un gran banquete a todo el pueblo; cazuelita que cree trocar por millones firmando un documento nulo con un marqués, el que al bajar de su coche rompe, más tarde, sin querer, la cazuela.

De regreso a la loma encuentra un látigo —un manatí— al que le dice que «reparta», creyendo que serían bienes, y lo que reciben los presentes es una tunda.

Con el manatí va a su casa, convoca al pueblo a lo que creen es un banquete, y le repite al manatí que «reparta». El manatí muele a palos a los congregados, incluyendo a la familia de Serapio y termina matándolos a todos.

Viéndose solo y comprendiendo la enormidad de su crimen, Serapio, a un requerimiento del agua del pozo, se echa al mismo y se ahoga. El pozo en que murió es conocido, en adelante, como el pozo de Yaguajay, al que nadie se acerca, pues las manos del ahogado, del suicida, suben por el brocal del pozo y se llevan a los incautos al reino de las sombras.

Por donde quiera que se abran estos cuentos siempre encontramos el Realismo Mágico por lo que se puede decir que éste constituye la estructura total del libro. Por otro lado, como se ha demostrado, lo mítico simbólico no está contenido en el volumen como esbozo sino que se desarrolla, en el cuento *Los Compadres* completamente aparte de que se insiste sobre el mismo en *La Loma de Mambiala* con el retorno del suicida al reino de la vida como espíritu.

Comienza pues, el Realismo Mágico contemporáneo, con lo Real maravilloso y lo mítico simbólico, con Lydia Cabrera y sus *Cuentos Negros.*

EL MUNDO DEL FOLKLORE EN LYDIA CABRERA: SU TÉCNICA NARRATIVA

Rosa Valdés-Cruz
Northern Illinois University

Lydia Cabrera ha dedicado toda su vida a la exploración del folklore negro trasmitido de boca en boca y a la absorción de mitos, leyendas, refranes, supersticiones, costumbres ancestrales y ritos de los negros de Cuba. Estos relatos le llegaban unas veces en forma original, otras adulterados o ampliados con elementos añadidos en la Isla. La autora ha tenido que recerar todo ese material sin desvirtuarlo, y vencer obstáculos, como el de enfrentarse a la indiferencia y hasta a la hostilidad de muchos compatriotas, que consideraban que «estas cosas de negros» no tenían por qué ser objeto de estudios serios.

Desde su primer libro de cuentos, publicado en París en 1936 y luego en La Habana en 1940, la autora ha continuado publicando cuentos, ensayos y libros de carácter peculiarísimo que unen la investigación a la creación, el documento folklórico a la poesía, lo fantástico y real a lo costumbrista. Con estos libros, que suman dieciocho,[1] además de entregarnos obras de altos valores literarios, Lydia Cabrera ha contribuido al mejor conocimiento del afrocubano y de su folklore.

1. Las publicaciones de Lydia Cabrera, hasta el momento, son: *Cuentos negros de Cuba* (1936), *¿Por qué?* (1948), *El Monte* (1954), *Refranes de negros viejos* (1955), *Anagó, el yoruba que se habla en Cuba* (1957), *La sociedad secreta Abakuá* (1958), *Otán Iyebiyé: las piedras preciosas* (1970), *Ayapá cuentos de Jicotea* (1971), *Yemayá y Ochún: las diosas del agua* (1974), *Anaforuana: ritual y símbolos de la iniciación de la sociedad secreta Abakuá* (1975), *Francisco y Francisca: chascarrillos de negros viejos* (1976), *La laguna sagrada de San Joaquín* (1973), *La Regla Kimbisa del Santo Cristo del Buen Viaje* (1977), *Itinerarios del insomnio* (1977), *Reglas de congo* (1979), *Cuentos para edultos, niños y retrasados mentales* (1983), *La medicina popular de Cuba* (1984), *Vocabulario Congo* (1984).

En este trabajo examinaremos algunos de los cuentos contenidos en tres de sus colecciones: *Cuentos negros de Cuba, ¿Por qué?* y *Cuentos de Jicotea,* y señalaremos en ellos el uso de los recursos técnicos de que se vale la autora para convertir en creaciones originales y artísticas unos cuantos temas folklóricos. Esto va a conseguirlo, principalmente, gracias a la especial aplicación que le da a ciertos elementos presentes en todo cuento folklórico tradicional. En sus relatos, la autora enfoca y aplica dichos elementos constitutivos en una forma diferente a la de los cuentos que corren por Europa y por el mundo hispánico, acercándolos más a la forma de presentación de los relatos africanos.

Nos ocuparemos de inmediato de este diferente enfoque técnico en relación a la expresión del tiempo y del lugar, al uso de fórmulas iniciales y finales, a las series numéricas, a la presentación de los personajes y al uso del lenguaje.

Uso del tiempo y del lugar

Es típico del cuento folklórico europeo y también del hispánico, que la acción que se describe nunca sea actual. Toda la parte viva de la narración se desarrolla en un pasado que siempre se supone remoto, ya sea mítico, ya sea histórico, y de cuya antigüedad se da una idea con una fórmula inicial, muchas veces referida a los albores del mundo, del hombre o a grandes trastornos geográficos o sociales.

En cuanto al lugar, es característica del cuento folklórico la completa ignorancia del país en el que se desarrolla la acción. Muchas veces se determina vagamente el paraje geográfico del que casi no se dan detalles.

En muy pocos de sus cuentos, Lydia Cabrera va a seguir estas normas. Casi todos concretan con precisión el tiempo y el lugar de la acción, que ocurre generalmente en Cuba y en la época de la Colonia, muchas veces cuando el negro no era ya esclavo, pero tenía aún vivo y bien presente en su recuerdo toda esa etapa previa. Encontraremos con frecuencia cuentos que parecen seguir el estilo tradicional y comienzan con una fórmula que subraya la ambigüedad de la narración en cuanto a tiempo y lugar, pero de inmediato surge el detalle que los fija y precisa. Esto lo vemos, por ejemplo, cuando nos narra la historia del reino encantado, que comienza con la fórmula habitual del género: «De esto hacía mucho, mucho, tiempo...», pero por otra parte nos da la localización y la época aproximada, al añadir: «Ya se plantaban las cañas dulces, estaban los trapiches, las vegas, los cafetales...»[2] y más adelante veremos que los héroes nacieron en **Vuelta Abajo**, en el asiento de un cafetal abandonado.

Al comenzar el cuento «La carta de libertad», tal parece que nos va a llevar a los tiempos míticos, pues leemos: «Cuando los animales hablaban, eran buenos amigos entre sí y se entendían con el hombre»; pero muy pronto se nos dirá que el perro, el gato y el ratón eran compadres y «solían reunirse en el traspatio de una gran casona de la Alameda, en cuyos vidrios de colores... venían a morir los reflejos del mar» *C.N.*, 61. Con esto, sitúa claramente la acción en La Habana. Lo mismo sucede en «Taita Jicotea y Taita Tigre», que empieza con un «Cuando la rana tenía pelos y se hacía papelillos...» para luego hacer arribar a los personajes «a una isla feliz, allá por el año 1845» (*C.N.*, 70)

Aunque muchos de estos cuentos encajan perfectamente en el cuadro histórico-geográfico de Cuba, hay otros que no dejan lugar a dudas de que están localizados en África. En ellos encontraremos su ambiente social y físico descrito por la autora con gran realismo. Las selvas no serán con frecuencia parajes de maravillas habitados por duendes y hadas que bailan rondas de noche sino escenarios naturales en los que conviven con el cazador otros animales que hablan, tienen concilios para elegir reyes o para juzgar a culpables y donde residen dioses tan humanos como ellos, que se retiran al bosque por rebeldía al Dios Padre y de donde son sacados gracias a la miel del amor, ofrecida en los labios de una diosa coqueta.

Si la acción se sitúa en una aldea africana, se nos darán con precisión los detalles de la mujer que sale a labrar el campo cada día y al llegar al lugar señalado, se deshace del niño que lleva a la espalda como un fardo y lo deja debajo de algún matojo que pronto se queda sin sombra, situación que describe la autora con gran realismo:

El sol empezaba a caerle a borbotones en plena cara al negrito; lo invadía todo, abrasando. Lo picaban los mosquitos, las hormigas. Las moscas se le metían en la boca; se levantaba ardiendo. Lloraba todo el día. La madre nunca interrumpía su faena. No lo oía. (*C.N.*, 188).

---

2. Cabrera, *¿Por qué?*, p. 15. Desde ahora, todas las referencias que hagamos a los cuentos contenidos en las tres colecciones de la autora, se indicarán con las siguientes abreviaturas: *C. N.* para *Cuentos negros de Cuba; P. Q.* para *¿Por qué?* y *C. de J.* para *Ayapá. Cuentos de Jicotea.* El número de la página en que se encuentra la cita se pondrá a continuación, encerrado todo entre paréntesis.

Ese mismo sol canicular, los mosquitos, el calor sofocante, la ciénaga pestilente, sirven de escenario a otro cuento que comienza en África pero cuya acción pronto traslada la autora a Cuba, claramente señalada con la sutil crítica que intercala referida a su economía y que se aplica lo mismo a la época colonial que a la republicana. Dice la Muerte a la Enfermedad:

En derechura al Este hallarás un pueblo importante... muy blanco, y muy azul, allá en zona fértil de cañamelares y muy cerca del mar —que se lleva todas sus dulzuras a otras tierras. (*P.Q.*, 203).

Es interesante destacar la escasísima presencia del mar en el folklore afrocubano, que en muy pocos episodios está presente. Los cuentos de tema marinero son casi inexistentes, detalle que extraña más si tenemos en cuenta que la influencia del ambiente encontrado en la Isla se nota en cada narración. Aún en las netamente africanas, con núcleos tomados directamente de su narrativa, no dejará de hallarse alguna alusión de tiempo, lugar o ambiente referido a Cuba o a la cultura blanca encontrada allí, como puede verse en el desarrollo del tema africano del tambor que canta solo, porque en él se ha escondido a un niño robado. Lydia Cabrera hace que se descubra el engaño en un pueblecito de Villa Clara y al tiempo que hacía bailar hasta el alcalde (*C. de J.*, 171). Del mismo modo, el dios Osaín fuma tabacos y bebe café, el Tigre siembra una cepa de plátanos el día de San Isidro el Labrador y dos reinas lucumís, que se arrancan todos los días las orejas y les vuelven a salir, van a misa los domingos.

En fin, la mayoría de los cuentos de estas colecciones, no presentan ambigüedad en la ubicación de sus escenarios ni del tiempo de la acción.

Fórmulas iniciales y finales

Acabamos de señalar que la fórmula inicial típica del cuento folklórico se presenta en muy pocos de los de Lydia Cabrera y cuando la usa, pronto se desvirtúa su finalidad. La técnica preferida por la autora para introducir sus narraciones se acerca más a las de la narrativa oral africana pues lo hace en forma directa, bien presentando con precisión y economía al personaje y destacando de inmediato sus características físicas, psicológicas o morales, bien dejándolo actuar, cosa que podemos apreciar con estos ejemplos que reproducen las primeras palabras de algunos de sus cuentos:

Bracundé era leñador...

La mujer del rey, que era muy bella, parecía doncella...

Aquella Gallina Grifa de la finca Aguacatillo, era una ricacha avara...

Jicotea estaba leyendo «La Habana Ilustrada»... a la orilla del arroyo...

No era un secreto en el pueblo que Serapio Trebejos estaba dispuesto a todo menos a ganarse la vida trabajando...

El Tigre se detuvo bajo un suntuoso mango cargado de frutos. Ya era viejo...

En los cuentos de Lydia Cabrera también está ausente la fórmula final que caracteriza a los cuentos folklóricos tradicionales. Ésta consiste en unos cuantos versos o palabras sin mucho significado ni relación con la historia y con las que el narrador alude a una gratificación por su relato, estimula a otros a continuarlo, o justifica su condición de testigo de lo que acaba de narrar. Tampoco podemos encontrar en ellos una moraleja que resuma la enseñanza que pudiera desprenderse de la narración, pues no es ésta la finalidad que persiguen.

En este aspecto también podemos concluir que se acercan más a la narrativa africana, cuya técnica de presentación es semejante. En algunos cuentos de la colección ¿Por qué? la forma más general de terminarlos es haciendo un breve resumen con el que se concreta la explicación dada en el cuerpo del cuento, de ahí que se encuentren frecuentemente estos finales: «Por eso hay mudos en el mundo» o «Por la eternidad Majá se arrastrará por la tierra».

Pero no siempre tratará de adaptarse a esas formas típicas africanas pues en muchos relatos, Lydia Cabrera va a emplear otras técnicas, más originales y de mayor elaboración artística. Numerosos párrafos finales intensifican el lirismo, que a veces contrasta con el tono general del cuento en el que ha predominado la burla o la ironía sonriente. Otras veces seguirá técnicas propias de los cuentos poéticos modernistas y dejará la acción en suspenso, limitándose a hacer sugerencias, como cuando los termina con estas palabras vagas: «Cuando se besan la Luna y el mar...»

El número

Las series numéricas en el cuento folklórico en general, casi siempre son de tres. El número de hijos, de hermanos, de obstáculos a vencer, de pruebas a qué someterse, de consejos, de preguntas, de caminos a seguir, etc., obedecen a esas cifras pero en algunos casos parece insuficiente y se eleva a siete y hasta a nueve, aunque este último número no es muy frecuente.

No faltan las ponderaciones trípticas en los cuentos de Lydia Cabrera y por eso serán tres los milagros del pez Ellá (*C.N.*, 46); las semillas de Jicotea se volverán tres hermosas doncellas (*C. de J.*, 57), y tres veces intentará Osaín desencantar el ñame que habla (*C.N.*, 237). Hay muchos cuentos en sus colecciones en los que este número determina la acción pero además encontraremos con frecuencia las ponderaciones superiores.

Las series referidas al siete, por ejemplo, aparecerán aplicadas a ideas de tiempo y de número de personajes, como los siete años que mediaban entre cada aparición del monstruo Ncharriri, que venía a llevarse una doncella que unir a sus siete mil mujeres (*C. de J.*, 51) o los siete hijos del Cazador que intentaron robar el fuego al Tigre siete veces (*C.N.*, 226).

La mayoría de las veces, la autora va a aplicar las ponderaciones superiores a ceremonias o prácticas religiosas. En el cuento «Bregantino Bregantín», la joven Sanune ofrece sacrificios durante siete días consecutivos a sus dioses protectores y el último día se baña en agua de siete yerbas con el fin de asegurar el éxito de la empresa que pretende. En otro relato, «Por qué se hace ebbó», cuando Babalawo quiere obligar a la Muerte Ikú a firmar un pacto con él, hace que vengan «otros Babalawos hasta nueve, de punta en blanco y con finos sombreros al tres. Nueve babalochas y nueve iyalochas, porque nueve es la marca de Ollá, la Diosa dueña del país de los muertos, la Madre y Señora de los cementerios (*P.Q.*, 212)

Aunque estas ponderaciones numéricas no constituyen un elemento exclusivo ni original de la técnica de Lydia Cabrera, puede afirmarse que al aplicarlas a sus cuentos, mayormente referidas a la práctica de sus cultos ancestrales, acentúa la africanía de estos relatos.

166

Los personajes

En el aspecto que más se aparta Lydia Cabrera de la técnica seguida en la mayoría de los cuentos folklóricos y hasta de la narrativa africana va a ser en la manera de presentar a los actores o intérpretes de sus historias. En esto muestra una técnica más personal y mucho más desarrollada y depurada pues nos da principalmente un hondo análisis interior y penetra en su problemática.

Los personajes se desenvuelven en tres planos: el divino, el humano y el animal, y hemos destacado que todos se conducen como el hombre y se ven afectados por sus mismas virtudes y defectos. Esta característica contribuye a que no abunden en estas colecciones que estudiamos esos seres fabulosos que aparecen tanto en los cuentos folklóricos, como los gigantes que viven en las cimas de las altas montañas, hambrientos de carne humana y que se comen a los que se refugian allí sin saberlo; ni los enanos, propios de regiones ricas en minerales y que habitan en el subsuelo. Tampoco encontraremos hadas de prodigiosa belleza y bondad ni su reverso maléfico, la bruja perversa y odiosa —presente en un sólo relato.

Tal vez la razón por la que en la narrativa africana en general y en estos cuentos en especial no aparezcan con mucha frecuencia esas concepciones del personaje totalmente malo o totalmente bueno, encarnados en el ogro, diablo o bruja, por una parte, y el hada madrina por otra, se deba a la especial concepción africana de sus dioses en la que no existen unos que representen lo diabólico y otros lo angélico, como en las concepciones de otras culturas. Todos ellos tienen aspectos agradables en su personalidad y pueden complacer a sus protegidos, pero también saben ser vengativos, crueles y terribles cuando no se les obedece y regala. Estas mismas características pasan a los animales y a las personas, que a veces matan y hacen daño sólo por el placer de hacerlo.

Esto no quiere decir que estos personajes sobrenaturales queden excluidos de estas colecciones; aparecen los brujos o diablos —fusión de nombres que ya indica el cruce de culturas— que también tienen su papel en los relatos africanos orales pero en éstos, el narrador hace una recitación pobre y esquemática, ya que se vale de medios auxiliares tales como máscaras, gesticulaciones, cambios de voz, etc.

Lydia Cabrera, que escribe para ser leída, tiene que conseguir los mismos efectos con el poder de la palabra, de ahí sus descripciones llenas de colorido, plasticidad y vigor: Ncharriri, el monstruo que roba doncellas, tiene una «larga nariz pintada de amarillo y grandes orejas redondas ornadas de caracoles» (*C. de J.*, 52). Para describirnos al diablo Okurri Borokú, la autora se convierte en pintora cubista y lo dibuja con la cara «cuadrada y partida verticalmente a dos colores, blanco de muerte y rojo violento de sangre fresca» (*P.Q.*, 20). También el enano del arroyo tiene «un ojo triangular en mitad de la frente, que fosforecía verde y frío e iluminaba su cara larga y cercada por una barba de raíces. Dentro de la boca, abierta en círculo, blanqueaba una doble hilera de caracoles» (*C. de J.*, 146).

La inclusión de estos personajes sobrenaturales, al estimular su imaginación de artista, le da oportunidad para obtener creaciones de gran valor pictórico y literario.

Otro detalle distintivo en la presentación de los personajes radica en su denominación. Contrariamente al cuento tradicional, en el que el personaje mítico raramente se distingue con un nombre propio, sino que se le da el de su especie —el gigante, el hada, la bruja, etc.— en las colecciones de Lydia Cabrera cada uno queda perfectamente señalado con su nombre, apellido, epítetos alusivos a sus cualidades y muchas veces se dice hasta su origen y nacionalidad.

Esto se ve con respecto a los numerosos dioses del panteón yoruba y lo mismo sucede con otras figuras, como el Diablo Aúpa y Derrumba, el diablo alfarero Lukankansa o el monstruo de la laguna Tatabisaco.

Buscando el toque exótico los personajes humanos de estos cuentos reciben con frecuencia un nombre africano aun cuando la acción se desarrolle en Cuba. No abundarán por lo tanto los populares María, Juan o Pedro, típicos del cuento hispano sino Sanune, Suandende, la mulata Soyán Dekín, Nogubá, Bracundé, etc. Otras veces servirán estos nombres para acentuar la nota de humor o de ironía, tonos predominantes en estas historias de Lydia Cabrera y rasgos determinantes de su estilo.

Es extraordinario el número de nombres ingeniosos y de doble sentido que crea, aplicados lo mismo a personajes humanos que a animales y hasta a objetos personificados. A un bastón mágico que golpea a los vecinos de Serapio Trebejos lo llama «Señó Manatí Buen Repartidor» y a un negro a quien el trabajo da sueño lo denomina «Ta Ñumiendo». «Nieves» es la negrita que enamora con un mulato y «Juana Chibola» una cabra; el gallo enamoradizo, viejo y rico se llama «don Botín Candelas» y la prostituta que oculta su verdadero nombre de «Pura» lo sustituye por el no menos alusivo de «Consuelo».

Al denominar a los animales, es cuando la autora se acerca más a la norma seguida en las fábulas de ese tipo y los señala con el de su especie pero a la vez, los individualiza, al escribirlos con letra inicial mayúscula y al añadirles muchas veces apellido, como sucede con doña Jicotea Concha o con Grillo Esperanza. En varios cuentos se descubren supervivencias totémicas como cuando se cita al Hombre-Tigre, al Hombre-Toro, a Papá Jicotea, etc.

Otro rasgo que separa a estos cuentos de los de su género y que a la vez intensifica su tono africano es el tratamiento que se la da a muchos de sus personajes nacidos del nuevo orden social encontrado por el negro en Cuba. Numerosas son las referencias a algún dios con el tratamiento de «el Amo»; los amigos serán Compadres y Comadres, con sus variantes «Compay», «Cumari» y «Comae». Encontraremos estos apelativos con frecuencia: «Señá Vaca», «Taita Tigre», «Ña Gata», «Má Mayimbe», y abundan los de «Su mercé» y «Misuama», todos usados por el esclavo en relación con el blanco y entre ellos mismos, y que acusan la presencia de nuevas circunstancias, inexistentes en otros ambientes y hasta en la misma África.

Como escritora moderna, Lydia Cabrera quiere investigar lo irracional y turbio de algunos de sus personajes y lo hace utilizando procedimientos también modernos. Va a valerse de la inserción de sueños e instrospecciones como recursos técnicos y estilísticos que a veces sirven para introducir lo maravilloso, otras para completar la visión que tenemos de un personaje.

Con su extraordinaria facultad para observar y su capacidad visionaria, penetra hasta el subconsciente de hombres y animales, escudriña en sus sentimientos e impulsos y los incorpora al cuento con discreción. De su bajada al alma de Gallina Grifa, reproducida en el sueño sobre la muerte de su tío rico, se obtiene una mejor imagen de esta solterona egoísta y avara que sólo ansía la desaparición de aquél para recibir su herencia (*C. de J.*, 186).

Otro cuento que explica también los deseos y afanes de un personaje para alcanzar algo es el de Serapio (*C.N.*, 146) que, acuciado por el hambre, soñó que estaba metido en una calabaza y con sus dientes mordía en su pulpa. Al mismo tiempo que tiene categoría compensatoria, este sueño es premonitor pues anuncia el hallazgo de la milagrosa cazuelita al día siguiente, en el calabazar de la loma de Mambiala.

El fuerte anhelo de la negra María Francisca de ser blanca y rubia, combinado con el rencor y el odio a sus antepasados esclavos se proyecta en este sueño que sabe Lydia presentar en forma expresiva y poética:

Soñaba con tener cabellos rubios y ojos claros, y en sueños sentía a menudo delicadamente fluir en su cabeza, nueva y monda, un manantial de luz dorada; dos ríos tranquilos de cabellos suaves descender en ondas lentas a lo largo del cuerpo, y envolviendo una súbita desnudez de nácar en la corriente aúrea y dócil que la bañaba, recorría la senda vaga y gris que la conducía a un muladar. Era un viejo cementerio de esclavos. Allí cruzaba entre fantasmas de parientes y amigos que se agolpaban para admirarla... Mirábanla largamente, como ella quería, como a una extraña los ojos de aquellos rostros carcomidos por el olvido. ¡Ninguno la reconocía! A una sensación de triunfo, sucedía la de una soledad y confusión espantosas, en la que perdía la durmiente sus cabellos dorados y su blancura... (*C. de J.*, 158).

Muchos son los ejemplos de instrospecciones y procesos interiores de personajes que desarrolla Lydia Cabrera en estos cuentos. Limitaremos nuestra cita a uno sólo, el del perro Búa que se disfraza de diablo y amedrenta a toda su comunidad. Con gran penetración nos hace ver la autora primero, la satisfacción de Búa al saberse temido, y luego, la llegada de la fatiga por tener que fingir siempre lo que no es.

En esa lucha consigo mismo, a veces lo sostiene el placer que le ocasiona saber que el hombre le teme, pero por otra parte, añora su vida anterior, pasada a la vera del hombre y con la comida asegurada, aunque tuviera la condición de esclavo.

Al final, triunfa este último sentimiento y regresa al Hombre (*P.Q.*, 91).

Con la inclusión de estos procesos interiores no hay duda de que la autora se aleja de las técnicas propias del cuento folklórico tradicional.

El lenguaje

Según varios estudiosos del cuento folklórico, entre ellos Juan Amades, que ha recogido centenares dentro del mundo hispánico, no existe un lenguaje especial para esta clase de relatos aunque sí se ha advertido la persistencia de algunas modalidades del lenguaje, notablemente más frecuentes en el cuento que en el resto del habla corriente.[3] Una de estas modalidades consiste en repetir

3. Juan Amades, «Morfología del cuento folklórico hispano», *Folklore Américas*, XVI, n.º 2, december, 1956, p. 23.

ciertas palabras para dar idea de intensidad o pluralidad («anda que te andarás» o «llueve y más llueve»), o también el pronunciar con cierta entonación casi musical, determinados vocablos, para intensificarlos, como cuando se dice «Pequeeeeña» o «Duuuulce».

De estas maneras lingüísticas que perviven en el cuento folklórico, poco ha pasado a formar parte de la técnica usada por Lydia Cabrera. Si introduce algunas deformaciones de las palabras será buscando complicaciones de más trascendencia, más profundas repercusiones. Unas veces lo hace para acentuar la africanía de sus personajes imitando su especial manera de hablar; otras, busca destacar algunas características específicas, como por ejemplo, cuando quiere hacernos ver que la Hormiga que curó las contusiones del carapacho de Jicotea es una pedante, la presenta silbando las eses, y la oiremos contestar «¡Tolondronesssssss!» a la pregunta de su paciente sobre los bultos que se palpa en la concha. (*C. de J.* 72).

Para mantener el tono africano de sus cuentos el lenguaje es uno de los recursos que usa la autora con más eficacia. Ya señalamos el énfasis que pone en el empleo del estribillo rítmico y de otras fórmulas y frases en lenguas africanas. Estas interpolaciones a veces las explica en notas aclaratorias o les añade su significado a continuación, formando como una palabra compuesta (Ceiba Iroko; Monte-Munguela; Viento-Enfúnfulo; la Muerte Ikú, etc.); pero las más de las veces quedan sin traducir, sobre todo cuando se refieren a conjuros o fórmulas mágicas. Con este recurso consigue además intensificar el tono de misterio y lejanía de estas historias.

También incluye en ellas profusión de refranes —africanos o africanizados— con los que obtiene el toque popular y al mismo tiempo les sirven para acentuar el humorismo y para caracterizar al negro, tan amante de hablar con perífrasis o en forma indirecta.[4]

Cuando incluye palabras en un español deformado, que imita el habla de los negros, se vale de ciertos recursos, como la supresión de la «s» o de otras consonantes finales y a veces hasta de toda la sílaba final (Má por más, señó por señor, tó por todo). Otro recurso es el de la asimilación y la pérdida de consonantes

4. Sobre esta manera de hablar de los negros nos dice Lydia Cabrera en las «Notas» a *¿Por qué?*: «Es un rasgo muy característico del modo de expresarse nuestros negros, siempre por rodeos y sugerencias, echando mano a cada paso de un refrán que insinúe lo que prefiere no decir y da a entender» (p. 242). Explica que cuando un negro dice «Mango-mango ta maúro», quiere decir: «el enfermo (el mango) está grave (maduro)»; y si avisa que «mañana son día corbata», significa que puede morirse mañana (la «corbata» se refiere al pañuelo con que se suspende la quijada del cadáver).

interiores o el de la confusión de los sonidos «l» y «r» (cansao por cansado; yebba por yerba; arma por alma).[5]

Una norma general de estos cuentos es que la autora no limita la manera de hablar de los narradores negros al relatar la historia sino que en los diálogos de sus personajes es donde hace aparecer esta especial manera de decir.

Baste lo anterior para demostrar que Lydia Cabrera ha reelaborado los elementos constitutivos del cuento folklórico tradicional. Mediante la especial aplicación de los elementos citados, ha tratado de acercarse a las formas de narrar de la literatura oral africana pero al mismo tiempo, ha utilizado otras técnicas modernas y ha elaborado la materia prima original para hacer más compleja la estructura de los relatos. Esto nos permite asegurar que la autora ha querido elevar lo popular africano que pervive en Cuba a categoría literaria, y lo ha conseguido plenamente.

5. Para más detalles sobre estos cambios fonéticos, ver el trabajo de Néstor Almendros, «Estudio fonético del español de Cuba», *Boletín de la Academia Argentina de Letras*, VII (1958), pp. 138-176.

LA FABULACIÓN POÉTICA DE LOS *CUENTOS NEGROS DE CUBA*

GLADYS ZALDÍVAR

Si se considera el momento en que Lydia Cabrera (1900) finaliza de escribir los *Cuentos negros de Cuba*,[1] es decir, 1936 es preciso referirse a una línea afrocubana de literatura que comienza con la poesía anónima y folklórica de los siglos XVIII y XIX y llega a su clímax en la obra de Nicolás Guillén. Así como también se hace necesaria la mención de los integrantes de la misma generación de Lydia Cabrera que llevaron a la prosa la temática afrocubana como Fernando Ortiz (1881-1969), Félix Soloni (1900), Alejo Carpentier (1904-1980) y Rómulo Lachatañeré (1910-1952), si se quiere de algún modo comprender la importancia de la aparición en las letras cubanas en 1940 de los *Cuentos negros*.

Los *Cuentos negros de Cuba* constituyen la primera colección literaturizada de mitos, cuentos y leyendas de negros criollos y bozales publicada en Cuba. Si se hace excepción de los trabajos iniciales de investigación de Fernando Ortiz, los demás autores se limitaron a incluir al negro como personaje, sin que se exhibiera ningún intento de plasmar el trasfondo cultural de las distintas etnias llegadas a Cuba.

El libro está integrado por 22 narraciones que constituyen, de acuerdo con su prologuista, Fernando Ortiz, una traducción del folklore negro:

No hay que olvidar que estos cuentos vienen a las prensas por una colaboración, la del folklore negro con su tra-

---

1. Lydia Cabrera, *Cuentos negros de Cuba*, 2.ª ed. (Madrid: Ed. *C.R.*, 1972). Todas las citas proceden exclusivamente de esta edición y cada vez que aparezca en el texto de este trabajo se identificarán los cuentos y las páginas de donde proceden. Téngase en cuenta que cualquier subrayado que se señale en la cita es mío y no de la edición.

ductora blanca. Porque también el texto castellano es en realidad una traducción y, en rigor sea dicho, una segunda traducción. Del lenguaje africano (yoruba, ewe o bantú) en que las fábulas se imaginaron, éstas fueron vertidas en Cuba al idioma amestizado y dialectal de los negros criollos (p. 8).

Aunque algunos comentaristas y críticos han percibido la falta de una intención didáctica y la falta de distinción entre el bien y el mal, varios han encontrado en esos cuentos, no sólo injusticia sino también armonía estética. Dice Novás Calvo:

> No, no siempre hallamos justicia en los cuentos de Lydia Cabrera. Pero casi siempre encontramos gracia. Ésta puede estar en las palabras, las alusiones, las frases de doble sentido. Pero estarán [sic.] sobre todo en las historias.[2]

Otros críticos han percibido además la naturaleza poética contenida en estas narraciones. Josefina Inclán, en un comentario que se refería a uno de los relatos solamente, había observado ya lo siguiente:

> Imágenes poéticas de gran calidad entran en juego y plásticas imágenes de pintura fina...
> En el poemario de *Cuentos negros de Cuba,* «Arere Marekén» es esencia poética *per se.*[3]

El libro está constituido, en efecto, por un texto que, sin perder ese carácter inmemorial, parabólico, y en apariencia simple, de la narración folklórica, exhibe una riqueza de recursos estilísticos dignos de ser aislados y estudiados.

Se procederá teniendo en cuenta la frecuencia, la originalidad y la variedad con que surgen estos recursos en la narración.

A fin de ofrecer una enumeración ordenada, se seguirá el esquema siguiente:

1. Figuras de construcción
    1.1. Anáfora
    1.2. Enumeración
    1.3. Hipotaxis
    1.4. Parataxis

2. Lino Novás Calvo, «Los cuentos de Lydia Cabrera», *Exilio,* año 3-número 2 (verano 1969), p. 19.

3. *Ayapá y otras Otán Iyebiyé de Lydia Cabrera* (Notas y comentarios) (Miami: Ediciones Universal, 1976), pp. 40-41.

2. Figuras de pensamiento
    2.1. Comparaciones populares
    2.2. Comparaciones tradicionales

3. Figuras de sintaxis
    3.1. Adjetivación
    3.2. Perífrasis literaria
    3.3. Hipálage
    3.4. Oxímoron

4. Tropos poéticos
    4.1. Figuras de semejanza
        4.1.1. Imagen cómica
        4.1.2. Imagen visionaria
        4.1.3. Metáfora de complemento preposicional
        4.1.4. Metáfora totémica
        4.1.5. Metagoge
        4.1.6. Personificatio

1. Figuras de construcción.

1.1. *Anáfora*.[4] Aunque esta figura escasea en el habla oral existen ejemplos significativos en los *Cuentos negros*. Lydia Cabrera repite el verbo al comienzo de una frase de tal modo que coloca el período dentro de una estructura poemática. De «los mudos»:

[El Tigre] cantó como si llorase de una pena muy honda; cantó de una herida de su cuerpo; cantó esta canción, que no se ha de cantar en monte firme cuando se ha puesto el sol (p. 169).

De «Bregantino Bregantín»:

Es Oñí. El dueño del bosque y el bosque; y es hacha, es flecha, es cuchillo. (p. 21).

1.2. *Enumeración*.[5] En el estilo de Lydia Cabrera se observa una preferencia por la acumulación ya sea de períodos enteros

---

4. Para una definición de anáfora véase Fernando Lázaro Carreter, *Diccionario de términos filológicos*, 3.ª ed., corregida. (Madrid: Editorial Gredos, S. A., 1971), pp. 41-42.

5. Para una definición de enumeración véase Helena Beristáin, *Diccionario de retórica y poética* (México: Editorial Porrúa, S. A., 1985), pp. 174-179.

o de partes como verbos, adjetivos, sustantivos que conllevan el deliberado propósito de producir un efecto exhuberante.

En «Bregantino Bregantín» la autora manifiesta predilección por la enumeración verbal:

Lo mismo cocinaba y servía la mesa, que fregaba, barría, lavaba, tendía, y planchaba la ropa. (p. 15).

Y en «Taita Hicotea y Taita Tigre» se hace una relación totalizadora, destinada a nombrar los bienes materiales. Es así que se vuelve el estilo, en esta instancia, nominal:

A sus pies se desarrollaban los palmares, los bosques todavía vírgenes, de cedros y caobas, los campos de cultivo, los maizales de oro, la yuca florecida, el arroz ya amarilleando a lo lejos en la laguna resplandeciente (p. 48).

1.3. *Hipotaxis.*[6] En una colección como los *Cuentos negros* es de esperarse que existan construcciones como la que representa esta figura, ya que las series de oraciones subordinadas en concatenación, es recurso frecuente en la narración infantil folklórica.

De «La carta de libertad»:

Una vez que el Gato y el Ratón, que tenía gran comercio con los libros, era un erudito, hacían el elogio de la libertad y discutían los derechos de todos los hijos de la tierra sin exceptuar los del Aire y los del Agua, el Perro se dio cuenta de que él era esclavo y se entristeció... (p. 164).

De «Los compadres»:

Ya se inunda la habitación de sol en los muros blancos y se diría que alguien adrede empujó la mesa vieja que cojea de una pata y tiene una calza, que le suple los dos dedos que le faltan para estar a plomo (p. 85).

1.4. *Parataxis.*[7] Siempre que Lydia Cabrera trata de pintar asociaciones o transformaciones en el nivel sensorial emplea esta figura de construcción. Cuando intenta llenar de alguna atmós-

---

6. Para una definición de hipotaxis, véase Mario Pei, *Glossary of Linguistic Terminology* (Nueva York: Doubleday-The Anchor Book Division, 1966), pp. 117-118.

7. *Ibíd.*, p. 194.

fera de misterio la narración emplea esta serie de oraciones coordinadas que a veces se desvinculan de una manera telegráfica. Obsérvese en «Los mudos» una parataxis de carácter anafórico:

> La primera noche, la Luna apareció como un pelo. Luego, como el filo de una hoz transparente; luego como una tajada de melón de Castilla chorreando su almíbar; luego como la rueda de un molino (p. 168).

De «Dos reinas»:

> Eran dos reinas. Dos reinas lucumí. Vivían frente por frente. Una se llamaba la reina Eléren Güedde y la otra se llamaba la reina Oloya Gúanna (p. 39).

De «La loma de Mambiala»:

> Este es el pozo de Yaguajay. Las negras sabían la historia, se la contaban a los niños que iban por encanto de miedo a lanzarle piedras al silencio del fondo. A escupirle la cara al agua. A mirar, a mirar sin cansarse nunca de mirar el Alma del pozo (p. 102).

2. Figuras de pensamiento.

2.1. *Comparaciones populares*.[8] El volumen, que esconde una marcada intención, como ya hemos visto, de traducir a la cultura blanca una cosmogonía negra que había permanecido desdeñada, es extraordinariamente rico en comparaciones entre términos denotativos. En este tipo de comparación, destinada a aclarar, no se producen cambios de sentido, no hay pues analogías de carácter metafórico sino de carácter estrictamente lógico.

De «Bregantino Bregantín»:

> Alineados y numerados se tenían como un ejército (p. 14).
> Y zumbarlos al cajón de la basura como gatos muertos (p. 180).

De «El sapo guardiero»:

---

8. Se sigue el criterio de Francisco Rodríguez Marín en *Mil trescientas comparaciones populares andaluzas,* concordadas con las de algunos países románicos y anotadas (Sevilla: Francisco de P. Díaz, 1899).

[El sapo] atravesó el bosque huyendo como un ladrón (p. 172).

De «Taita Hicotea y Taita Tigre»:

Cuanto sigue siendo verde, como el limón y el grillo Esperanza (p. 41).[9]
Volar más alto y más lejos que una tiñosa (p. 49).
Si me quemo como un gajo (p. 53).
Una carrera como bala de rifle (p. 62).

De «Osaín de un pie»:

Hasta que Hicotea cesó de gimotear, rendida como una esclava a los pies del amo (p. 154).
La negra cansada, recién casada, que tenía antojos, cual dama blanca (p. 150).

De «La prodigiosa gallina de Guinea»:

Una jallina que canta más dulce que todas las jaitas juntas de mi Jalicia (p. 160).

De «Apopoito Miamá»:

Más retrechera que Oyá (p. 109).

De «Ñogumá»:

Y decían que sabía más [un carpintero] que las cucarachas (p. 141).
Pero como un muerto en su casa [un carpintero] después del entierro (p. 145).

De «El limo del Almendares»:

[En el campo] todo era verde como una esmeralda (p. 129).

De «Tatabisaco»:

Tenía un hijo de pocos meses que se llevaba atado a la espalda, como un fardo (p. 117).

9. En Camagüey, una provincia de Cuba, se les llama esperanzas a los grillos verdes.

Y ella, la mujer, escondiéndose como un animal entre las sombras, como un animal que va a morir (p. 123).

2.2. *Comparaciones tradicionales*:[10] En el texto se desliza otro tipo de analogía que, aún sirviendo el mismo propósito de las anteriores y operando de igual modo dentro de la lengua, tiene el prestigio de haberse empleado inmemorialmente y en muchos casos con variantes regionales. Lydia Cabrera las eleva al plano de literatura, revivificándolas.

De «La carta de libertad»:

—Guárdela bien, compadre, ¡como oro en paño! (p. 165).

De «Taita Hicotea y Taita Tigre»:

Las mujeres eran como flores (p. 47).
Y eran unidos como los dedos de la mano (p. 48).
Llegar en canasta como pollo (p. 62).

De «Apopoito Miamá»:

Clavado como una espina (p. 110).
[La mulata] seca, flaca, como bejuco de Altibisí (p. 112).
La temían más que al Diablo y a la Viruela (p. 109).
Mi boca es [sagrada como] un templo. ¡Un templo! (p. 112).

De «La loma de Mambiala»:

La pupila redonda como un plato (p. 103).

De «Los compadres»:

Mi compadre estaba [borracho] como una uva (p. 73).
Debió quedarse muerto como un pajarito (p. 80).
Se apagó como una vela, pobrecito (p. 80).
Mi negro [es] má bueno que el pan! (p. 82).
Jugar con el hombre, como el gato con el ratón (p. 88).
Gruñía ahora como un perro que defiende su hueso (p. 89).

10. Estas comparaciones corresponden a la definición de imagen tradicional de Carlos Bousoño en *Teoría de la expresión poética* (Madrid: Editorial Gredos, S. A., 1966), p. 121.

3. Figuras de sintaxis.

3.1. *Adjetivación*.[11] Una de las áreas del estilo donde Lydia Cabrera se singulariza es precisamente aquella en la que se requiere el empleo del epíteto.[12] Más que un doble trabajo de significación y expresión sobre los sustantivos que modifica,[13] la adjetivación de los *Cuentos negros* está motivada, además, por una necesidad de describir, de informar acerca de lo desconocido. En «Bregantino Bregantín» se emplea una adjetivación trivalente en la que se ofrece una imagen de la selva con respecto a la luz, la temperatura y la extensión; obsérvese la manera personificada de referirse a la selva, dirigida al plano de la emoción:

Y la selva oscura, fresca, inmensa, abrió los brazos acogedora (p. 22).

Entre otros ejemplos de adjetivación multivalente pueden citarse, de «Bregantino Bregantín»:

¡Oh, Dingadingá casi nunca hablaba! Tímida, obediente, comedida (p. 11).

De «Apopoito Miamá»:

Era una mulata de ojos claros, que tenía el pelo lacio; sandunguera —más retrechera que Oyá—, sonsacadora de maridos y siempre soltera (p. 109).

Juana Pedroso, negra achinada, carigorda —recibidora— muy encomadrada y muy diligente (p. 109).

3.2. *Perífrasis literaria*.[14] El empleo de esta figura se realiza en los *Cuentos negros* con propósitos embellecedores. En «Taita Hicotea y Taita Tigre» la perífrasis tiene características de un

11. Para una definición de adjetivación véase Fernando Lázaro Carreter, *op. cit.*, p. 26.

12. «Los elementos poéticos de su creación son varios y aparecen con rigor de constante: su lenguaje, su adjetivación, los sonidos onomatopéyicos, la canción o la frase musical que intercala en la prosa, la plasticidad presente en forma y color». Josefina Inclán, *Lydia Cabrera: creación y poesía* (Miami: Peninsular Printing Inc., 1981), p. 16.

13. Estos rasgos ampliados pueden verse en Gonzalo Sobejano: *El epíteto en la lírica española* (Madrid: Editorial Gredos, S. A., 1956), pp. 160-161.

14. Para este concepto consúltese Fernando Lázaro Carreter, *op. cit.*, p. 319.

sobrenombre poético, una manera de referirse a los rasgos suaves e ingrávidos del venado:

> —«Vamos a ser humanos» —le dijo en aquella época Hicotea al Venado «Pata de Aire».
> —«Bueno» —contestó el Venado (p. 43).

3.3. Hipálage.[15] Podría decirse que toda la adjetivación de Lydia Cabrera —o casi toda— consiste básicamente en un «desplazamiento calificativo»[16] mediante el cual un adjetivo traslada su lugar lógico en el ordenamiento semántico y afecta metafóricamente otro sustantivo. En los ejemplos que se citarán a continuación, obsérvese que lo inanimado adquiere cualidades que son propias de los seres vivos. De «Suandende»:

> Y el agua *casta* (p. 134).

De «El caballo de Hicotea»:

> Rodó al fondo de un abismo. Rodó al fondo de la noche *ciega* (p. 149).

De «La prodigiosa gallina de Guinea»:

> Los largos calzoncillos *castos* de los caballeros (p. 162).

3.4. Oxímoron.[17] Por la paradoja, Lydia Cabrera obtiene efectos expresivos que revelan siempre la cualidad escondida o una cualidad desdeñada que ella quiere poner de relieve. Así se tiene que en «Bregantino Bregantín» atribuye un adverbio, elegantemente, a hombres que no están precisamente vestidos:

> Contemplaba desde el postigo la afluencia de hombres jóvenes, fornidos, *elegantemente desnudos* todos (p. 12).

De «¡Sokuando!»:

---

15. Para una definición de hipálage consúltese Helena Beristain, *op. cit.*, pp. 247-249.

16. Así denomina Carlos Bousoño esta figura en *op. cit.*, p. 83.

17. Para un estudio acucioso del oxímoron, véase Alex Preminger, Frank J. Warnke, O. B. Hardison, Jr., editores, *Princeton Encyclopedia of Poetry and Poetics* enlarged edition (Nueva Jersey: Princeton University Press. 1974), pp. 595-596.

De esta pareja desgraciada nació, sin embargo, un terne-rito y una ternera, que se unieron en *honesto concubinato* (p. 140).

4. Tropos poéticos.

4.1. Figuras de semejanza.
4.1.1. *Imagen cómica.*[18] Casi enteramente el texto está mati-zado de humor. De vez en vez, la autora acerca dos elementos para comparar bajo una concepción de desemejanza y no de si-militud. Y es así que se produce el humor en los *Cuentos negros*.

De «La loma de Mambiala»:

Con un sol, como un huevo frito (p. 98).
Y Serapio, entre las ramas, agitándolas de contentura como su antepasado mono (p. 101).

De «Bregantino Bregantín»:

[El primer pretendiente era] del ancho de un armario de sacristía (p. 14).

Y más adelante:

Rotas las cuerdas vocales, más gruesas que amarras de una fragata (p. 14).
De pie, empinado y como encorsetado [la lombriz] (p. 17).

De «Taita Hicotea y Taita Tigre»:

[La cabeza fue] lanzada a los aires como una toronja (p. 44).

De «Apopoito Miamá»:

Juana Pedroso, muy sofocada, corriendo de puerta en puerta como una cucaracha loca (p. 112).

4.1.2. *Imagen visionaria.*[19] A pesar de la brevedad y la conci-

18. Para una definición de imagen cómica, véase Carlos Bousoño, *op. cit.*, p. 121.
19. La imagen visionaria ha sido ampliamente estudiada por Carlos Bou-soño, *op. cit.*, p. 122.

sión de los *Cuentos negros* existe una dimensión de profundidad que proviene de las imágenes visionarias. Se establece la analogía entre el ámbito de la realidad y el ámbito de la evocación, no por similitudes sensoriales, sino por parecidos que se crean en el terreno afectivo. De «Suandende»:

Ahora, él solo con su mujer. Como la hiedra (p. 132).

De «Bregantino Bregantín»:

Aparece [el toro joven] como una montaña en marcha (p. 26).

De «Arere Marekén»:

y un oleaje de enaguas y volantes como camelias dobles (p. 125).
Arere venía corriendo, corriendo como una nube (p. 126)

De «Taita Hicotea y Taita Tigre»:

una sola cuerda, delgada y azul como una vena (p. 56).
La mujer que reptaba por el suelo como un majá (p. 44).
[Su machete] que sonó igual que una campana de plata (p. 44).
La codicia de la tierra nació en su pecho, se hizo inmensa como el día (pp. 48-49).

De «El limo del Almendares»:

Donde los guijarros, al alcance de la mano, brillaban como las cuentas azules, desprendidas de un collar de Yemayá (p. 129).

De «Ñoguma»:

[el carpintero] se deslizó como un lagarto, desapareció bajo un montón de virutas (p. 145).

De «La prodigiosa gallina de Guinea»:

Se abrió como un abanico la mañana (p. 158).
El pecho fulgurante [del gobernador] como un altar cubierto de cruces y medallas de oro (p. 161).

De «La loma de Mambiala»:

y baja [el camino] como un reptil hasta la costa (p. 91).
La Loma de Mambiala, que no lejos se alzaba, de verde
claro, felpuda y redonda como una naranja (p. 92).

De «Apopoito Miamá»:

que aquella mulata olía mejor que un cafetal (p. 111).
la vieja voz [de la luna] que vive en el fondo de los pozos
y se extiende por el silencio como una culebra de tiniebla
(pp. 114-115).

De «Los compadres»:

—la corbata muy negra— como estampa en humo (p. 85).

De «Osaín de un pie»:

tres pesos plata como tres lunas llenas (p. 152).
    Viene Osaín de un Pie [...] Del fondo del monte, como
un árbol viejo, torcido, rugoso... (p. 153).

De «La vida suave»:

un negro fuerte, altísimo, como un pilar de la noche (p. 104).

De «El sapo guardiero»:

y halló a los mellizos, que temblaban como el canto del
grillo en la yerba (pp. 171-172).

Se ha observado cómo Lydia Cabrera muestra preferencia por
la naturaleza —hiedra, montaña, camelias, día, noche, naranja,
árbol, lagarto, culebra, majá— para extraer de ella los términos
comparativos de lo evocado. Y cuando recurre a las cosas para
este mismo propósito, refleja los dos mundos que exalta: el blanco, criollo y colonial —abanico, campana de plata— y el negro,
ancestral y acriollado —las cuentas azules de Yemayá.
    4.1.3. *Metáfora de complemento preposicional.*[20] En los *Cuen-
tos negros* no existen numerosos ejemplos de este tipo de me-

20. Para este tipo de metáfora, consúltese a Henri Morier, *Dictionnaire
de Poétique et de Rhétorique* (París: Presses Universitaires de France, 1961),
p. 315.

táfora. Los elementos se metaforizan porque los complementos de los verbos que se emplean —incendiar, emborracharse, ser— constituyen acciones imposibles de realizar en el plano real. De «Taita Hicotea y Taita Tigre»:

Incendio de flores de framboyán (p. 54).

como el gato loco callejero que se emborracha en el tejado de amor y de luna (p. 59).

De «La loma de Mambiala»:

la barba negra [es] de charol, como los zapatos (p. 97).

En el primer ejemplo se ha exaltado plásticamente el árbol de framboyán y en el segundo se ofrece, no sin humor, una imagen embellecedora del gato enamorado. Pero obsérvese cómo, en el tercer ejemplo la manera de caracterizar a un individuo rico y codicioso es mediante la cosificación: la barba como los zapatos.

4.1.4. *Metáfora totémica.* Aunque los *Cuentos negros* están nutridos en su totalidad de fuentes folklóricas, en términos de estilo, la metáfora puramente totémica aparece solamente una vez en el texto. En lo que a estas narraciones se refiere, no podría usarse con precisión lo que la poética conoce como la metáfora mitológica. El ejemplo encontrado muestra una distribución de potestades que difiere de las clásicas y se asemeja, no obstante, a la de otras etnias, no sólo africanas, sino indoamericanas. La metáfora totémica representa una forma de animismo en la que el término real no está unido a la serie de asociaciones prelógicas que exhibe por los elementos comparativos *es como* y que tiene lugar cuando se expresan similitudes de carácter sensorial y religioso pero no de carácter exclusivamente afectivo. Obsérvese la manera en que aparece en «Taita Hicotea y Taita Tigre»:

Otro hombre se fue a la Luna montado en un Caballo-Pájaro-Caimán-Nube Chica (p. 41).

4.1.5. *Metagoge.*[21] Es precisamente por ese intento de volcar de una manera inteligible la cosmovisión primitiva afrocubana que Lydia Cabrera se vale de figuras retóricas que, de algún modo, evoquen el período animista en el que estos cuentos, mitos y leyendas se originaron. De ahí que la autora recurra a la metagoge, que consiste en la aplicación de cualidades humanas a elementos

21. Para la metagoge véase Fernando Lázaro Carreter, *op. cit.,* p. 276.

de la naturaleza, como por ejemplo los tubérculos, los árboles, calabazas, senderos, piedras, y la noche, motivo éste que la autora usa con frecuencia. De «Osaín de un Pie»:

la negra soltó el ñame como si éste le hubiese mordido las yemas de los dedos (p. 151).

De «Los compadres»:

la noche del cuarto respira angustiosamente (p. 85).

De «La vida suave»:

la noche vino, llamó a los mayitos imponiéndoles silencio y se los guardó todos en el pecho (p. 108).

De «El caballo de Hicotea»:

Los árboles se reían con todas las hojas al verlos pasar (p. 148).

De «Apopoito Miamá»:

De ella [la casa] nunca salía la noche, como si hubiera agonizante o tendido (p. 113).

De «Taita Hicotea y Taita Tigre»:

En el camino, halló a su prima la Jutía bebiendo cerveza (p. 42).

De «La loma de Mambiala»:

y la calabaza saltaba y corría rebotando y gritando «¡Socorro! ¡Guardia!» (p. 92).

De «Arere Marekén»:

Este rey tenía una piedra que el mar le había dado. Cuando Arere cantaba, cantaba la piedra con la voz de Arere (p. 124).

De «El limo del Almendares»:

Y el cornetín, allá en el Cabildo, tenía a la noche en vela (p. 128).

De «Ñogumá»:

—«Lo que es hoy, dice Ñogumá —y la candela se ahogó de risa—, Ñogumá se irá muy lejos... ¡Jum! Con diente de Tigre rencoroso Ñogumá no juega».
(Las cazuelas, culiengras, [sic] barrigonas, en hilera. Muy serias. Todas con sombrero (p. 142).

De «El caballo de Hicotea»:

Hicotea estaba leyendo «La Habana Ilustrada» a la orilla del arroyo donde Compadre Caballo Blanco, dos veces al día iba a beber (p. 147).

De «La prodigiosa gallina de Guinea»:

En las tendederas bailan los corpiños, bailan las enaguas (p. 162).

De «Los mudos»:

El Tigre, haciéndose muy viejo, cantó como si llorase de una pena muy honda (p. 169).

De «El sapo guardiero»:

Un día, un senderito avieso les salió al encuentro y, con engaños, los condujo al bosque.
Cuando quisieron volver, el trillo había huido y ya estaban perdidos en una negrura interminable, sin brecha de luz (p. 171).

4.1.6. *Personificatio*.[22] Para plasmar de una manera efectiva esa concepción animista del mundo que es característica de las etnias afrocubanas, Lydia Cabrera recoge y mantiene la *personificatio* porque esta figura es típica de la literatura oral en general y de la africana en particular. Los seres inanimados y los animales están dotados de lenguaje porque el hombre los percibe como

22. Alex Preminger, *op. cit.*, p. 612.

fuerzas antes de interpretarlos como lo que son, cosas o animales. A continuación estos ejemplos:

De «Eyá»:

[El pez] «¡Déjame en el mar! En cambio te llenaré seis botes de pescado» (p. 33).

De «Walo-Wila»:

Pasó un caballo de madera y música. Dijo: «Por favor, un poco de agua» (p. 35).

De «La loma de Mambiala»:

«¿Cómo te llamas, Negrita gorda?»
La cazuelita, moviéndose sobre sus caderas, con mucha coquetería le contestó:
—«Yo se ñama Cazuelita Cocina Bueno» (p. 94).

De «¡Sokuando!»:

Gorrión, que era un bambollero, reunió a todos los miembros de su especie.
Llamó a Buey [...] y le dijo:
—«Les voy a cortar a todos la cabeza...» (p. 137).

Para resumir puede decirse que Lydia Cabrera recogió toda esa fabulación africana, que estaba en calidad de materia prima etnográfica y la elevó a categoría de prosa poética valiéndose de figuras retóricas predilectas de la tradición culta como la anáfora, las adjetivaciones multivalentes, perífrasis literarias, hipálage, oxímoron, imagen visionaria, metáfora de complemento preposicional y de otras figuras favoritas de la tradición oral, como la enumeración, la hipotaxis, la parataxis, las comparaciones populares, las comparaciones tradicionales, la imagen cómica, la metáfora totémica, la metagoge y la personificatio. Quiso reflejar con esta variedad estilística un mundo animista y prelógico dentro de patrones racionales de cultura sin traicionar la gracia y el misterio de los relatos originales.

Los *Cuentos negros* constituyen así una fabulación que recurre a la poesía —que siempre emerge en el trasfondo mítico y sagrado, irracional y hermoso de la historia del hombre— con el propósito de ser comprendida y aceptada. Los *Cuentos negros* se vuelven así narración sincrética, ya que, al retroceder a los orígenes, Lydia Cabrera encuentra y devuelve el denominador común de todos los hombres que es la poesía, es decir, el misterio.

III. ANTROPOLOGÍA Y LINGUÍSTICA

BLACK UPON WHITE: THE USES OF EUROPEAN FAIRYTALES IN A WEST INDIAN CULTURE

ROGER D. ABRAHAMS
Department of Folklore and Folklife
University of Pennsylvania

The cultural mix which makes up Afro-America continues to provide us with some of the nicest insights with regard to how peoples of different cultures come together in common economic enterprise and fashion unique cultural forms of belief and practice. There has been a good deal of public interest (unfortunately, mostly of the prurient sort) focussing on religious ceremonies and practices in which African and European elements are synthesized: in such religions as *Shango, Santería*, and *Vodun*. Music and dance forms which arise out of this creole situation, such as jazz and calypso, samba and tango, have also stirred no little interest both on the part of scholars and the general public —the scholars because of the ways in which such expression arises out of the urban confrontation of groups with a variety of ethnic backgrounds, and the public, because they have produced the most important styles and forms of popular entertainment. But little notice has been taken of the similar synthetic process which occurs in the folktales of village communities in this area.

On the small islands of the ex-British West Indies, in which I have carried out fieldwork, folktales still are performed in the approved African manner, with the strong pulse of community involvement in the telling, the centering of the stories on the antics of Anansi, the spider trickster, and the sense of the ongoingness of life which animates the storytelling sessions. But to study these stories only in terms of how African patterns become localized in these New World settings is to lose many important dimensions of the world described in these stories, for much of the narrative repertoire seems to come from some European resource, and these stories therefore can provide us with some interesting insights as to how the Afro-American social and aesthetic program enters into the expressive lives of these black villagers.

In a series of studies, I have discussed the cultural dynamic of the communities in which I have worked and related specific performances to an overall expressive profile of these cultures.[1] Here I will give some examples of how a pair of European tales are deployed in communities on one of the islands in which I have worked, stories collected during *the nine-night wakes* on St. Vincent, in the ex-British Windward Islands in the West Indies. These wakes are suffused with the spirit of *nonsense*, the West Indian term for inversive public (that is, extra-familial) activity. They are carried on in the house of the recently deceased's family, and therefore call for a transvaluation, for the moment of the performance-event, of all the ideals of family respectability. Most important, the telling of stories of any sort is severely monitored in the house and yard at any other time, for storytelling (especially in the form of *commess* [gossip]) is regarded as potentially destructive of the household arrangements. Thus, the achievement of a common sense of approval of storytelling about nonsensical misbehaviors calls for special license. Such license is achieved by the development of the art of storytelling along with a set of conventions of performance which encourages the assembled guests to actively take part in the storymaking process, even while a masterful storyteller holds forth.

All stories are then marked by the conventions of the drinking and playing characterizing the *nine-nights* event on which they are most commonly performed. Moreover, everything that takes place during this occasion is called *'Nansi 'Tory* after the character of Anansi, the trickster, who operates through *nonsense*, the West Indian term for license. Anansi, the spider, and the other tricksters of this tradition, speak in deep creole, often have a speech impediment or some other reason for voice alteration

---

1. My earliest works here are brought together in *The Man-of-Words in the West Indies: Performance and the Emergence of Creole Culture* (Baltimore: Johns Hopkins, 1983), More recent studies include, «Folktales and Event-Centered Analysis: Anansi Stories on St. Vincent» in *Le Conte: Pourquoi? Journees D'Etudes en Litterature Orale* (París: CNRS, 1984), pp. 485-508; «Play in the Face of Death: Transgression and Inversion in a West Indian Wake» in *The Many Faces of Play* (ed. Kendall Blanchard), Leisure Press, *in press;* «Storytelling and Achieving Meaning: A West Indian Case. «In *Papers III, 8th Congress for the International Society for Folk Narrative Research,* edited by Reimund Kvideland and Torunn Selberg, (Bergen, 1985), pp. 1-22.

when they speak, and are identified not only as instigators, bearers of tales, but as musicians and dancers. The songs they sing are commonly fast and frantic, reflecting the style of their actions, and they are accompanied by an equally fast dance. Both song and dance are introduced, commonly, before the story is begun, and most people in the audience join in both expressive activities. The performer gauges the success of his story by how much the audience enters into the telling, and how much the progress of the narrative is actually forestalled while being performed. Indeed, quite often the story is not actually told. But then, the performer may assume for at least the moment of performance, that everyone at the wake knows all the stories already, anyhow. This is, of course, not the case if the audience is primarily made up of children, or folktale collectors from another culture.

There is a recognition in the community that these stories are *old talk* and are therefore historically coded by their identification with the ancestors, including Africans. Though I have not heard much discussion of such points, when asked directly where the stories came from, the response was commonly «from the Daddies» a term which encompasses the slaves and their African progenitors. But one kind of story is set off from the others coming from different sources, and are about different ancestors. While told as *Nansi 'Tory*, (a category which also includes riddling, making jokes, and playing games) this special kind of story has human characters, evokes family dramas, and are not only closer to the Western notion of fairytale, but are actually derived from the European repertoire.

These stories, which I have heard referred to as *Cinderillas!* have slow songs attached to them sung and danced in quadrille time, and tell of the strange doings that go on in the «yards» [i.e. households] of big landowners—usually referred to as Massa King and his family, and often referred to as whites. The importance of this social distinction must not be underestimated, in spite of the fact that there are few whites left on these islands. The social situation has not changed that much since the government has become local, and the elected representatives black. Cinderillas still draw upon the way in which the landscape was symbolically coded in plantation times, and the yard of the old masters has therefore maintained its affective place in the structure of sentiments of the communities.

These stories provide, among other things, a means of commenting upon the ideal of the family, as promulgated by the planter-class. And most interesting from the folklorists' perpective, they employ the stories learned from the European repertoire.

These stories, then, are about the strange ways of people from a strange tradition. But they also comment upon the family and household systems of the villagers themselves, for they use Master King's yard as a way of discussing the problems inherent in the ideal family, especially as it deals with the deployment of scarce resources in an exchange system which presumes the primacy of the family in working out who will get what. But more than anything, Cinderillas impute the most strange and chaotic motives to those who live with Master King in his yard.

An example: One Cinderilla found widely on St. Vincent, which is an international tale which has been found throughout the Indo-European world, concerns the killing of a young woman by her brother, and the consequent revelation of the murder by the song played by one of her bones. Here the agent of the singing is the shepherd-boy who has discovered the bone while tending his sheep, and who carries it to Master King and his wife. As it is told on St. Vincent and other neighboring islands, it is contained within the King Lear story, about the foolishness of a kingly-father who sets his children in competition with each other, in this case to see who can pick the prettiest bouquet to demonstrate their love to him.

Well this is a Nansi story with a King and da Queen. They have a son and a daughter. Well they all get an urge, and they want to rule the country.

Well the son is against the daughter. The Queen [sh]e [2] will be vexed'; an' just so [will] the King, the daughter well they set a plan. Told both of them, they must go on the mountain. They had a bunch of flowers in the woods. And who found it (i.e. the bunch of flowers), they would either be the queen or king.

Well it happen so, in the morning, they send them out. Well when they reach a certain part, they have two roads, one to the right, one to the left. And the boy take one path and the girl take one path. And when they reach in the mountain, the girl found the flowers. Well they make a plan, say we going meet by the crossroads here. Who first find, they held (wait) for the other.

2. As in most such creole tongues, the pronoun is often unmarked as to sex, referring to either he, she, or they. As with other marked features of the creole, when understanding of the story is impeded by the locution, I add clarifying comment in brackets.

Well the girl first found the flowers. Well she call to the brother, and she tell the brother that she find the flowers. Well the brother call her. And when she come to him, he take the bunch of flowers and he kill she, he bury she on the mountain.

Well, he come home. When he comes home he tells his daddy. Daddy say, «Where is your sister?» He say, «Daddy, I take one path of the mountain and sister take a path. And I told her to meet me certain place and I haven't seen her. So I come home.» All right. «Who found the flowers?» «I, Daddy, I found the flowers.» Well Daddy say, «All right.» Well, they there, they standin' so, they can't see the sister.

Next day they set out people to look for her. Somebody get out to find her. What have a little Old Witch Fellow have a flock of sheep, they call him Novie-man. One morning now early he was going up to his flock of sheep and 'e have a big ram in the midst. An' he see the ram in the middle away then, he see where one of the rams digging a little hole. Digging a little hole and the driver sees, he say, «Sheep, sheep, going, going», Well he go his way.

The other morning, One morning the man going up with his flock of sheep 'e see the sheep dig the same place. Well he's concerned, picking on something. Said, «I mus' see where that sheep is digging, because is twice now I saw he's doing the same thing.» Well 'e go an' 'e see what the sheep's digging. An' he take a piece of stick, and he going to dig with a piece of bone. And the piece of bone sing to him. 'E say:

Oh novie-man, oh novie-man.
Do you know this bone you blow?

Well the bone sing to the novie-man. Novie-man take the bone and he bring it home. He bring it home to the King and the Queen. Well when the bone come, the King took the bone in his hand like this. Say:

Oh King, oh King, oh King, oh King
Do you know this bone you blow?
My brother he has kill me in the woods
An' he take muy flowers away.

It was there he dug a little hole,
And it was there he buried me.
And it was there he dug a little hole
And it was there he buried me.

That the tune the bone sing.

Well, he call his son. An' 'e axed him if he know this? 'E said, «Take this bone in your hand.» And when the son took the bone in his hand, 'e say:

Oh brother dear, oh brother dear,
You have kill me in the woods.
Oh brother dear, oh brother dear
You have kill me in the woods.

'E Daddy say, 'e turn back to his Daddy. Tell his Daddy, «No, this can't [be] prove[n].» 'E call the Old Witch Fellow, he say, «Go back where the sheep dig this bone and see if you can get every piece.» And so the Old Witch Fellow went up on the mountain, and he bring every piece of bone back, [that] come from the sister. An' 'e bring it in the palace. An' there he make back the sister. An' 'e give the sister the Queen. And there the story ends. [That is, the Old Witch Fellow has the ability to make the parts of the body come back together again, and to bring the sister to life.] [3]

This story, like many Anansi Stories, is built around the repetition of a strongly coded song, one which is sung in the voice of one of the characters of the story. The song moves the story along, commonly. Many stories are actually constructed on the principle of repeating the song in changing contexts, or in developing alternative songs in dialog sung in the voice of the two protagonists. In this last case, the songs are a way of animating the dramatic conflict around which the idea of the story revolves. Sometimes, then, story-songs represent the voice commentary by a shadow-figure, like the Old Witch Fellow in the story above,

3. Collected from Sephus Jobe, Greiggs Village, St. Vincent, May 3, 1966. Most commonly, this story results in the killing of the brother by the father, and some note as to what kind of nonsense is created when brother and sister are set against each other. Here, see the essays referred to above, n. 1.

who operates in the middle of the action, but who seemingly has little to gain from the consequences. (Even here, where he brings the sister back to life, we are not informed as to the consequences of this for the Old Witch Fellow—or the murderer, for that matter.) This is an interesting role, for such figures operate as storytellers in the largest sense of the term—that is, they are gossips, or as West Indians often put it, *instigators*. Of direct concern for an understanding of how this story is understood in this context is that the *Old Witch Fellow* not only has witching powers, but is a shadowy misfit, because of being troubled with being jiggerfooted (either a clubfoot, or having filaria causing his foot to be distended), but he is also recognized as the child of a union between a black and white—in fact, most of those with whom I spoke understood him to be a «stray shot» child of the king and one of his slaves! In such a case, in the above story he has brought his own half-sister back to life, thus condemning his half-brother for the murder. His message-carrying story telling activities, in such a case, take on a different cast.

That stories enter on such despised tale-carriers indicates the depth of transvaluation which is being carried on in the nine-night. Under such conditions of license, it is important to know that these are regarded as humorous stories. The doings of the tricksters and the other instigators are laughed at, as are the situations of discomfort that they are able to engineer. This is so with Anansi and all of his mischievous doings; but it is also the case with the more serious nonsense committed by Master King.

In another Cinderilla, derived from the ballad of «Little Musgrave and Lord Barnard's Wife» (often called «Little Mattie Groves»), a role not unlike that of the Old Witch Fellow is played by the family parrot flying back and forth between his *master* who is at work, and his *mistress* who is in bed with another man. Both of these stories, in other words, explore the tensions inherent in family life as sex enters into the mix of relationships. And both focus on nonsensical activities, as they are carried out by whites who should know better. All Cinderillas which I collected examine the character of exchange relationships within a household, with special focus on prestations or prohibitions of food and sex. And all suggest that such norms of behavior may best be explored through their abrogation, and that a good way of doing this is to tell stories on white folks and the strange family things they do that can't be kept within the family.

Another Cinderilla which anatomizes the exchange dimension of family relations in terms of obligations, derived from an En-

glish ballad source, «The Maid on the Gallows», the protagonist
is commonly male, as here. Again, the story begins with a singing
of the key song, as a way of announcing the story and centering
the attention and involvement of the audience):

> John Gould, John Gould
> Will you brought any gold and silver?
> I just in time to see you have
> Hang, hang, you mus' be hang.

> Oh no, oh no
> Oh I don't brought any a golds
> An' likewise silver, too.
> I jus' in time to see you hang.
> Hang, hang, you mus' be hang.

Well there is a man have a girl, good looking girl. An' de
girl get tobo [filaria of the foot] an' chigger an' yaws. Dey
[there] de girl, [he] don't want de girl again. De girl wha'
he was courtin' to, 'e don't want de girl again [ie. anymore].
'E take up wid a nex' [another] one. An' 'e do [he did]
something wrong. An' 'e [they were] going to hang him.
Hang, they're going to hang 'im. Dey got him up [on the
scaffold], going out. 'E start to cry, start to sing an' cry.

> John Gould, John Gould
> Will you slack your chain for a while?
> Oh, I see my dear mother coming
> For so many a mile.

> Mother, mother,
> Have you brought any a golds
> An' likewise silver, too.
> For to take my body from the shame of the world
> From this gallows pole?

> Oh no, oh no,
> Oh I don't brought any a golds,
> Or likewise silver too.
> I jus' in time to see you hang
> Hang, hang, you mus' be hang.

'E t'row de rope up. 'E see 'e sister coming down:

John Gould, John Gould
Will you slack your chain for awhile
I see my dear sister coming
Down from so many mile.

Sister, sister
Have you brought any golds
An' likewise silver, too?
For to take my body from de shame of de world
From dis gallows pole.

Oh no, oh no
I don't brought any a golds.
An' likewise silver, too.
I jus' in time to see you hang.
Hang, hang, you mus' be hang.

See brother coming down. The tying de rope up, seeing the brother coming down:

John Gould, John Gould
Will you slack your chain for a while
Oh, I see my dear brother coming
From so many a mile.

Brother, brother
Have you brought any golds
An' likewise silver, too
For to take my body from de shame of de world
From dis gallows pole.

Oh no, oh no
I don't brought any a golds
An' likewise silver, too.
I jus' in time to see you hang.
Hang, hang, you mus' be hang.

'E see 'e sweetheart 'e love dearly to 'e heart coming down. T'ought he done die when 'e see 'is sweetheart wha' is closest to 'e heart coming now:

John Gould, John Gould
Will you slack your chain for a while?
I see my dear sweetheart coming down
From so many mile.

Sweetheart, sweetheart
Have you brought any a golds,
An' likewise silver, too?
For to take my body from the shame of the world
From this gallows pole.

Oh no, oh no
I don't brought any a golds,
An' likewise silver, too.
I jus' in time to see you hang
Hang, hang, you mus be hang.

They haul de rope up. The old time girl he don't want to
see at all, now coming. Star 'e say then:

John Gould, John Gould
Will you slack your chain for a while
I see my dear old time coming down
From so many miles.

Old time, old time,
Have you brought any a golds,
An' likewise silver, too?

Oh yes, oh yes
Yes, I brought plenty of golds,
And silver likewise too.
I jus' in time to see you done come down
Come down, you mus' come down.

There is de girl he did not want to see. An' de girl taking
off de gallows an' carry home, de girl, an' he married de
girl. An' he did not want to see her can' de first girl he as
courtin', too. When you have two piece of fresh wood put
on de fire, the fire can' catch without the dry piece of firewood. Cut de firewood to put de fresh piece of wood inside
de fire dey. Befo' catch. But two piece, have to have fire
there to catch.[4]

The story is built on the formulaic repetition of a song-dialo-
gue, in which the song moves the story along. As in many other

---

4. Collected from Nora Bristol, Georgetown, St. Vincent, May 16, 1966.

Cinderillas, the character bringing about the movement has tobo, an infected foot, as with the Old Witch Fellow above: but unlike most Nansi 'Tory, this figure is female, as is the narrator! Indeed, Nora Bristol, the storyteller, widely noted throughout St. Vincent for her storytelling ability, often, as in this text, changes the sex of the characters of the stories. As an old woman, she is given license to play the usual masculine role of storyteller. More, she dresses like a man (much to the amusement of others in the community) and she often leads a carnival group through the streets, something regarded as far from fitting for an older—and supposedly respectable—woman to do. This story, then, is part of one narrator's constant reconstitution of self as a transgressor, a role she likes to play, but which is encouraged only during times of nonsense, such as one finds during wake.

This last story then illustrates the lengths to which these stories may be adapted for a performer and a specific audience. Here, the story of deliverance turns on the ability of an old-time love to provide the wherewithall to help out the condemned, when the various members of the family let them down. In the English and American ballad from which this story is taken, the sweetheart is also placed in such a transforming role. But the outcast character of the old-love is never so specified. The role of the jiggerfoot figure comes straight out of the Vincentian tradition, an addition then to this Euro-American story.

In these Cinderillas the active coming together of the Old World Marchen tradition can be seen coming together with African and Afro-American styles of performance, and with the addition of a character-type, the shadowy-informer and sometime deliverer, which makes these stories uniquely West Indian. It is through such close perusal of stories and styles that the extent of the cultural syntheses in specific communities may be better understood.

LEXICOGRAFÍA DE LOS *CUENTOS NEGROS DE CUBA*

Concepción T. Alzola

El léxico de los *Cuentos negros de Cuba*,[1] de Lydia Cabrera representa un corte profundo que expone los sucesivos elementos que intervinieron en la formación del español actual, y al mismo tiempo constituye una muestra lateral que nos indica con cuáles regiones españolas y países hispanoamericanos mantiene Cuba vínculo verbal. Nos revela además el sustrato indígena de la isla y a qué influencias estuvo sometida —especialmente los fenómenos concomitantes de la trata y la esclavitud africanas, aunque también otras influencias americanas y europeas—; las voces nuevas o evolucionadas que contribuyó al patrimonio hispánico común y aquéllas a las que sólo sirvió de lengua de tránsito. Y por último, el léxico de los *Cuentos negros de Cuba* nos indica qué vocablos, por su génesis o historia o por no haber rebasado los límites nacionales pueden servirnos para caracterizar lo cubano, en cuanto a su esencia hispánica particular. Veamos.

a) Supervivencias prerromanas: *palangana*, p. 65.[2]
b) Aportes árabes: *ajonjolí*, p. 117; *jarama*<jacarandana<jácara, p. 96; *tarraya* [atarraya], p. 43.
c) Aportes hebreos: *desmalazado* [desmazalado], p. 88.
ch) Usos españoles anticuados: *ansina*, p. 62; *don* [señor], p. 127; *filatera*<filateria, p. 163; *gandidiosa*, p. 110 y *gandizón*, p. 69 <*gandir; madurazón*, p. 63.

---

1. Lydia Cabrera, *Cuentos negros de Cuba* (Madrid: Ediciones C.R., 1972) 2.ª ed. Todas las citas provienen de esta edición y se indica solamente el número de la página.

2. Seguimos en todos los casos las etimologías del *Diccionario de la Lengua Española* (Madrid: Real Academia Española, 1984), por su carácter «oficial» e internacional. En lo sucesivo, DL.

d) INDIGENISMOS AMERICANOS: *aguacate*, p. 49 (mejic); *anón*, p. 52 (caribe); *barbacoa*, p. 63 (antillana); *bohío*, p. 48 (antillana; *cacique*, p. 58 (caribe); *caimán*, p. 73 (taíno); *caimitos*, p. 49 (haitiano); *caoba*, p. 48 (caribe); *cocuyero* [cocuyo] p. 172 (caribe); *guajiro*, p. 158 (yucateco); *guanábana*, p. 49 (taíno); *guanajo* p. 157 (arahuaco); *guásima*,[3] p. 17 (haitiano); *guateque*, p. 161 (caribe); *guayaba*, p. 22 (araucana); *guayacán*, p. 50 (taíno); *hamaca*, p. 11 (haitiano); *hicotea*, p. 43 (taíno); *jícaras*, p. 105 (mejic.); *maíz*, p. 114 (taíno); *mamey*, p. 49 (taíno); *maní*, p. 117 (taíno); *maraca*, p. 13 (guaraní); *sabana*, p. 114 (caribe);[4] *sinsonte*, p. 52 (mejic.); *tabaco*, p. 12 (caribe); *yuca*, p. 117 (taíno).

e) REGIONALISMOS Y DIALECTALISMOS ESPAÑOLES: *bomba* [chistera], p. 98, Andalucía;[5] *cabildos*, p. 81, DL/10 «reunión de intereses comunes», Canarias; *cancela*, p. 92, Andalucía; *candela*, p. 54, preferencia andaluza frente a lumbre/fuego en Castilla, Info.;[6] *carabela*, p. 54, venidos en la misma nave, Galicia; *cartucho*, p. 157, pref. gallega, Info.; *chunga*, p. 73, caló; *engreído*, p. 58, DL/2 encariñar, Andalucía; *fagina* [fajina], p. 73, Aragón; *fogorear*, p. 53, Aragón y Salamanca; *frazada*, p. 86, del catalán; *frijoles*, p. 22, del catalán; *futraque*, p. 98, Santamaría,[7] futre, Andalucía; *gandinga*, p. 70, DL/2, Sevilla;[8] *gandidiosa*, p. 110, en Valencia engaldir; *guacabina*, p. 57, DL sólo guacal/3, Canarias; *jerimiquear*, p. 83, Anda-

---

3. En el caso de *guásima*, como en algunos otros, Lydia Cabrera, según se irá viendo, prefiere la ortografía del gran lexicógrafo cubano Esteban Pichardo. Cuando nos refiramos a su diccionario estaremos usando la siguiente edición: Esteban Pichardo, *Diccionario provincial casi razonado de vozes y frases cubanas* (La Habana: Editorial de Ciencias Sociales, 1976). que reproduce la de 1875.

4. Como se sabe, esta etimología ha sido muy discutida. Tomás Buesa Oliver, *Indoamericanismos léxicos en español* (Madrid: Consejo Superior de Investigaciones Científicas, 1963) endosa su origen haitiano. Por nuestra parte reactivamos la etimología del árabe *samawa* en el Primer Congreso Internacional sobre el español de América, celebrado en Río Piedras, Universidad de Puerto Rico, en la sesión del 8 de octubre de 1982.

5. También los regionalismos, salvo que se indique, son los que figuran como tales en el Diccionario de la Lengua.

6. Debido a una estancia de casi seis años en Madrid, donde convergen personas de todas las provincias españolas, nos fue posible documentar con informantes (en este trabajo *Info*) muchos usos presentes en la lengua oral de las distintas regiones.

7. Francisco J. Santamaría, *Diccionario General de Americanismos*, primera edición (México: Pedro Robredo, 1942), tres tomos.

8. A Pichardo esta palabra le «parece africana». Podría ser un caso de esos términos de «ida y vuelta», como *guagua* con respecto a Canarias.

lucía; *melado*, p. 97, Canarias; *peje*, p. 32, Santander; *tinajero*, p. 113, Murcia; *tonga* [tongada], p. 153, Canarias.

f) AFRICANISMOS. 1) voces de origen africano, registradas en DL: *guineas*, p. 21; *ñame*, p. 153; *ñáñigo*, p. 72; *quimbombó* [quingombó], p. 117. 2) voces de origen africano no registradas en DL, aunque conocidas y en uso en todo el territorio nacional: *arará*, p. 154; *babalá*, p. 49; *babalaos*, p. 13; *bilongo*, p. 77; *mayombero*, p. 76. 3) voces que Lydia Cabrera introduce y explica en el texto o en notas de pie de página, que no lograron aceptación general en Cuba: *alé*, p. 70; *Burukú*, p. 49; *cocorícamo*, p. 58; *cunafinda*, p. 50; *chicherekús*, p. 50; *chulá*, p. 142; *dengué*, p. 30; *ebbó*, p. 121; *Eledda*, p. 51; *engombe*, p. 142; *entete*, p. 141; *enuni*, p. 142; *Eyá*, p. 32; *ibá*, p. 20; *obbi*, p. 34; *malafo*, p. 72; *mangona*, p. 70; *moana*, p. 82; *moforivale*, p. 96; *munansó*, p. 141; *mundele*, p. 158; *sukú-sukú*, p. 29; *susúndamba*, p. 142; *tú ale*, p. 137; *wabbi*, p. 22.

g) OTROS EXTRANJERISMOS: 1) del inglés, *bistec*, p. 77; 2) del francés; *taburete*, p. 95; *framboyán*, p. 54; 3) del portugués, *criollo*, p. 81; *gazapina*, p. 74; 4) del alemán, *vivac*, p. 90. Todos en DL menos *framboyán*, en Pichardo.

En cuanto a la selección de vocablos, las preferencias léxicas de Lydia Cabrera en los *Cuentos negros* ostentan dos características netamente cubanas:[9] 1) utilización de los vocablos en su significación menos obvia o prevista. Y, 2) utilización de los vocablos en su valor figurativo, familiar y en ocasiones humorístico. Como ejemplos tenemos:

1) significación menos obvia, con respecto a la significación básica en DL, lo cual se traduce lexicográficamente en acepciones numéricamente altas: *alegría de coco*, p. 86, DL/5; *alzados*, p. 16, DL/4; *armarse*, p. 89, DL/12; *cumbrera*, p. 25, DL/5; *encresparse*, p. 90, DL/3; *ingenio*, p. 80, DL/8; *jifero*, p. 138, DL/3; *ladino*, p. 69, DL/5; *maravilla*, según Pichardo DL/5; *pasas*, p. 68, DL/3; *patente*, p. 77, DL/10; *pilones*, p. 14, DL*pilón*[2]/3; *picar*, p. 77, DL/6; *puesto de frutas*, p. 79, DL/6; *relajo*, DL/3; *rico*, p. 142, DL/4; *volador*, p. 57; DL/5.
2) usos familiares: *fantasiosa*, p. 127; *guasa*, p. 79; *jipi*, p. 62; *jollín*, p. 75; *paliquear*, p. 127; *rabisalera* [rabisalsera], p. 159.

9. Concepción T. Alzola, «Habla popular cubana», comunicación al Primer Congreso Internacional de Hispanistas, Oxford, 1962. Publicada en la *Revista de Dialectología y Tradiciones Populares*, tomo XXI, 1965, cuadernos 3 y 4. (Madrid: Consejo Superior de Investigaciones Científicas, 1965).

Familiar y figurado: *mataperros*, p. 92; *moreno*, p. 76. Familiar y festivo, *tagarnina*, p. 92. Figurados: *sopa boba*, p. 92; *tronío* [tronido], p. 111; *zangandonga*, p. 128.

Pasamos ahora al análisis de los cubanismos presentes en los *Cuentos negros* de Lydia Cabrera. Distinguimos dos categorías básicas: 1) Cubanismos genético-históricos. Y 2) Cubanismos contrastivos.[10]

1. CUBANISMOS GENÉTICO-HISTÓRICOS. Comprenden:

   1.1. Indigenismos americanos. Vocablos todavía ampliamente (V. supra) usados en Cuba para designar la vivienda, flora, fauna, instrumentos, etc., etc. Y, por supuesto, los incluidos en DL como «cubanismos»: *jaguey*, p. 44, y *yarey*, p. 47.

   1.2. Cubanismos asentados como tales en DL y vocablos en relación con los cuales se hace alguna referencia directa a Cuba: *bibijaguas*, p. 173; *cayarí*, p. 23; *ciguaraya*, pp. 23 24; *fufú*, p. 151; *guajiro*, p. 158; *guardarraya*, p. 56; [*guataquear*], p. 117; *jicotea*, p. 43; *majá*, p. 41; *negrada*, p. 82; *parejera*, p. 110 (DL/6); *píscuales* [sic], p. 48; *santera*, p. 70 (DL/6, «auxiliar de ladrón»); *sitiera*, p. 61; *tatagua*, p. 45; *totíes*, p. 105; *zambumbia*, p. 63 (y *sombumbia*, p. 66).

   1.3. Atribuidos a la totalidad del continente americano: *cucaracha*, p. 17; *guanábanas*, p. 49; *guayabas*, p. 49; *guayacán*, p. 50; *jícara*, p. 105; *níspero*, p. 49; *traspatio*, p. 165.

   1.4. Atribuidos a las Antillas: *chapapote*, p. 55; *gambada*, p. 37; *guanajo*, p. 157; *pailero*, p. 96; *volanta*, p. 98.

   1.5. Atribuidos a otros países y no a Cuba: *caña brava*, p. 42 (Col., C. Rica, Hond., Perú y Venez.); *conduerma*, p. 62 (Venez.); *contentura*, p. 101 (Chile); *cheche*, p. 112 (P. Rico); *guásima*, p. 17 (Ant., Col. y C. Rica. DL guácima); *hacendado*, p. 47 (DL/3, Arg.); *machete*, p. 137 (Hond. *y* Nicar.); *manganzón*, p. 92 (Amer. Central, Col. Ecuad., Perú, Venez. y las Antillas, en general).

   1.6. Atribuidos a otros países además de a Cuba: *chévere*, p. 71 (y Ecuad., P. Rico, Venez., y Col.); *guaracha*, p. 92 (y

10. Según Jesús Gútemberg Bohórquez, C., *Concepto de «Americanismo» en la historia del español; punto de vista lexicológico y lexicográfico* (Bogotá: Publicaciones del Instituto Caro y Cuervo, 1984), p. 99, son esos los criterios básicos empleados en el estudio de los americanismos, en general, hasta el presente.

P. Rico); *mambisa*, p. 161 (y Sto. Domingo); *matunga*, p. 162 (y Arg.); *rumbantela*, p. 112 (y Méj.); *toletes*, p. 74 (y Am. Central, Col. y Venez.).

1.7. No asentados en DL: *cumbancha*, p. 160; *chinchal*, p. 100; *faina*, p. 162; *ganguear*, p. 153; *guardiero*, p. 82; *maruga*, p. 71; *mayito*, p. 105; *rebambaramba*, p. 67.

2. CUBANISMOS CONTRASTIVOS, O POR OPOSICIÓN A LA NORMA ESPAÑOLA PENINSULAR.[11]

2.1. Fonéticos.

2.1.1. Aspiración: *gipiando* [sic] p. 76.
2.1.2. Aféresis: *tarraya*, p. 43.
2.1.3. Prótesis: *entodavía*, p. 84; *altibisí*, p. 112.
2.1.4. Apócope: *tonga*, p. 153.
2.1.5. Síncopa: *innarrables*, p. 103.
2.1.6. *d* inicial: *espanzurrar*, p. 79.
2.1.7. Grupo *dr*: *comae*, p. 157.
2.1.8. Metátesis: *desmalazados*, p. 88.

2.2. Morfológicos.

2.2.1. Sustantivos

2.2.1.0. Sustantivación: *tiñosas*, p. 12.
2.2.1.1. Género: *caimana*, p. 73; color (la), p. 151.
2.2.1.2. Abstractos: *calentazón*, p. 72; *contentura*, p. 191; *sabrosura*, p. 112; *sinvergüenzura*, p. 71.
2.2.1.3. Colectivo: *cocuyero*, p. 172.
2.2.1.4. Aumentativo: *hombrón*, p. 104.
2.2.1.5. Otros derivados: *tambolero*, p. 76; *pielera*, p. 85.

11. Algunas de las formas que aparecen en este apartado son en realidad otros tantos *vulgarismos castellanos* y como tales se hallan presentes en varias regiones españolas y otros países hispanoamericanos, además de Cuba. El hecho de que la Academia de la Lengua compile su *Diccionario* con criterio normativo impide la acreditación de buen número de vocablos y variantes que, sin embargo, son necesarios para caracterizar debidamente el español de un lugar determinado. Acerca de este problema había alertado, hace ya más de treinta años, don Ramón Menéndez y Pidal en su ensayo «El diccionario ideal», recogido posteriormente en *Estudios de Lingüística* (Madrid: Espasa-Calpe, 1961), pp. 95-147. La fecha original de publicación es 1953.

2.2.2. Adjetivos.

2.2.2.0. Adjetivación: *cachorra*, p. 110; *penco*, p. 56.
2.2.2.1. *-ado: emperrado*, p. 75.
2.2.2.2. *-udo, -uda: bembudo*, p. 75; *tonuda*, p. 12.
2.2.2.3. *-era: pindonguera*, p. 110.
2.2.2.4. *-ista: reparista*, p. 12.

2.2.3. Verbos

2.2.3. *pacientar*, p. 100.

2.3. Sintácticos.

2.3.2. Régimen: pidiendo misericordia *de* Ogún, p. 22.
2.3.1. Pronominales: Si la mulata *se me* lleva a José María, p. 111.

2.4. Traslaciones semánticas.

2.4.1. Vocablos con otra significación básica: *bodeguero*, p. 73 (dueño o dependiente de una tienda de comestibles); *daño*, p. 32 (maleficio); *goterón*, p. 96 (dije enorme); *patón*, p. 160 (que no tiene habilidad para bailar; en la colonia, un español); *plaza*, p. 126 (mercado); *rumbear*, p. 79 (divertirse, irse de juerga); *santera*, p. 70 (creyente oficiante de ritos de *santería* o creencias religiosas afrocubanas); *trajinar*, p. 69 (realizar las tareas domésticas).
2.4.2. Vocablos con significación adicional: *barracón*, p. 80 (alojamiento para negros esclavos); *burujón*, p. 128 (bulto, lío); *carabela, p.* 139 (paisano); *concomio*, p. 78 (encono); *corte*, p. 81 (estilo); *lechuza*, p. 90 (coche fúnebre de uso público); *pielera*, p. 85 (hum. la piel); *prenda*, p. 76 (reliquia, talismán); *prima noche*, p. 164 (velada); *resguardo*, p. 71 (definido por Lydia Cabrera en el texto «fetiche protector»); *sacramentar*, p. 78 (emparentar por sacramento); *trabajo*, p. 76 (hechizo); *valla*, p. 53 (lugar destinado a la lidia de gallos); *zumbar*, p. 18 (arrojar, lanzar).

2.4.3. Otro objeto significado: *burros,* p. 95 (patas o sostenes rústicos para improvisar una mesa); *caña de Castilla,* p. 24 (según Pichardo, es una de las denominaciones del *güín* y no de la caña de azúcar; *esperanza* (grillo de color verde, especialmente en la provincia de Camagüey); *raspadura,* p. 97 (miel de azúcar cristalizada).

2.5. Usos preferenciales:[12]

La Habana:	Madrid:
cochino, p. 78	cerdo
conga, p. 162	congolesa
tunda, p. 59	paliza, golpiza
veloria, p. 56	velatorio

Sobre esta trama léxica fuerte y compleja, se aíslan y representan algunas hablas particulares cubanas, como la bozal y la criolla[13] —con indicaciones de uso urbano y rural— y el habla «aplatanada» de un gallego, costumbrista y estereotipada hasta parecer un blasón proverbial; se incrustan onomatopeyas y exclamaciones, fórmulas y eufemismos, refranes y frases, comparaciones y modos y maneras proverbiales, que contribuyen al colorido y sabor profundamente cubano de los *Cuentos negros.* Una obra que cincuenta años más tarde ejerce aún el encanto que ejerciera en el momento de su aparición.

12. De acuerdo con informantes. Algunos documentados en *Las hablas de Madrid y La Habana,* de próxima publicación.

13. Ver nota núm. 9. En ese estudio se aíslan y caracterizan las hablas particulares cubanas conocidas como «lenguas» criolla y bozal.

¡venceremos!

ABRE KUTU WIRI NDINGA: LYDIA CABRERA Y LAS LENGUAS AFROCUBANAS

ISABEL CASTELLANOS
Florida International University

¿Qué cubano no recuerda a Miguelito Valdés entonando, en su voz inigualable, la vieja canción de Arsenio Rodríguez titulada «Bruca Maniguá»? Son pocos, sin duda, los que nunca hayan oído las conocidas líneas:

> Yényere bruca maniguá
> abre kuta wiri ndinga
> bruca maniguá...

¿Cuántos, sin embargo, saben que «abre kuta (o kutu) wiri ndinga» quiere decir, en la lengua conga de Cuba, «abre la oreja y oye lo que digo»? No creo que sean muchos. Yo, por lo pronto, sólo comprendí su significado después de consultar el *Vocabulario congo* de Lydia Cabrera, publicado recientemente. Y he aquí, precisamente, uno de los grandes méritos de la obra de Lydia: el servir de puente de enlace entre los dos polos del continuo cultural cubano, el africano y el europeo.

En este ensayo nos ocuparemos, exclusivamente, de tres de los idiomas afrocubanos —el lucumí, el congo y el bozal— estudiados por Lydia Cabrera. Ellos aparecen en casi todos sus libros, tanto en los de ficción como en los de investigación antropológica, y a dos les ha dedicado atención especial en sendos diccionarios: *Anagó: Vocabulario lucumí* y *Vocabulario congo: el bantú que se habla en Cuba*.[1] En la imprenta se halla un tercer tomo —*La lengua sagrada de los Ñáñigos*— que completará su trilogía acerca de las lenguas afrocubanas.

Ya en otra ocasión nos hemos referido al complejo lingüístico de origen africano que irrumpió en la isla como resultado del tráfico de esclavos.[2] Debemos aquí insistir nuevamente en él, así

---

1. Lydia Cabrera, *Anagó, vocabulario lucumí* (Miami: Ediciones C.R., 1970). *Vocabulario congo (el bantú que se habla en Cuba)* (Miami: Ed. C.R., 1984).

2. Isabel Castellanos, prólogo a *Vocabulario congo*. «Multilinguisme Afrocubain». En *Notre Libraire*, n.º 80 (julio-septiembre 1985), pp. 15-21.

sea de modo esquemático. Durante los tres siglos y medio que duró la trata, y especialmente a fines del siglo XVIII y gran parte del XIX, llegaron a Cuba un gran número de negros, procedentes de una amplia zona del occidente africano que comprende desde el río Senegal, en el noroeste subsahárico, hasta el sur de Angola. También fueron llevados a Cuba esclavos originarios de Mozambique, en la costa suroriental de África. Un breve recuento de la filiación lingüística de los grupos africanos que arribaron a la Isla sirve para ilustrar la gran heterogeneidad idiomática que predominaba entre ellos.[3] Todas las pruebas documentales indican que a Cuba fueron llevados africanos que hablaban lenguas pertenecientes a los siguientes troncos lingüísticos: la familia Níger-Congo, con las subfamilias Mande, Atlántico-occidental y Voltaica; las ramas Kru, Ewe, Akan, Yoruba, Ibo, Ijo y Nupe de la subfamilia Kwa; los grupos Río de la Cruz, Jukunoide y Bantoide de la subfamilia Benue-Congo y, finalmente, unas pocas que pertenecían a la familia Chad.

Las situaciones de diversidad de idiomas y dialectos, sobre todo en condiciones de vida como las del esclavo cubano, no son las más propicias para la conservación prolongada de las lenguas originarias. Y es así que en Cuba casi todas desaparecieron en poco tiempo. Dos circunstancias, sin embargo, favorecían a los lenguajes empleados por los grupos mayoritarios. En primer lugar, era mucho más probable que en el sitio de trabajo se encontraran individuos del mismo origen étnico que podían, entonces, comunicarse en su propio idioma. En segundo término, estos grupos lograban reunirse ocasionalmente, bajo el amparo oficial de los *cabildos*, para practicar allí, en forma más o menos velada, sus ritos religiosos. Los cabildos fueron, sin duda, las instituciones que permitieron la preservación hasta nuestros días de las lenguas lucumí, conga y abakuá.

Ahora bien, en la Cuba esclavista, el código dominante era el español. Al igual que en los otros sitios del Nuevo Mundo donde imperaba una economía de plantación, el idioma de los amos era el único vehículo lingüístico común que poseían los esclavos. Bien sabemos que el ser humano es extraordinariamente inventivo cuando se encuentra en un medio que le impide comunicarse, total o parcialmente, con sus semejantes. Un ejemplo reciente es el narrado por Armando Valladares en su libro *Contra toda esperanza*: en el presidio de Isla de Pinos, los presos políticos crearon

3. Utilizamos aquí la clasificación hecha por Greenberg. Véase Joseph Greenberg, *The Languages of Africa* (Bloomington: Indiana University Press, 1966).

un sistema de signos manuales que les permitía «hablar» con sus compañeros que se hallaban confinados en otras celdas.[4] En siglos anteriores, los esclavos utilizaron lo que pudieron captar del idioma de sus dueños y elaboraron *pidgins* que servían de instrumento de interacción entre ellos. Algunos de estos *pidgins* originales evolucionaron hasta convertirse en lenguas criollas, tales como el *Creole* haitiano, el Papiamento, el Sanandresano y el Guyanés. En Cuba, ese proceso de pidginización y criollización produjo el *bozal*, fielmente documentado en muchos de los libros de Lydia Cabrera. Por supuesto, no todos los negros llevados a la Isla necesitaron recurrir a tan extraordinario proceso creador. Aquellos que se encontraban en situaciones que promovían el contacto diario con personas de habla castellana —el esclavo doméstico, por ejemplo— aprendían, directa o indirectamente, el español de sus amos. Es decir, que en el siglo XIX cubano, para referirnos solamente a un período, existía un espectro o continuo lingüístico que iba desde el castellano peninsular o criollo en uno de sus extremos hasta la multiplicidad de lenguas africanas en el otro, con el bozal en los puntos intermedios.

Circunstancias históricas posteriores determinaron, como siempre sucede, el devenir lingüístico de Cuba. La abolición de la esclavitud, las guerras de independencia, los procesos de migración interna, la modernización de la industria azucarera, el acceso a mejores vías de comunicación, todos éstos fueron factores que impulsaron la castellanización cada vez más rápida de los descendientes de esclavos. El bozal se fue acercando más y más al español estándar y eventualmente sólo se mantuvo en lugares donde la población negra permaneció relativamente estable, como en algunos pueblos de Matanzas, donde los halló Lydia Cabrera... Y el lucumí, el congo y el abakuá se convirtieron en lenguas que tienen, en la actualidad, un propósito casi exclusivamente religioso.

I. *Anagó: la lengua lucumí.*

«Lucumí» fue el término utilizado en Cuba y en otros lugares de América para designar al grupo étnico que hoy conocemos como yoruba, así como a algunos de sus vecinos. El vocablo tiene su origen en el nombre de un antiguo reino localizado en el territorio de la actual Nigeria. Algunas cartas geográficas antiguas se refieren a este reino como Ulcami, Ulcuma o Ulkumi. De una de las paredes del apartamento de Lydia Cabrera y María Teresa Rojas cuelga un mapa del siglo XVIII donde aparece dicha región

4. Armando Valladares, *Against All Hope* (Nueva York: Alfred A. Knopf, 1986), pp. 56 y 57.

claramente señalada como Ulkumi. Los lucumís, muy numerosos en Cuba, daban a su lengua el nombre de Nagó o Anagó. Hoy sabemos que el lucumí cubano es, fundamentalmente, yoruba, si bien‑ en la Isla se conservaron formas arcaicas desaparecidas o transformadas en Nigeria. Una breve comparación entre expresiones recogidas por Lydia Cabrera en Cuba y su correspondiente forma yoruba sirve para ilustrar el grado de semejanza léxica entre el lucumí y el yoruba. Utilizo para ello el *Anagó: Vocabulario lucumí* de Cabrera y el *Vocabulario y diccionario de la lengua yoruba* de Crowther, obra publicada en el siglo XIX:[5]

Español	Lucumí	Yoruba
padre	babá	babba [6]
maíz	abadu	agbado
cuchara	abako	igbakọ
zapato	abatá	bàta
negro	dudú	dudu
devoto, creyente	aborisá	abọrisạ [7]
abanico	abebé, abeberé	abèbẹ
espíritu viajero que encarna en los niños y les causa la muerte	abikú	abikú
saludo al entrar a una casa	agó	àgo
campana	agogó	agogo
escoba	bale	igbalẹ̀, ãlẹ
saludar con respeto, venerar	foribale	foribalẹ̀
fango	eré	erẹ̣
agua	omí	omi

5. Rt. Rev. Bishop Crowther, *A Vocabulary and Dictionary of the Yoruba Language* (Londres: Church Missionary Society, 1870).

6. En publicaciones más recientes esta palabra aparece escrita como «babá». Véase, por ejemplo, E. C. Rowlands, *Yoruba* (Londres: The English Universities Press, Ltd., 1969). Me parece importante, sin embargo, utilizar como base de comparación el diccionario de Crowther, ya que al ser más antiguo, puede representar a un yoruba más próximo al lucumí cubano.

7. Crowther define este término como «un adorador de dioses falsos, idólatra». Crowther, *op. cit.*, segunda parte (yoruba-inglés), p. 3. Recordemos que Crowther era misionero cristiano.

Podríamos continuar citando ejemplos *ad infinitum,* pero basten los anteriores para comprobar que el léxico lucumí es, efectivamente, yoruba.

En lo que se refiere a la fonología de ambos códigos, el único estudio comparativo realizado hasta ahora es el de Olmsted en 1953.[9] En este valioso artículo, el autor apunta que el inventario fonológico del lucumí, en sus informantes, es muy similar al del yoruba. Es decir, que en la lengua cubana se mantenía un sistema de siete vocales orales (/i, e, E, a, O, o, u/) y se conservaban consonantes tales como /gb/ y /kp/ que son propias del yoruba. Por otro lado, se advierten diferencias que apuntan a una influencia del español en el lucumí: la fricativa yoruba /sh/ es desplazada por la africada castellana /ch/ y la nasal palatal /ñ/, propia del castellano, pasa a ser parte del lucumí. En la actualidad, el proceso de acercamiento fonológico del lucumí al español se halla mucho más avanzado. El sistema tonal del yoruba ha desaparecido y muchos informantes no poseen ya siete vocales diferenciadas. Esta transformación se debe, en gran medida, a las funciones restringidas del lucumí que, en nuestros tiempos, se ha convertido, como señalábamos anteriormente, en un código estrictamente religioso. Incluso en el contexto ritual, las formas de aprendizaje de la lengua han sufrido cambios importantes. Antiguamente, el *iyawó* recién iniciado en Regla de Ocha recibía lecciones de «lengua» de parte de sus padrinos. Hoy en día, y sobre todo en el exilio, éstos no siempre tienen el tiempo, la competencia o la dedicación para enseñarla a sus ahijados. Una anécdota servirá para ilustrar este punto. Hace unos meses, una persona a quien conozco desde hace mucho tiempo se «hizo Santo», se inició en la Regla de Ocha. Como es persona seria y deseosa de venerar a los orichas correctamente, se ha esmerado en aprender, con mucho trabajo, algo de lucumí. Hace pocos días fui a visitarla y le llevé como regalo el *Anagó* de Lydia Cabrera que, agotado por largo tiempo, acaba de reeditarse. Lo recibió contentísima y me explicó los apuros que está pasando con el idioma ritual. Ya sabe —me dijo— *moyubar* (saludar) en lucumí a Eleguá y a Obatalá. Pensé, lo confieso, que sus madrinas le habrían enseñado las oraciones, puesto que ellas habían expresado categóricamente, en mi presencia, que a los santos hay que hablarles en su idioma. Pues no: aprendió a *moyubar* con el libro *Koeko Iyawó* de Lydia, que sus madrinas le ordenaron que leyera como parte de su proceso de «iyaboraje» o noviciado. Mi amiga, por supuesto, no utiliza

8. David Olmsted, «Comparative notes on Yoruba and Lucumí», *Language,* vol. 20, n.º 2 (1953).

tonos ni emplea siete vocales. Como su conocimiento del lucumí está fundamentado en una fuente escrita, sus *moyubas* son pronunciados siguiendo las reglas del español. Esta anécdota es útil, asimismo, para poner de manifiesto algo señalado por Joseph Murphy en el presente volumen: la obra de Lydia Cabrera ha servido no solamente para describir y dar a conocer el universo afrocubano, sino para preservarlo, para permitirle su continuidad en medio de los cambios sociales que lo rodean.

Fue Lydia también, con su envidiable oído, la que nos proporcionó los primeros datos para establecer que, ya en la época de sus investigaciones, la fonología del lucumí se hallaba en proceso de acercamiento a la del español. Al anotar las múltiples variantes de un vocablo nos sugiere pistas acerca del complejo proceso. Refiriéndose a las libretas manuscritas que circulaban entre los santeros, nos dice en su Introducción a *Anagó*:

> Es interesante, en cambio leerlas con sus propios autores, que pronuncian las palabras como las escucharon a sus mayores y las escribieron como Dios les dio a entender. Lo que explica la diferencia, el abismo que suele mediar entre la palabra dicha y la palabra escrita. (Orgún, por Ogún; erbó, por gbó; bóbo, por gbógbo o bógbo, etc.).[9]

No podemos aquí extendernos en el tema tan sugerente de las relaciones entre la palabra oral y la escrita en el lucumí, de modo que nos limitaremos a examinar brevemente los tres ejemplos que Lydia nos brinda en el párrafo que acabamos de citar. Los dos primeros —Orgún por Ogún y erbo por gbo o ebó— son los más interesantes desde el punto de vista lingüístico y obedecen al mismo principio. Los informantes de Lydia Cabrera hablan, en su mayoría, el español propio de las clases populares de la región occidental de Cuba y bien es sabido que, en esa variedad dialectal, la «r» y la «l» finales de sílaba o de palabra frecuentemente se asimilan a la consonante siguiente, lo que resulta en una geminación. Este fenómeno ocurre cuando dichos fonemas líquidos preceden a varias consonantes y, muy frecuentemente, antes de /b/, /d/ y /g/. Así hallamos la palabra «carbón» pronunciada como [kabbón], «verde» como [bédde], «cuelga» como [kuégga], etc. Ahora bien, estos mismos hablantes siguen una regla generalizada del español que establece que los fonemas /b/, /d/, /g/, cuando se encuentran en posición intervocálica, no se realizan como oclu-

9. Lydia Cabrera, *Anagó: Vocabulario lucumí* (Miami: Ediciones C.R., 1970), p. 17.

sivos, sino como fricativos. O sea que en la palabra «gago», por ejemplo, la primera /g/ es oclusiva, pero la segunda no lo es. El yoruba, sin embargo, no sigue esta regla; de modo que la /g/ de «Ogún» y la /b/ de «ebó» no se pronuncian como fricativas, sino como oclusivas. Lo que han hecho los autores de las libretas a las que se refiere Lydia Cabrera ha sido *interpretar* esta característica del yoruba y del lucumí tradicional *siguiendo las reglas inconscientes de su español cubano*: es decir, si «Ogún» y «ebó» no se pronuncian con «b» y «g» fricativas, sino con un sonido que «se parece» a la variante geminada de su dialecto, debe ser porque ante ellas ocurre un fonema líquido como la /r/.[10] El caso de «gbógbo»— que quiere decir «todo» tanto en lucumí como en yoruba africano— es de más fácil explicación. La combinación /gb/ no ocurre en español. Algunos informantes, como hemos visto, la mantienen en el lucumí oral. Otros, por el contrario, simplifican el grupo consonántico siguiendo, nuevamente, las reglas del español. De ahí que «gbógbo» se convierta en «bóbo». La acuciosidad con que Lydia recogió y transcribió las voces lucumís ha permitido, establecer que ellas son, efectivamente, de origen yoruba; ha hecho posible su preservación para la posteridad y para su utilización en los ritos de Ocha; y, finalmente, ha brindado la oportunidad de rastrear algunos de los cambios que sufrieron como consecuencia de la influencia española.

II. *La lengua conga: el bantú que se habla en Cuba.*

El congo es el segundo idioma afrocubano que aún sigue cumpliendo importantes fines religiosos. En Cuba se dio el nombre de «congos» a esclavos procedentes del área comprendida entre el sur del Camerún y el sur de Angola, así como a los originarios de Mozambique. Todos ellos hablaban lenguas bantúes pertenecientes al grupo Bantoide, sub-familia Benue-Congo de la familia lingüística Niger-Congo. Por esta razón, el término «congo», en Cuba, se emplea para designar a cualquier grupo bantú. Aunque el origen bantú de la lengua conga cubana es fácil de ser demostrado, no lo es el precisar con seguridad las variedades lingüísticas específicas que contribuyeron a su conformación, ya que, a pesar de sus diferencias, las lenguas bantúes poseen raíces léxicas comunes. Un solo ejemplo sirve para ilustrar este punto. En un reciente estudio comparativo, Theophile Obenga rastrea el voca-

10. Lydia me asegura que jamás escuchó a sus informantes pronunciar el nombre del dios Ogún con una «r», ésta sólo ocurría en la forma escrita.

bulario de la agricultura en varias lenguas bantúes. Examinemos únicamente la realización de la palabra «lluvia»: [11]

Tsogho:	mbùá
Kota:	mbùá
Kikuyuka:	mvúlà
Mbochi:	mbvúá, mbúá
Kuba:	mbúl
Luba:	mvúlá
Rwanda:	imvúla
Umbundu:	ombela
Lozi:	púlà
Shona:	mvúrá
Sotho:	púlá

En Kikongo, añadimos nosotros, «lluvia» se dice *mvúla* y en el congo cubano, según aparece en el *Vocabulario congo* de Lydia Cabrera, el término es*mbula*.[12] En este libro, Lydia recoge unas tres mil voces congas y señala sus diversas realizaciones. Una comparación de los términos allí contenidos con los que aparecen en el *Dictionnaire Kikongo-Français* de Laman, publicado en 1936, nos permite comprobar las enormes semejanzas entre el congo de Cuba y el kikongo africano. Veamos algunos:

Español	*Congo*	*Kikongo*
hablar	ndinga	ndínga
santo, deidad	mpungu	mpúngu
cocodrilo, caimán	ngando	ngándu
yeso, tiza	mpémba	mpémba
niño	moana	mwána
rana	chula	kyúla
gato	güai	wài
sal	mungua	mùngwa
amarrar, ligar	kanga, nkanga	nkànga
negro	bafiota	fyòti
machete	mbeli, mbele	mbèele
perro	mbúa, ʰbúa	mbwá
abuelo, antecesor	nkai	nkáyi (abuelos maternos)

11. Theophile Obenga, «Sémantique et étymologie bantu comparées: le cas de l'agriculture», *Muntu*, n.° 2 (1985), pp. 35-68.

12. Lydia Cabrera, *Vocabulario congo*, p. 95.

219

aguardiente	malafo	ma-làvu
agua	mamba	mámba
albino	ndunda	ndùndu
blanco (hombre)	mundele	mú-ndele
oreja	kútu	kútu
amiga	nkundi	nkúndi
gallina	nsusu	nsúsu
aura tiñosa	mayimbe	ma-yimbi
dedos	nlembo, lembo	nlémbo
fuerza	ngolo, golo	ngòlo

Como en el caso del lucumí, bien podríamos continuar la lista, pero no hace falta. Sin duda, una de las fuentes más importantes —aunque no la única— en la conformación del congo cubano fue el kikongo, con sus varios dialectos. González Huguet y Baudry han comparado 359 voces congas con sus equivalentes en lari, monokutuba (o kituba), lingala y kiswahili, todos ellos idiomas bantúes. El mayor número de voces iguales o parecidas (el 63,3 por ciento) corresponden al lari y al monokutuba, ambos relacionados al kikongo.[13] Estos investigadores no consultaron directamente ningún diccionario kikongo y resulta interesante el comprobar que algunas de las expresiones contenidas en su lista —y para las cuales no hallaron equivalentes muy precisos en otras lenguas bantúes— corresponden casi exactamente a términos kikongos. Así, por ejemplo, la palabra conga «fuamato» (sordo) equivale al término «fwa matu» en kikongo.

El examen detallado de las fuentes de origen de la lengua conga cubana está aún por realizarse y para ello contamos hoy con un texto indispensable: el *Vocabulario congo de* Lydia Cabrera. El congo sufrió en Cuba un proceso temprano y acusado de sustitución por el bozal y el español, incluso en los ritos religiosos. Y es precisamente por ello que Lydia Cabrera, al recopilar durante años este abundante léxico, ha prestado un servicio incalculable a los estudiosos de la lingüística afroamericana y a los historiadores interesados en la procedencia de los esclavos cubanos.

III. *El habla bozal de Cuba.*

Quizás una de las contribuciones más valiosas de Lydia Cabrera a la investigación de las lenguas afrocubanas ha sido su

13. Lydia González Huguet y J. R. Baudry, «Voces bantú en el vocabulario palero», *Etnología y folklore*, n.º 3 (enero-junio 1967), pp. 31-64.

fiel reproducción del habla bozal. Si bien es cierto que ella no es la única en ofrecer muestras de este código —lo hallamos en poemas populares del siglo XVIII, así como en novelas y piezas teatrales del género bufo en el XIX— es innegable también que sus transcripciones son las más confiables, ya que se encuentran garantizadas por la honradez que caracteriza su obra investigativa. Lydia da fe además —y esto es muy importante— de la utilización del bozal a mediados del siglo veinte, si bien sus usuarios eran ya escasos y muy ancianos. Hace poco, cuando me encontraba realizando un estudio sobre el bozal, me mostró una de sus viejas libretas de campo en la que había anotado, con paciencia infinita, las historias narradas por Juan O'Farrill, todas en bozal, de principio a fin.

Ya en el siglo pasado, tanto Bachiller y Morales como Esteban Pichardo se habían referido a este código, y el último señalaba sus semejanzas con el criollo haitiano.[14] En este siglo, Arturo Montori[15] y Concepción Alzola[16] trataron también el tema. El primer investigador, sin embargo, que ofrece indicios ciertos acerca de la filiación criolla del bozal es el lingüista español Germán de Granda,[17] quien basó su análisis en datos tomados de *El Monte* de Lydia Cabrera. En 1973, Ricardo Otheguy retoma el tópico, fundamentándose no solamente en *El Monte*, sino en *La Sociedad Secreta Abakuá*. Es decir, que la contribución de Lydia al estudio del bozal es de tan fundamental importancia que bien podemos concluir que, sin ella, la empresa no hubiese podido ser realizada.

Ya nos hemos referido brevemente al proceso de conformación y disolución del bozal. Veamos ahora, a vuelo de pájaro, algunas de sus características gramaticales más importantes. Las fuentes de mi corpus han sido todos los libros de Lydia Cabrera donde aparece este código, así como poemas populares de los siglos XVIII y XIX, piezas bufas y novelas del XIX y las grabaciones realizadas por Lydia y Josefina Tarafa en Matanzas durante los años cincuenta.

Uno de los rasgos más acusados del habla bozal cubana —y de

14. Antonio Bachiller y Morales, «Desfiguración a que está expuesto el idioma castellano al contacto y mezcla de las razas», *Revista de Cuba*, vol. 14 (1983), pp. 97-104. Esteban Pichardo, *Diccionario provincial casi razonado de vozes y frases cubanas* (La Habana: Imprenta El Trabajo, 1875).

15. Arturo Montori, *Modificaciones del idioma castellano en Cuba* (La Habana, 1916).

16. Concepción Alzola, «Habla popular cubana», *Revista de dialectología y tradiciones populares*, vol. 23 (1965), pp. 358-369.

17. Germán de Granda, «Algunos datos sobre la pervivencia del criollo en Cuba», *Boletín de la Real Academia Española*, vol. 51 (1971), pp. 481-491.

los otros criollos— es la ausencia de marcadores morfológicos de género y número. El plural se indica por medio de determinantes que señalan cantidad (do, tre, mucho, tó) o por el contexto:

Allá tiera nosotro hombre no cabe po pueta, mujé no cabe po pueta.

(Allá en la tierra de nosotros, los hombres no caben por la puerta, las mujeres no caben por la puerta)

Gayina negro son mucho y toíto pone güebo blanco (Las gallinas negras son muchas y toditas ponen huevos blancos)

La ausencia de morfema plural es muy frecuente, aunque no categórica, en el bozal. En nuestro corpus hemos aislado 80 frases nominales que claramente tienen significado plural y en 69 de ellas (el 86,2 %) no hallamos marcador morfológico alguno.

El sistema de artículos es extremadamente variable. Frecuentemente (en un 52 % de los casos examinados) no encontramos ningún artículo, sobre todo si algún otro determinante aparece después del sustantivo:

Ikú ese cane na má
(El muerto ese es carne nada más)

Tú ve bariga mío
(Tú ves la barriga mía)

En frases nominales específicas y presupuestas —es decir, aquellas en las que se presume una información compartida por los interlocutores— ocurren dos artículos definidos («la» y «lo») que se emplean en construcciones de significado singular o plural y que no siempre concuerdan en género con el sustantivo:

Yo tiene la pecho premío pur nelle
(Yo tengo el pecho exprimido por ella)

Lo ingenio cuero na má
(En el ingenio nada más que [se reciben] palizas)

En frases nominales específicas mas no presupuestas hallamos un artículo indefinido con dos variantes («uno» — «un») que ocurre con sustantivos masculinos y femeninos en igual proporción:

Un chino Manila puso uno pincho
(Un chino de Manila puso un pincho)

No podemos, en el espacio limitado de este ensayo, describir
en detalle el complejo sistema pronominal del bozal, de modo que
me limitaré a señalar dos de sus características. En primer lugar,
encontramos un pronombre personal de tercera persona del singular con dos variantes (né—é) y que puede ser empleado tanto
como sujeto como complemento:

Né murí jaya tiempo (El murió hace tiempo)
E mimo dicí tú tá olé (El mismo dijo que tú estás ro-
bando)
Yo vá curá né (Yo lo voy a curar)
Yo tumba é (Yo lo tumbo)

Y tenemos también el pronombre «neye» (o «nelle»), también
de tercera persona, pero que puede usarse tanto en el singular
como en el plural. Al igual que «né», puede ocurrir como sujeto
y como complemento:

Nelle son burico (Él es un borrico)
Toíto neye tá cargá (Todas ellas están cargadas)
Varón quita neye (Los varones le quitan a ella)
Moso tá mirando neye (Los mozos las están mirando)

Segundo, en algunas de las muestras de nuestro corpus hallamos el pronombre «né» utilizado como copia del sujeto:

Divino entonce né mata mué...
(El adivino entonces él mata a la mujer...)

Igual función cumple «lo» en *La boda de Pancha Jutía y Canuto Raspadura*: [18]

Branco que vivi la Bana *lo* comé mu puquitica
(Los blancos que viven en La Habana *ellos* comieron
muy poquitico)

Derek Bickerton ha apuntado que en otros criollos ocurre la

18. Bartolomé José Crespo y Borbón (Creto Gangá), *La boda de Pancha
Jutía y Canuto Raspadura* (La Habana: Imprenta de Oliva y Cía., 1847),
pp. 9-10. Subrayado mío.

inserción de un pronombre en la manera que acabamos de describir *(subject copying)*.[19] Aunque los datos que poseemos sobre este rasgo son tan escasos que no nos permiten llegar a ninguna conclusión definitiva acerca de su función, es posible que originalmente haya tenido el propósito de «enfocar» algunas frases nominales, especialmente la que aparece en primer lugar.

El bozal, como otros criollos, se caracteriza asimismo por la simplificación verbal. En esta lengua existen dos verbos copulativos: «son» —reducido, a veces, a «so»— que ocurre con predicados nominales y con predicados adjetivos que indican estado permanente:

Ese son ereniyó de mué que matá, son Sikán y pescá
(Ese es un ereniyó [dibujo] de la mujer a quien mataron, es Sikán y [también] un pescado)

Allá gaína son grande como vaca
(Allá las gallinas son [tan] grandes como las vacas)

La otra cópula —«tá»— se emplea con predicados de estado transitorio y como verbo locativo:

Yo tá namorá (yo estoy enamorado)
Aquí tá yo (aquí estoy yo)

Los verbos copulativos son invariables con respecto a persona y número, aunque en algunos pocos informantes ocasionalmente hallamos una forma «é» que bien puede ser una reducción de «es». En un 12 % de las oraciones pertinentes observamos también ausencia de cópula:

Pritu separao (el espíritu está separado)

Además de las cópulas, encontramos en el bozal dos formas verbales básicas: la primera es una reducción del infinitivo español (forma A), e.g., «murí», «dicí» y la segunda (forma B) es semejante a la española de tercera persona del singular del presente de indicativo: «mira», «sabe», «mata». La variante (A) puede ocurrir acompañada de uno de tres marcadores: «ya», que es portador de un significado perfectivo y que ocurre muy poco frecuentemente en nuestro corpus:

19. Derek Bickerton, *Roots of Language* (Ann Arbor: Karoma Publishers, 1981), pp. 34-37.

Ya yo vé la cosa mundo (yo he visto la Cosa-Mundo)

El marcador «tá» indica duratividad:

¿Tú tá hablá? pues yo tá cuchá
(¿Tú estás hablando? pues yo estoy escuchando)

«Va» señala referencia futura:
Nelle vá llorá (Ella va a llorar)

La forma (A) sin marcar indica puntualidad en el pasado, como
en:

...Né murí jaya tiempo (Él murió hace tiempo)

La forma (B), que siempre aparece sin marcar, puede referirse
a una acción habitual o reiterativa:

Tó día uté habla con mí (Todos los días usted habla conmigo)

así como pertenencia a la categoría «irrealis» —por ejemplo, con-
dicional— con la excepción del futuro:

Si yo me muere (Si yo me muero)

Además, se usa como imperativo:

Trae akukó (Trae un gallo)

No podemos entrar a examinar aquí otras interesantes características del bozal que serán tema de un estudio más detallado.
Basten las que acabamos de describir para mostrar que en este
código se observan rasgos —simplificación de formas verbales,
ausencia variable de cópula, ausencia de marcadores morfológicos
de género y número, etc.— que lo distinguen de los dialectos «típicos» del castellano y lo aproximan a diversas lenguas criollas
caribeñas. El estudio del bozal cubano se encuentra aún en paña-
les, pero lo que hasta ahora se ha adelantado se debe en gran
medida a la tarea incansable de Lydia Cabrera.

Lucumí, congo, bozal... todos ellos idiomas afrocubanos recogidos y anotados por Lydia con devoción y paciencia. En breve,
como decíamos, verá la luz un vocabulario abakuá que servirá de

225

base a nuevas investigaciones. He tenido el privilegio de leer este sorprendente manuscrito, 359 cuartillas de tamaño legal repletas de voces dictadas a una mujer blanca por los miembros de una agrupación religiosa estrictamente masculina. ¿Cómo ha sido posible el milagro? El secreto reside en esa empatía, tan de Lydia, que le permitió salvar la distancia que la separaba de sus humildes informantes. Lydia está y no está en sus libros. A veces se nos esconde y oímos tan sólo las voces de sus negros: Omí-Tomí, Calazán, Calixta Morales, Francisquilla Ibáñez, Saibeke... En ocasiones nos sale al paso cuando menos lo esperamos, como en su estupenda descripción de la fauna cubana: «...Todos los demás cuadrúpedos eran domésticos, caballos, bueyes, yeguas, mulas, vacas, carneros, cabras, cabritos, cabrones...» [20] Gracias a ella hoy conocemos mejor a nuestra patria. Gracias a ella escuchamos con nuevos oídos la voz de Miguelito Valdés:

> Abre kuta wiri ndinga
> bruca maniguá
> ¡Aé!

20. Lydia Cabrera, *La medicina popular de Cuba* (Miami: Ediciones C.R., 1984), p. 170.

EXPLORING *EL MONTE:* ETHNOBOTANY AND THE AFRO-CUBAN SCIENCE OF THE CONCRETE

Morton Marks

> *If you knew the story of all the leaves of the forest, you would know all there is to be known about the gods of Dahomey.*
>
> *Dahomean proverb.*

Social scientists working in Afro-America have noted the presence of double systems in virtually every sphere of human activity. In whatever aspect of social or cultural organization, in the linguistic, religious, economic, legal, medical and aesthetic-expressive domains, there exists a pairing or opposition of an official institution or form and its vernacular or Afro-American counterpart.[1] Cuba is no exception, and Lydia Cabrera's *El Monte* documents the dynamic relationship between that country's Iberian-based «official» culture and institutions and its African-derived popular traditions, of Yoruba, Fon, Kongo and Ejagham origin.

Perhaps the best known Cuban «double system» is the pairing of some Catholic saints with their Yoruba orisha counterparts.

---

1. See, for example, Donald R. Hill, *The Impact of Migration on the Metropolitan and Folk Society of Carriacou, Grenada* (New York: Anthropological Papers of the American Museum of Natural History 54, Part 2, 1977). Hill has fashioned an entire ethnographic approach based on the interplay between «metropolitan» and «folk» (or «official» and «vernacular») categories on the geographically small, but culturally complex, island of Carriacou. See also Isabel Castellanos, *The Use of Language in Afro-Cuban Religion* (Ann Arbor, Michigan: University Microfilms International, 1977) for an application of the sociolinguistic notion of diglossia to the study of Afro-Cuban ritual language; and Morton Marks, «Uncovering ritual structures in Afro-American Music», in Irving Zaretsky and Mark Leone, eds., *Religious Movements in Contemporary America* (Princeton: Princeton University Press, 1974), pp. 60-134, for a discussion of musical «diglossia» and code-switching in Brazil, Cuba and the U.S.

227

The dialectic between popular Catholicism and Lukumí (Cuban Yoruba) traditions comprises a good part of *El Monte's* subject matter, but such pairings go far beyond the saint/orisha identifications. In the medical domain, Cuba had well-developed parallel systems as well. Hospital dispensaries functioned alongside Yoruba and Kongo healers and diviners, and stethoscopes, divining chains and magic mirrors could all be found among the diagnostic tools available to the Cuban people. Pharmacies and patent medicines competed with *botánicas* and their stocks of plants gathered in the countryside or grown in urban patios.

While many readers approach *El Monte* as essentially a literary work as ethnography, it may also be read as ethnobotany and even as ethnopharmacology. The book's second half contains a list of more than five hundred and fifty plants used magically and/or medicinally, and is one of the most complete sources of information on any New World botanical system. Its organization into an alphabetical order based on the entries' Spanish common names obscures a double system of classification, the first based on standard scientific binomials, the second on a folk taxonomy involving orisha ownership. A complete botanical entry in *El Monte* thus consists of a Spanish common name, a scientific classification, the plant's Yoruba and Kongo names, and an orisha «owner».

It is possible to re-order all the entries and arrange them into two groups, one that would place them in their scientific families (*Acanthaceae*, *Agavaceae*, etc.), the other in their orisha family. In the latter, Elegua «owns» red bay (*Tabernaemontana citrifolia* in the Dogbane family), fowl foot (*Eleusine indica* in the Grass family), *espuela de caballero* (*Jacquinia aculeata* in the *Theophrastaceae* family), and many others; Obatalá is the owner of cotton (*Gossypium* sp., *Malvaceae*), coconut (*Cocos nucifera, Palmae*), angel's trumpet (*Datura suaveolens, Solanaceae*), the castor oil bush (*Ricinus communis, Euphorbiaceae*), the tropical almond tree *(Terminalia catalpa)*, etc. To Babalú Ayé are attributed sesame seeds (*Sesamum indicum, Pedaliaceae*), the erysipelas plant (*Heliotropium indicum, Boraginaceae*), guinea grass (*Panicum maximum, Gramineae*), the balsam pear (*Momordica charantia, Cucurbitaceae*), wild wormwood (*Parthenium hysterophorus, Compositae*), etc.

This second list cuts across the standard scientific families and is clearly organized along a different sort of taxonomic grid. Discovering the underlying logic of this system reveals the operation of an Afro-Cuban «science of the concrete», defined by Lévi-Strauss as «a speculative organization and exploitation of the

228

sensible world in sensible terms».[2] In the importance accorded plant classifications and their multiple associations with ritual, medicine, and other aspects of Yoruba and Kongo culture, Afro-Cubans are no different from other traditional (and also Western classical and medieval) peoples described by Lévi-Strauss in *The Savage Mind:*

> ...One begins to wish that every ethnologist were also a mineralogist, a botanist, a zoologist and even an astronomer... For Reichard's comment about the Navajo applies not only to the Australians and Sudanese but to all or almost all native [sic] peoples. «Since the Navajo regard all parts of the universe as essential to well-being, a major problem of religious study is the classification of natural ob - jects, a subject that demands careful taxonomic attention. We need a list, with English, scientific (Latin) and Navajo names of all plants, animals —especially birds, rodents, insects, and worms— minerals and rocks, shells and stars».[3]

Afro-Cuban herbalists knew the orisha owners, ritual applications, and curative powers of hundreds of trees, roots, barks, grasses, herbs, vines and flowers. In their exploration and classification of the Cuban forests and savannas, they were undoubtedly guided by the cognitive categories anthropomorphized as the «orishas», which could comprise philosophical, aesthetic, anatomical, botanic and even chemical dimensions. Particular leaves might belong to a certain deity on the basis of mythological associations, *ashé* (curative and/or magical power), visual appearance (color, shape, texture), taste, association with a body part or physiological process, or all of these at once.[4]

2. Claude Lévi-Strauss, *The Savage Mind* (Chicago: University of Chicago Press, 1966), p. 16.

3. *Ibid.*, pp. 45-46.

4. Here, too, we discover another double system at work. Lydia Cabrera points out that in Cuba, the aid of various Catholic saints was sought in the treatment of specific physical ailments: «Besides the orishas, and with the same urgency, one still resorts to Catholic saints, Heavenly Doctors, specialists in different illnesses, who had a large following in colonial days. Old people haven't forgotten that Saint Gregory the Great and Saint Bernard were famous and sought after for stomach ailments; for dropsy, Saint Fermin and Saint Quentin... Saint Apolonia cured toothaches and Saint Leonard, apoplexy. (Naná Bulukú, an Arará *vodun* equated in Cuba with Saint Ann, is also an infallible curer of apoplexy.)» (Lydia Cabrera, *El Monte* [Miami, Florida: Ediciones C.R., 1983], p. 44). Elsewhere the author lists the association of orishas with particular diseases: «Thus we see that the saints [here, the orishas] cause various types of deaths: Babalú Ayé kills

The origins of orisha ownership, the division of the plant world into ritual and pharmacological categories and the non-arbitrary nature of the associations between the Yoruba deities and their *ewe* (literally, leaves) are recounted in a myth collected by Lydia Cabrera:

All the orishas received their *ashé* (blessing, power, active force, gift, magical power) from Olorun [the Yoruba Supreme Deity]. Once He had finished the great work of creating the world and before He withdrew to Heaven and cut Himself off from earthly things, the Heavenly Father divided the world among His children... Osain received the secret of *ewe* and knowledge of their powers. He was the exclusive owner of plants and herbs, and would not give them away to anyone. Not, that is, until the day Shangó complained to his wife Oyá, owner of the Winds. Shangó said that only Osain knew the mystery of each plant and no other orisha had a single plant of his own. Hearing this, Oyá opened her skirts. She shook them vigorously in a swirling motion, and *fefé!* a powerful wind began to blow. Osain kept the secrets of *ewe* in a calabash hanging from a tree. Seeing that the wind had knocked it down and that all the herbs were scattered, he sang: «*Eé egüero, saué éreo!*» [«Oh the leaves! Oh the leaves!»] But he couldn't stop the orishas from picking up the scattered herbs and dividing them among themselves. The orishas named them, and placed a power —*ashé*— in each one. Thus, although Osain is recognized as lord of leaves, every orisha has his own *ewe* in *el monte,* the sacred forest.[5]

through gangrene, smallpox, leprosy; Obatalá blinds and paralyzes; Yewa causes consumption; Inle and Orula madden; Ogún, Oshosi, Elegua and Aláguna —the cause of solitary deaths— provoke uncontrollable hemorrhaging...» 'Oshún and Yemayá punish a person through the belly. They kill in fresh or salt water, and they cause consumption due to rain and humidity', says Odedei.» (Cabrera, *op. cit.,* p. 48. This and all subsequent translations from *El Monte* are my own.) Orishas can cure the same illnesses they «fight» with. Both Catholic saints and Yoruba orishas «own» body parts and diseases. In medieval Spain, the saints may have «owned» specific herbs as well. Cf. Julio Caro Baroja, *La Estación de Amor: Fiestas Populares de Mayo a San Juan* (Madrid: Ediciones Taurus, S. A., 1979) and the same author's *Ritos y Mitos Equívocos* (Madrid: Ediciones Istmo, 1974) for a detailed discussions of peninsular Spanish folklore, much of which predates Christianity, concerning plants, trees and seasonal celebrations. Brought to Cuba by Spanish colonists, many of these beliefs and practices entered into complex relationship with African traditions.

5. Cabrera, *op. cit.,* pp. 99-100.

It is very possible that the term *ashé*, the «power-to-make-things-happen», may be the Afro-Cuban way of referring to plant's chemical constituents, its magico-medicinal properties. A recent study by Edward Ayensu [6] provides an important clue for understanding the logic of the Lukumí classifications as presented in *El Monte*. His work also suggests indirectly that Cuban *osainistas* (herbalists) and their «science of the concrete» may have discovered what the ethnobotanists' chemical analyses are now revealing.

Ayensu's book contains entries for over six hundred plants used magically and/or medicinally in the West Indies, including about one hundred and fifty described by Lydia Cabrera. Although he makes few direct references to Cuba and none at all to the orisha system employed there, his findings strongly suggest that the «orishas» may be pharmacological categories. This hypothesis emerged from a comparison of Ayensu's data with some of the material collected in *El Monte*. In fact, moving between the two books is a lesson in the nature-culture dichotomy, what we might term chemistry-*ashé*. Many of the chemical constituents and their effects as listed by Ayensu are embedded in the symbolic associations that link the Cuban orishas with elements of the natural world. Knowing the «leaves» means knowing the gods; it also leads to the discovery among Cuba's *santeros* and *paleros* of a sophisticated phytochemistry and understanding of human physiology.

One case in point is the white cotton bush (*Gossypium* sp.), the subject of a lengthy, twelve-page entry in *El Monte*. This section contains a detailed discussion of the orisha Obatalá, deity of immaculate whiteness and cleanliness. His name may be translated as «King of the White Cloth», and his worshipers are distinguished by the wearing of this emblem (*àlà*).[7] Logically, one would expect purity to be a feature of the cotton plant, since it is emblematic of Obatalá and contains his *ashé*. In Cabrera, we read that this orisha recommends baths containing cotton flowers for those whose personal hygiene leaves something to be desired, and in fact may be causing health problems.[8] According to Ayen-

6. Edward S. Ayensu, *Medicinal Plants of the West Indies* (Algonac, Michigan: Reference Publications Inc., 1981).

7. In Cuba, Obatalá was Catholicized as Nuestra Señora de las Mercedes, Our Lady of Mercy. In a touching pun that manages to play on both the Yoruba and Catholic features of this orisha/saint, Obatalá/Las Mercedes is described as a *paño de lágrimas*, a figure of speech that may be translated as «consoler» or «a shoulder to cry on.» Literally, it means «a (cotton) handkerchief that wipes all tears away». (Cabrera, *op. cit.*, p. 312).

8. *Cabrera, op. cit.*, p. 317.

su, the essential oil in the aerial parts of the cotton plant contains, among many other elements, salicylic acid, which has bacteriostatic action.[9]

Another characteristic of Obatalá is his association with the head and psychological calmness. Verger reports that ceremonies for this deity as performed in the city of Ilê-Ifé, Nigeria include the washing of his image with infusions of the leaves of «calming» plants, including *òwú* (*Gossypium* sp.), *àbámọdá* (*Bryophyllum pinnatum*), and *rinrin* (*Peperomia pellucida*).[10] In Cuba, *àbámọdá* and *rinrin* are also associated with Obatalá, and their Spanish names are *siempre viva* and *hierba de plata*, respectively. (In English, they are known as the life plant and silver bush). Ayensu reports that leaf extracts of *Bryophyllum pinnatum* are active «against Gram + bacteria due to bryophylline content», and that the plant is taken in "cooling teas".»[11] (Cotton's salicylic acid is also antipyretic - it «cools» fevers.) *Peperomia pellucida's* volatile oil contains apiol, with antispasmodic actions, and «acid amines with anesthetic effect occur in [the] family».[12] Thus, calmness-coolness-purity are some dimensions of Obatalá's *ewe*.

In Yoruba, *àlà*, «white cloth», is also the word for caul, and boys born in this membrane are sacred to Obatalá.[13] This punning association suggests the aspect of this orisha as «Creator of Mankind, [who] fashions the form of human beings in the womb before they are born».[14] Obatalá's relationship to fetal development is further described by Bascom:

9. «Aerial parts: some essential oil containing furfurol, quercetin betaine, choline, phytosterine, various terpenes; formic, acetic, succinic, salicylic, palmitic, butyric, valerianic, capronic acids.» Ayensu, *op. cit.*, p. 120. Compare with Cabrera: «Oú, ododó, the white cotton bush's flower, has the enviable privilege of clothing Obatalá, of serving as his perpetual mantle and of 'living' in the closest possible contact with Orishanla, the [incredibly immaculate] 'deity of whiteness'.» (Cabrera, *op cit.*, p. 313). I presume many of the chemicals listed are purifying agents.

10. Pierre Fatumbi Verger, *Orixás* (Bahia and Sao Paulo Brazil: Editora Corrupio Comércio, Ltda., 1981), p. 255.

11. Ayensu, *op. cit.*, p. 88.

12. *Ibid.*, p. 148.

13. One of the male orisha names they might be given is Salakó, derived from the Yoruba *So àlà kọ*, meaning «open the white cloth (or caul) and hang it» (William Bascom, *Sixteen Cowries: Yoruba Divination from Africa to the New World* [Bloomington: Indiana University Press, 1980], p. 9). By coincidence, both Lydia Cabrera in Cuba and William Bascom in Nigeria had informants with this orisha name.

14. William Bascom, *The Yoruba of Southwestern Nigeria* (New York: Holt, Rinehart and Winston, 1969), p. 81.

[In Nigeria], the priests of Orishala, or one of the other white deities, must be called to perform the burial and atonement when a woman dies in pregnancy. Under the cover of darkness, and with great secrecy, they carry the body to the sacred grove of Orishala where it is cut open and the fetus is removed and buried in a separate grave.[15]

Given the multiple associations between this deity and procreation, it is startling to learn that the root bark of the cotton plant is an abortifacient —that which causes the expulsion of the fetus.[16] And other parts of the cotton plant are active in birth control as well. Scientists in the People's Republic of China have been experimenting with a contraceptive pill derived from cottonseed oil.

Plants and trees are not *only* the living symbols of the orishas; as emblems *and* as medicine, they combine several aspects and powers of the deities at once. Color symbolism is one unifying element that binds the *ewe* into «families». Thus, cotton is only one of a series of other white plants, foods, birds, animals, metals and beads consecrated to the «white» orishas. Similarly, many of Oshún's symbols are yellow, which may take in a range of the spectrum from gold through red-orange to yellow-brown.[17] In her riverain aspect, she owns many aquatic plants and ferns, with sundry ritual and medicinal applications. But perhaps the most perfect embodiment of Oshún is *Canella alba,* her wild cinnamon tree. (In Cuba, Oshún is the mulata «saint», her skin the color of *canela*).

This is the Lukumí Venus's tree par excellence. Cinnamon is used to prepare all her love potions, *afoshés* [powders] and amorous talismans. In the romantic sphere, this tree resolves all the problems brought to *paleros* and *babalochas* by their clients. It has strong attractive powers and is indispensible, they tell us, «for all romantic matters». «When I was in my glory, whenever I courted a woman, I

15. *Ibíd.,* p. 82.
16. Cabrera, *op. cit.,* p. 317, and Ayensu, *op. cit.,* p. 120.
17. «Oshún's color is *pupa* or *pọn, which,* in Nagô (Yoruba), means red as well as yellow. *Pon ròrò* is golden yellow, the color that characterizes Oshún... Another way of saying red in Nagô is *pupa eyin,* literally egg yolk. Nothing could be more expressive. Not only is the egg one of Oshún's symbols, used in the preparation of one of her favorite dishes, it is also the symbol par excellence of the *Iyá àgbà,* the feminine ancestors.» Juana Elbein dos Santos, *Os Nago e a Morte: Padè, Àsèsè e o Culto Egun na Bahia* (Petrópolis: Editora Vozes, 1976), p. 89.

would put a little splinter of cinnamon wood in my mouth, and it would sweeten my words», Calazán recalls, «and I needed it even more when I got old».

Fancy ladies and all those who wish to please mix powdered cinnamon with their face powders. Some dust this mixture over their entire body, because cinnamon attracts men the way honey draws flies. «If you do this you will have many suitors»... In the healing arts of *paleros* and *santeros*, wild cinnamon mixed in syrup is used to treat stomach colds and to contain diarrhea and bloody vomiting. Remember that Oshún «punishes» with stomach ailments, and that she can cure them as well.[18]

(«*Canella* contains .75-1.25 % volatile oil with 1-alpha-pineme, eugenol, eineole, caryophyllene, about 8 % resin and 8 % manitol.») [19]

Oshún's golden pumpkin *(Cucurbita maxima)* is closely related to her aspect as «owner of wombs»:

After she had given birth several times, Oshún noticed that she was losing her figure. She went weeping through the countryside, making rogations with different *ewe* along the way. She made the first request-offering with calabash, but when it dried out its seeds shook noisily, the way they do in maracas, and the noise bothered her. She found pumpkin growing in a field; claiming it as her own, she passed it over her belly. This is how she got herself back into shape... To cure someone with stomach problems, either pain or poor digestion, Oshún takes a pumpkin and passes it over the patient's midsection, first in a criss-cross motion and then with circular movements... Since the goddess is «owner of bellies», she can cure a recent hernia with three nice round pumpkins. Standing near her patient, the santera removes the little stems and probes for the rupture near the patient's groin. She rubs it with pumpkin juice and then places the stems back on the pumpkins. These are kept in a place where no one may touch them. «You will see that just as the stems grows back and re-join the pumpkins, the rupture will also close» ...Pulverized pumpkin seeds, mixed with boiled milk, are prized for their effectiveness in expelling tapeworms.[20]

18. Cabrera, *op. cit.*, pp. 364-365.
19. Ayensu, *op. cit.*, p. 70.
20. Cabrera, *op. cit.*, pp. 359, 360, 362.

(«In other parts of the Caribbean and in Brazil, the seeds of *Cucurbita pepo* are also used as a vermifuge).[21]

The tree known in Cuba as the *jía brava* (*Casearia aculeata* in the Flacourtia family) «belongs» to Babalú Ayé, the leprous saint/earth orisha. Two other members of *Flacourtiaceae*, the gorli shrub *(Oncoba echinata)* and the chaulmoogra oil tree *(Tarakto-genos kurzii)* produce seed oils used in the treatment of leprosy elsewhere in the Caribbean.[22] It is probable that *jía brava* has similar properties. A more complex symbolic and historical rela-tionship between the smallpox orisha and another of his plants is the case of *Agave fourcroydes*, or henequen. The entry in *El Monte* states: «Cloth made from henequen fibers or burlap, is worn by those who are fulfilling a promise made to Babá, for Babalú Ayé himself wore burlap».[23]

This passage serves as a perfect example of how the Afro-Cu-ban science of the concrete can also deal with the dialectic be-tween Yoruba and Catholic symbolism.

In Cuba, henequén replaced raffia fibers as Obaluaiye's (Baba-lú's) garment. Among the Nigerian Yoruba:

> There is a line of poetry praising the deity as a man co-vered with raffia fiber, as if he were a walking broom - a Yoruba traditional whisk broom with a short handle and long fiber. As a matter of fact, extensive broom imagery characterizes the cult of Obaluaiye. The Yoruba whisk broom, sacralized by the addition of medicines and cam-wood paste sprinkled on the straw, is one of the more for-midable and famous of Obaluaiye's emblems. Ifá tells us that when he is enraged, Obaluaiye takes this special broom and spreads sesame seeds *(yamoti)* on the earth before him, then sweeps the seeds before him, in ever-widening circles. As the broom begins to touch the dust and the dust begins to rise, the seeds, like miniature pockmarks, ride the wind with their annihilating powers; the force of a smallpox epi-demic is thereby unleashed.[24]

Here, broom-raffia-sesame-smallpox-roughness-skin form a par-tial cluster of natural and man-made elements that surround the

21. Ayensu, *op. cit.*, p. 90.
22. *Ibid.*, p. 101.
23. Cabrera, *op. cit.*, p. 452.
24. Robert Farris Thompson, *Flash of the Spirit* (New York: Random House, 1983), p. 63.

figure (or cognitive category) of Obaluaiye. In Yoruba symbolism, the following associations are also possible:

> The gown itself hides from sight the sickness on Babalu's body. When he walks in his limping gait, the natural sway or movement of the *mariwó* [palm fiber] gown resembles the swaying motion of a broom.[25]

The chromolithograph that represents Saint Lazarus shows him as a leper covered with sores, walking with the aid of a crutch and accompanied by dogs. (These «paper saints», as they were known in Cuba, are often visual puns that link the popular Catholic and Lukumí symbolic worlds and facilitate the transformation of one into the other). Transformed by the activity of the ever-present double system, Babalú Ayé/smallpox/raffia becomes Saint Lazarus/leprosy/burlap.

The shift from raffia to burlap may be explained as due simply to the unavailability of the raffia palm in Cuba, and also as a reflection of the popular Catholic practice of wearing one's «promise» to a saint, comparable to the color and/or fabric associated with one's orisha: Our Lady of Regla/Yemayá, indigo blue; la Caridad del Cobre/Oshún, yellow; and Saint Lazarus/Babalú Ayé, burlap, «symbolic of the penitent with whom Babalú (or Saint Lazarus) is associated.»

There is a further connection:

> Babalú is a symbol of what happens when the earth turns against you... He is said to make the grains men have eaten come out on their skins, and he is sometimes portrayed wearing burlap, the same sackcloth [the «penitent» association] used to package grain.[26]

In the ever-widening system of symbolic associations documented in *El Monte*, the original African cluster of relationships may become obscured or even replaced by a new set. But in this case, at least, the African «text» can be restored. By substituting «raffia« for «burlap» and «smallpox» for «leprosy» in the following Lukumí tale, the resulting version is almost identical to a myth collected by Thompson in Lagos, Nigeria. Here is the Cuban story as recorded in *El Monte*:

25. Gary Edwards and John Mason, *Black Gods - Orisa Studies in the New World* (New York: Yoruba Theological Archministry, 1985), p. 56.
26. *Ibíd.*, pp. 54-56.

Once, when Shangó was divining in public, a crippled leper heard his words and asked, «Why can't you tell me something? Don't you want to divine for *me*?» «I will tell you», Shangó replied, «what my father told me. He said that here in this land I have a brother and a half-brother, both older than myself. You are that half-brother. Your fortune and destiny are far from here. Turn around and go. Cross the forest, and you will find the place where you reign...» «How can I travel in this state?» the leper asked. That man was Babalú Ayé, Saint Lazarus. Then Shangó addressed another man who was present. It was Ogún, his other brother, who was accompanied by two large dogs. Shangó took them and gave them to Babalú... who then crossed the forest, protected by the dogs. He travelled in the direction that Oní-Shangó had indicated, and finally reached the land of the Ararás (Dahomey). He stretched out and went to sleep in a doorway. He spent the night there, and was awakened at dawn by a boy, whose body, like Babalú's, was completely covered with leprous sores. The youth said, «How you must suffer with those sores! You must suffer, just as I do». When Babalú heard him, he asked, «Do you want me to cure you?» The boy gladly replied, «Cure me!» Saint Lazarus asked for corn meal, corojo palm oil and a burlap jacket. He made a loaf of bread with the flour, dipped it in the oil and rubbed the boy's body with the bread. He burned the clothing that the boy had been wearing, and dressed him in the burlap jacket...[27]

The following may be the original Yoruba source:

According to the Lagosian cult of Ejiwa, the earth deity [Obaluaiye] gave Eshu, when the latter was scarred with smallpox marks, a garment made of raffia, of a thickness sufficient to keep flies from swarming about his wounds. Hence, Ifá tells us, the Ejiwa (Eshu) masquerader to this day appears completely shrouded in raffia... The primary image of the Ejiwa cult is a most suggestive clue in the search for the origins of the idea of concealment by raffia of the signs of smallpox.[28]

27. Cabrera, *op. cit.*, pp. 231-232. In one variant of this tale, the jacket is made of *zaraza*, or chintz.

28. Thompson, *op. cit.*, p. 60. Many Yoruba from what is now Nigeria's Federal District, including the city of Lagos, were sent to Cuba as slaves.

The «boy» in the Lukumí tale may therefore be Eshu.

Raffia/burlap relate metaphorically to Babalú/Saint Lazarus. They may also relate pharmacologically. While I have no specific information concerning the chemical constituents of the species that produce raffia in Nigeria or *henequén* in Cuba, I do know that at least two other members of the *Agavaceae* family, to which *henequén* belongs, are employed elsewhere in the Caribbean in the treatment of ailments that Cubans associate with Babalú. These are *Furcraea agavephylla* and *F. tuberosa*: «Rhizome decoctions [of the first] for heat, rheumatism, vitiligo [a skin disease characterized by whitish nonpigmented areas surrounded by hyperpigmented borders], venereal diseases. Leaf poultice on cores». And the emulsifield root of *F. tuberosa* is used in the treatment of gonorrhoea.[29] (Saint Lazarus is also the «syphilitic saint».) Did these properties influence the choice of *henequén* in Cuba? It is difficult to find the boundary separating the purely symbolic and metaphorical associations between a species and its orisha owner and the chemical *ashé* it contains.

A plant's powers may also be expressed in its very name. In African healing and divination, word play is often the active element in a «spell» or cure. Both Yoruba and Kongo ritual specialists employ word magic in their therapies. Bascom describes the role of puns in Ifa divination and sacrifice:

> In these cases, the name of an object sacrificed resembles the words expressing the result desired by the client. In one verse, a woman who desires to conceive is instructed to sacrifice cooked beans *(ōlè)*; the pun alludes here to embryo *(ōlè)*... Thus the figure Iwori Meji, who has sacrificed a mortar and *tete* and *gbegbe* leaves in order to find a place to live, recites the formula. «The mortar *(odo)* will testify that I see room in which to settle *(do)*, the *tete* leaf will testify that I see room in which to stretch out *(te)*, the *gbegbe* leaf will testify that I see room in which to dwell *(gbe)*.» Water *(omi)* is sacrificed so that the client con breathe *(imi)*, ochra *(ila)* so that he will gain honor *(ola)* and salt, used to make food tasty or «sweet» *(dun)*, so that his affairs will be sweet *(dun)*.[30]

29. Ayensu, *op. cit.*, p. 34.

30. I have combined two sources in this quotation: William Bascom, «The sanctions of Ifa diviñation», in *Contribution to Folkloristics* (Meerut, India: Archana Pub., 1981), p. 24, and the same author's *Ifa Divination: Communication between Gods and Men in West Africa* (Bloomington and London: Indiana University Press, 1969), p. 130.

Similarly, Thompson writes:

> The concreteness and seriousness of Kongo herbalism is immediately suggested by a ground plan of a mystical garden at Manselele in northern Kongo. Here a healer planted some seventy-seven different trees or shrubs about his residence for the purpose of medicine, sustenance and ritual. Many of these herbs relate to therapy and healing through wordplay and punning invocations. The trees and herbs cluster about the healer's compound like stanzas of living speech and invocation.[31]

Afro-Cuban *osainistas*, *babalaos* (diviners) and *nganguleros* (Kongo healers) would plant their urban *montes* in exactly the same way as their African forebears and counterparts:

> The late Miguel Adyai, «the Lukumí», a Cuban-born black with an admirable command of the Aku language, lived on San Rafael Street. Although this was a bustling commercial thoroughfare, Miguel's green and fragrant patio had all the Ocha herbs *(ewe-orisha)*, all the medicinal plants he needed. *Babalaos, iyolochas* [Lukumí priestesses], Kongo priests and priestesses may enter «the woods» in their own homes, which are sometimes squeezed into the busy heart of the city. But they will eagerly migrate to the suburbs, where houses with patios and grassy *solares* [courtyards] still abound. Or they may move to nearby towns that are happily still filled with plants and trees. These places, such as Marianao, Regla and Guanabacoa, across the bay from Havana, have become the strongholds of orthodox santería.[32]

Herbs gathered in the wild or cultivated in the city might contain two types of overlapping *ashé*, pharmacologically active chemicals and a magically significant common name. Afro-Cubans rediscovered or re-invented the African speaking-healing connection by punning on the Spanish common names of the plants and trees they found in Cuba. Thus, *pega-pega (Desmodium obtusum)*, which may be translated as «stick-stick» or «glue-glue», is used to mend broken marriages or friendships; *embeleso (Plumbago capensis)*, meaning «bewitchment» or «enchantment», is an active

31. Robert Farris Thompson and Joseph Cornet, *The Four Moments of the Sun* (Washington, D. C.: National Gallery of Art, 1981), pp. 37-38.

32. Cabrera, *op. cit.*, pp. 68-69.

ingredient in a love charm, some of whose other punning ingredients include the eyes of a *majá* snake, meant to hypnotize the object of the amulet owner's desires; *seso vegetal (Blighia sapida)*, literally «vegetable brain», is given to someone you want to drive mad; *palo torcido (Mouriri valenzuela)*, «twisted tree», is an ingredient in a spell to «twist» someone's destiny: *ñame volador (Dioscorea bulbifera)*, the air potato, according to Hortus,[33] is planted to prevent flying sorcerers from landing; *fulminante* is the name of an exploding plant *(Ruellia tuberosa)* that fires its seeds like miniature bullets and is used in amulets worn by policemen and underworld figures;[34] *raspa lengua (Cosearia hirsuta)*, or «foul-mouthed», as it is known in English, has several applications that live up to its name:

All the authorities agree that foul-mouthed «is very good for winning lawsuits. Pulverized and mixed with *cascarilla* [powdered egg shells], cinnamon and white sugar, it is sprinkled on the rival lawyer's and prosecutor's benches. By spreading this *afoshé*, you can make them hold their tongues». If a lawyer should step on or inhale these harmless powders, he will fall mute, his speech will become slurred, he will make mistakes, simply withdraw his complaint or refuse to represent his client. This plant also works (and rightly so) to «stop the tongues of foul-mouthed people».[35]

Such conjuring powders are employed in both the Lukumí and Cuban Kongo traditions, where they are known as *afoshé* and *mpolo*, respectively. Since swollen and inflamed feet are often viewed as a sign that someone has been «fixed» or magically injured by stepping on them, they raise the important issue of diagnosis and the interpretation of symptoms among Afro-Cubans. Some observations made by Janzen in reference to medicine and therapy in Zaire could just as easily apply to Cuba:

33. *Hortus Third: A Concise Dictionary of Plants Cultivated in the United States and Canada.* Revised by the L. H. Bailey Hortorium, Cornell University (New York: Macmillan Publishing Company, 1976).

34. Jamaicans call this plant «duppy gun». Many of the English common names for the plants described in *El Monte* have a Jamaican flavor: Kingston buttercup for *abrojo amarillo (Tribulus cistoides)*, Jamaica caper tree for *palo diablo (Capparis cynophallophora)*, etc. In fact, were it not for the herbalists and «science men» of the Anglophone Caribbean, many of these uncultivated species, or «weeds», would have no common names at all.

35. Cabrera, *op. cit.*, p. 536.

...Kongo etiology consistently draws the effective boundary of a person differently, more expansively, than classical Western medicine, philosophy, and religion. The outcome is usually disconcerting or unreal to Western medical observers, although completely logical within the terms of Kongo diagnosis... The definition of the person, as drawn in the typical Kongo hierarchy of symptom progressions, creates a framework within which all of the physical diseases in Western medicine (e.g., pneumonia, hernia, malaria, tuberculosis, diabetes, germs) con be added to the diagnostic repertoire without abandoning the wider etiology of gossip, mysteries, evil acts, curses, «threads of social connection», «being in someone's hand», and «strange death», the usual euphemisms for witchcraft.[36]

Red and swollen feet may simply be due to a lot of walking, or they may be the sign that someone has been «fixed» by an enemy. This theme echoes across all of Afro-America, and the full meaning of the following plant entry in *El Monte*, the first one, did not dawn on me until I had read an anecdote collected by Price-Mars in Haiti. Lydia Cabrera's entry for the plant *aba* (no scientific name) goes as follows:

> If no inflammation is present, the Owner of the Road (Elegua) will bless this plant's leaves and roots, which are boiled and used to bathe, refresh and relieve a traveller's tired feet. Its leaves are applied as a remedy for paralysis.[37]

This bit of Afro-Cuban botanical lore can be used, in Rosetta stone fashion, to align the following examples from Haiti, Trinidad, and the American South.

> The legend says that the Abbé M..., one of our first indigenous priests, died while *curé* of Pétion-ville [near Port-au-Prince]. Since he was a saintly man, he went straight to Paradise and was warmly welcomed. Day after day he took part in the choir of angels who were celebrating on high the glory of the Creator. But finally, after a time, the good Curé became extremely bored. He went around Paradise, yawned, idled about, and became more bored than ever. One day,

36. John Janzen, *The Quest for Therapy: Medical Pluralism in Lower Zaire* (Berkeley: University of California Press, 1978), pp. 189-190.

37. Cabrera, *op. cit.*, p. 288.

unable to stand it any longer, he confessed his state of mind to the Good Lord, who was grieved.

«What do you wish to do?» the Good Lord asked him. «Oh, there is only one way of keeping me from being homesick for earth, that is to give me a "position" here, and there is only one that I feel worthy of holding, it is that of Saint Peter, keeper of the keys of Heaven».

The Good Lord remonstrated with him in a fatherly manner by revealing how impossible it was to realize his desires... The Abbé M... was very chagrined but refrained from argument. One morning, Saint Peter, while making the rounds, noticed something unusual at the gates of Paradise. A mixture of «*feuillages*» [leafage], *d'lo répugnance* [odorous water], of parched corn and other substances were strewn on the ground. He was imprudent in pushing aside this strange offering with his foot. Immediately he was stricken with such sharp pains in his suddenly swollen lower limbs that all of Heaven became upset. But from the happy face and satisfied air of Abbé M, the Good Lord knew that he was the author of this misdeed and that he was guilty of an act unbefitting a resident of Paradise. He was damned and cast into hell. And that is why we will never have an indigenous priest...[38]

From Trinidad, George Eaton Simpson reports the following:

Grave dirt may be thrown in an enemy's yard to injure him, or one may grind a piece of a nest of wood ants, mix this powder with ground black pepper, grave dirt, musk powder and compelling powder, and sprinkle the combination in front of an enemy's door... Within nine days, the

38. Jean Price-Mars, *Thus Spoke the Uncle*, translated by Magdaline W. Shannon (Washington, D. C.: Three Continents Press, 1983), unnumbered page of author's introduction. The translator points out that the word *feuillages*, leafage, is synonymous in Haiti with «witchcraft». Similarly, some of Cabrera's older informants equate «Osain» with «*brujería*», and with amulets and charms containing leaves (including Kongo *nkisi* and charms): «...Old people call Osain Lukumi witchcraft. Personified in the materials we shall list below. Osain is compared to the Kongo conjurer's *nganga* or *prenda*... By extension, any amulet can be an 'Osain'. For example, a tortoise shell, some buzzard feathers and thorns from the cuaba tree or the *zarza* [*Pisonea aculeata*] make an Osain that is meant to help someone flee the police. Roughly speaking, Osain means an amulet, or more precisely, conjure or evil spell.» Cabrera, *op. cit.*, p. 101.

foot of the client's enemy begins to ache, his ankle swells, and then sores break out.[39]

Commenting on the ante-bellum South, Gladys-Marie Fry states:

> Many ex-slaves believed that all Southern plantations had voodoo advisers who concocted charms for various uses. Matilda Marshall, an ex-slave, recalled: «The slaves were superstitious. They would sometimes throw away good hats and dresses that they thought someone had hoodooed. They wore a silver dime in their shoes to keep them from being conjured».[40]

Fry mentions another slave who spread «dusting powder» on his enemy, and another who buried frogs, snakes or lizards at someone's doorstep, «so if the enemy walked over it, it would be painful». So prevalent were these practices in an area allegedly void of African-derived culture that many white slave owners manipulated African magic themselves as a form of social control:

> The Black's fear of conjuring was, of course, a ready-made tool for the whites to use in fostering suspicion and hatred among the slaves. The comment of Mary Howard Neely, a retired school teacher, is typical: «And they [whites] would beat up brick and pepper and put down at the Negroes' gates, hoodooism... to scare them, you know. "You better stay home. So and so put that down for you". They taught them that. Took them [Blacks] a long time to grow out of it. Some are not out of it yet».[41]

We may view all these examples as variants of a single «text», which in turn illuminates the *aba* entry in *El Monte*: aching and swollen feet are often a sign of contact with «witchcraft»; Elegua's *aba* leaves would be recommended only when an enemy's «conjure» is not suspected as the cause of these symptoms. If the feet are inflamed and covered with sores, they have probably come into contact with an enemy's *afoshé*, and other leaves would

39. George Eaton Simpson, *Religion Cults of the Caribbean: Trinidad, Jamaica and Haiti* (Río Piedras, Puerto Rico: Institute of Caribbean Studies, U. P. R., 1970), p. 74.
40. Gladys-Marie Fry, *Night Riders in Black Folk Histoy* (Knoxville: University of Tennessee Press, 1975), pp. 54-55.
41. *Ibíd.*, p. 54.

be recommended as an antidote. Many of these belong to Shangó, famous for his anti-witchcraft activity. For Cuban Kongos, leaves of the *anamú* plant *(Petiveria alliacea)*, placed in the form of a cross inside the shoes, are the protective equivalent of the Lukumí herbs and the Black American silver dime. (In the Anglophone Caribbean, *anamú* is known as kojo root, and in Brazil as *erva-de-guiné*). Red ochre *(almagre)* is the Cuban equivalent of the pounded brick in the southern American «put down»; pepper is a common element in New World conjuring powders, and usually means «provocation». This list of correspondences could be greatly expanded.

Readers familiar with African and Afro-American religion, folklore, folk medicine and ethnobotany will doubtless find many other parallels between the material presented in *El Monte* and examples from these other areas. By themselves these comparisons may seem anecdotal, but taken together they form a structured system. *El Monte* not only demonstrates equivalent features among the four major Afro-Cuban traditions. It also serves as a point of reference that integrates a vast amount of comparative data from a geographic and culture area that extends from Brazil to the southern United States. Thus, a «country» (Ki-Kongo) - English vocabulary from Jamaica helps translate many Cuban Kongo terms;[42] a booklet on Brazilian popular medicine containing a discussion of *doenças do ar* («air diseases») clarifies the Cuban term *aire pasmoso*, a gust of wind or chill said to cause facial neuralgia and paralysis;[43] and a recent work on Haitian ethnobiology contributes to our understanding of the pharmacological basis of Afro-Cuban «witchcraft» beliefs.[44]

The remarkable achievement of Lydia Cabrera is that her works can be read as literature, folklore, ethnography, ethnohistory, ethnobotany and ethnopharmacology. One very practical contribution of *El Monte* may be in its stimulation of further reseach in New World botany. Guided by Afro-Cuban religion and medicine, «hard science» could learn a lot from «the science of the concrete».

42. Kenneth M. Bilby and Fu-Kiau kia Bunseki, *Kumina: a Kongo-based Tradition in the New World* (Brussels: Les Cahiers du CEDAF, 1983).

43. Maria Thereza L. A. Camargo, *Medicina Popular* (Rio de Janeiro: FUNARTE, 1976), pp. 31-33.

44. E. Wade Davis, «The Ethnobiology of the Haitian Zombi», (Journal of Ethnopharmacology, 9 [1983] 85-104). In listing the plant species added to a combination of substances that lowers a person's metabolic rate to the point of mimicking death, Davis identifies a number of plants described in *El Monte*. They either hace urticating hairs (*Mucuna pruriens*), are anacardiaceous and produce severe dermatitis (*Comocladia glabra*), or are other types of irritants.

LYDIA CABRERA AND *LA REGLA DE OCHA* IN THE UNITED STATES

JOSEPH M. MURPHY
Georgetown University

Among the many gifts which Lydia Cabrera has given us, her work on the African religions of Cuba is outstanding. In her many books and articles she has documented a subtle and beautiful life of the spirit, a religious world which other writers have overlooked or misunderstood. She succeeded because she was willing to listen to the elder priests and priestesses and we are enriched because she presented what they said with incomparable style and grace.

This work has been important to researchers because it has given us detailed pictures of venerable religious traditions, but her work is perhaps still more important to believers, because by her transfer of the oral wisdom of the elders into print, she has participated in the transformation of the religions themselves. This is particularly true in the United States where Afro-Cuban religions are experiencing a renaissance.

This essay will show something of the challenges involved in this rebirth. It will focus on the forces of change and the pull of tradition on one of the most beautiful and vital of the traditions documented by Lydia Cabrera variously called: *la santería; la regla Lucumí;* or *la regla de ocha.*

For anyone unfamiliar with Lydia Cabrera's work, *la regla de ocha* is a religious tradition brought to Cuba by African slaves. *Ocha* is a hispanization of *orisha*, a word loosely meaning «spirit» among the Yoruba people of present-day Nigeria and Benin. In the late eighteenth and early nineteenth centuries hundreds of thousands of Yoruba men and women were taken to Cuba where they were called Lucumí. Among them were priests and priestesses of the *orishas*, called *olochas*, those who have the spirit.

La regla de ocha —the rule, order, or religion of the *orishas*—
is the spiritual legacy of these men and women. For despite the
most oppressive and brutal living conditions imaginable they were
able to establish religious communities dedicated to the vene-
ration of the spirits of the motherland. The original *orisha*-com-
munities were called *cabildos*, assemblies of Africans from the
same nation gathered for mutual aid. *Cabildos* served their members by treating the sick, burying the dead, and raising funds to
buy enslaved members their freedom. *Cabildos* often functioned
as carnaval *comparsas*, music and dance troupes that came into
the streets on religious holidays singing the songs and dancing the
dances of their African homeland. It is not surprising that the *cabildos* were the means for the survival of the *orishas*. At the center of the struggle for survival in a new and hostile land was the
faith in the *orishas*. The *orishas* offer their devotees a refuge
from the harshness of life and hope to meet the challenges of the
future. They bring worldly success and heavenly wisdom. The
Lucumí *cabildos* were the vehicle for the survival of the religion
of the *orishas* that has come down to us today.

The fundamental unit of *la regla de ocha* is the *ilé*, a complex
word meaning at once, house, community, and family. Each *ilé*
is a spiritual family where members are related by initiation
rather than by blood. To be initiated is to be born into the life
of an *ilé* and to initiate another is to become a mother or father
to the spirit within an initiate. Thus an *ilé* is a complex community of mothers and fathers, sisters and brothers organized around
a strict system of seniority of initiation.

La regla de ocha is a religion where spiritual growth is marked
by stages of initiation. As one grows *en ocha*, in the spirit, one's
progress is marked by complex ceremonies of death and rebirth
the details of which are known only to other initiates at that stage
of growth. During these ceremonies the initiate gains ritual knowledge and demonstrates the spiritual understanding appropriate
to his or her level of development *en ocha*. With each initiation
he or she learns to offer ever subtler prayers and songs, dances
and sacrifices to the *orishas* as well as the ability to recognize
deeper meanings behind the ritual gestures performed before the
community at large.

The core of the religion is at once a secret and a mystery. It
is a secret in that the details of the rites are known only to those
people qualified to know them. It is a mystery in that the depth
of meaning behind any single symbol is infinite. Initiation can
reveal the secret but only point toward an everdeepening mystery.

Throughout the history of *la regla de ocha* the power to reveal secrets and point to mysteries has rested firmly in the *ilé*, in the senior mothers and fathers of the community. They have guarded their spiritual knowledge for a number of reasons. Then, as now, it has been wise to be discreet in showing an allegiance to a non-Christian religion. Many rites of *la regla de ocha*, especially those involving trance or sacrifice, have been persistently misunderstood when they have been described by nominally sympathetic outsiders. The rites themselves have tremendous spiritual power and can be dangerous in the hands of someone not fully committed to the community. The decisions to initiate *ilé* members to higher ranks give the most senior members some control over the composition and future direction of the community.

Finally the oral transmission of the rites carries power in itself. It is contextual —the knowledge is transmitted at a specific time to a specific person who has been prepared to accept it by a long and arduous process of development. Initiation rites frequently employ consciousness-changing techniques such as isolation, hunger, or silence in order to prepare the mind to understand the importance and profundity of the knowledge being revealed. This is the true meaning of a mystery religion. It is not the knowledge which is so sacred but the state of mind necessary to appreciate it.

When we look back at the history of the religion we must be astounded by the courage and dedication of the early priests and priestesses in handing down this knowledge to our day. The tradition has reached us in astounding detail and power but the secrecy and mystery of the initiation rites pose problems for the religion today. The traditions which have kept it alive are under great pressure. The religion has made a second journey, one which if less terrible than the passage of the slave ships, is no less important for the survival of the way of the *orishas*.

It has been estimated that there were as many as ninety thousand *olocha* in Cuba before the revolution of 1959. With the tragic displacements of the early 1960's, many thousands of these priests and priestesses, like their ancestors before them, carried the religion to a new land. The religion has once again been brought into the midst of a new culture and its twenty-five years of growth in exile has seen it adapt and react to new cultural values and sensibilities.

The ability to adapt and thrive is nothing new to the devotees of the *orishas*. In developing their system of symbolic correspondences between the *orishas* and the Catholic saints, the early Yoruba in Cuba showed their genius at adaptation and cultural survival. The symbolism of the saints —*la santería*— allowed them

248

to be both Cuban and Yoruba, a religion appropriate to their new identity as Lucumi. As Cuban *olochas* have come to the United States they too are being challenged to become culturally competent in their new environment while maintaining the heart and soul of the old tradition.

North American culture has presented *olochas* with special challenges: its emphasis on time, its values on individualism, mobility and profit, its traditions of religious pluralism and secularism, all have shaped the religion as it accomodates itself to these values and reacts against them.

If North American culture can be characterized by any single thing it must be a fascination with time. North Americans aspire to «make good time», not «waste time», believe that «time is money». Time is divided into work and leisure and not a moment should be wasted into anything that does not further one or the other. A religious tradition based on seniority, on the slow process of maturation in the things of the spirit, will be under considerable stress in this society. What was once achieved by faithful attendance at *ocha* rites and careful attention to the sayings of elders —what North Americans see as an investment of time— is under pressure to be exchanged for something more quantifiable, an investment of money.

The commercialization of the religion is the change most frequently lamented by *olocha* of the old school. The fees for rites which once cost in the hundreds of dollars now are in the thousands, even tens of thousands. Where once fees could be waived because of the trust among the parties, now necessary rites demanded by the *orishas* are all too often refused until a novice can pay. Rites which once were performed strictly for the cost of the materials are now vehicles for profit. Many *botanicas* sell all kinds of junk at vastly inflated prices.

The destruction of the Cuban *ilés* with the exodus and the scramble to reconstruct them in exile have left a large number of sincere but credulous seekers open to exploitation by charlatans. Genuine *olochas* frequently complain of «american-made» initiates who come to them after having paid huge fees and being misinformed by ignorant charlatans.

Of course some of this commercialism is a natural product of twenty five years of growth. Inflation has affected every aspect of life since 1959 and even in today's socialist Cuba large fees are being asked for *ocha* initiations. Genuine *olochas* recognize that some of these commercial adaptations are necessary. Initiation into the religion requires commitment and, in a culture constrained by time, money can be a sincere mark of commitment. It is the great challenge of the religion to make use of this new medium without succumbing to it.

North American values of individualism over family life, mobility over rootedness, privacy over community are all working to change the religion's social role. Along with these forces of change is the North American experience with pluralism. Though Cuba is no stranger to ethnic diversity —Fernando Ortiz lists over 100 distinct African ethnicities in Cuba, not to mention the variety of European and East Asian populations represented —it was only at the time of national independence at the dawn of the twentieth century that religious toleration came to the island. For four hundred years the population of Cuba was by law Roman Catholic.

Throughout Cuba's colonial period the Roman Catholic Church acted as what sociologist Peter Berger calls a «sacred canopy», an institution that brought all of the disparate elements of Cuban society into a whole. Classes and castes, occupations and ethnicities all had special places and roles to play in the ceremonial life of the Church. This all became clear at carnaval when it was understood that Afro-Cubans —Lucumis and Congos, Araras and Minas— would have their particular place in the processions because of their group's devotion to a particular Catholic saint. To be a Cuban was to be a Catholic and so Lucumi participation in Catholic rites was primarily a gesture of participation in Cuban society and only secondarily, if at all, a display of private conviction.

This attitude toward religious affiliation began to change very slowly with the dawn of the twentieth century and the progressive constitution of the Cuban republic. (Incidentally Cuban progressivism extended religious freedom to Protestants and Jews while simultaneously beginning the suppression of Afro-Cuban rites). If by 1959 the Catholic church was no longer the political and social force that it had been in the colonial era, there was no other religious institution to compete with its role in the expression of Cuban social values.

The situation in North America is quite different. Partly because of the philosophy of its constitution, and partly because the country was forced into pluralism by massive immigration, the United States has worked hard toward secularism and a separation of Church and State. This has made for a variety of consequences in North American religious life. It has privatized religion to the point of total disengagement of religion from public life. By enshrining religious freedom North Americans have made religious affiliation a matter of personal choice. When this notion

250

of choice is combined with North American entrepreneurship, a «spiritual supermarket» is created where religious institutions compete for «consumers» with a variety of «products». The North American ethic of freedom of choice has transformed religion from the repository and arbiter of social values into alternative vehicles for personal fulfillment.

Of course not all North Americans have been entirely comfortable with this privatization of religion. They have periodically withdrawn from the larger society and created alternative, total communities from the beginning: Massachusetts Bay, Oneida, Jonestown. They have also periodically sought to transform the wider society by a revival of biblical religiosity as the norm for public values and discourse. But despite the alarm of church-state separatists these reactions to secularism have never met with much success.

If we look at the transplantation of *la regla de ocha* into the United States we can see accomodations to this «americanizing» process and reactions against it. The religion is at once a means of coping with the changes of transplantation and a refuge from them. With the loss of so many amenities of and values of Cuban life —strong families, settled communities, Catholic institutions, flexible ideas of time— the *ilés* of Miami and New York provide that touch of home and sense of belonging so elusive in the United States. The shared world of religious commitment, the familiar language, the empowerment of a life with the *orishas,* all give the *olochas* a place to stand in a changing world.

Still the religion is under stress. No «umbrella» religion exists to anchor Cubans into the North American social system. Families move with great rapidity, *ilés* are in a constant state of fission and fusion. Charlatans and misinformation abound. Not the least of the consequences of the religions's move to the United States is the expansions of the membership of the *ilés* beyond their original Cuban constituents. Non-Cubans and Cuban-Americans born and raised in the United States are becoming *olochas* with greater and greater frequency. Puerto Ricans, Haitians, West Indians, Black and White Americans are transforming the religion from within. The secular language of the *ilé* is increasingly becoming English and nearly every experienced *olocha* teaches in English as well as Spanish.

The bilingualization of the religion represents perhaps the most fascinating of all the trends of cultural contact. For the process of cultural change is never one-way, an «acculturation» by one people to the culture of another. Fernando Ortiz recognized this when he called the process «transculturation» where two or more cultures are in a process of change and each is influenced by the other. Though the North American media are slow to recognize this process, Latin cultures are making a permanent impact in the United States. It only takes a visit to the bilingual worlds of Miami or New York to see that the foods and rhythms, styles and attitudes, indeed the religions of the Latin world are in North America to stay. The xenophobic battle against bilingual education is an indication of the strength and importance of the hispanic presence in urban North America.

North American culture has the tendency to devour what it embraces and as the Latin presence continues to be felt by the country at large it runs the danger of being commercialized and trivialized and so robbed of its critical power. If and when *la regla de ocha* should reach a mass audience it will be its greatest challenge of all.

The spread of the religion beyond the Cuban community brings us back to our thesis and our teacher, Lydia Cabrera. Our thesis is that the work of Lydia Cabrera is important not only to researchers, but has become crucial in the life of the religion itself. The religion is in the process of taking the enormous step into literacy and texts, and it is confronted with the problems of developing an orthodoxy. Until now the religion has sustained its continuity with the past by a strict system of hierarchical initiation. The essential knowledge of the rites and prayers was transmitted to a select few whose initiation experience stressed and brought home the importance of learning well.

But with the corrosive forces of North American individualism, mobility and pluralism, combined with the spread of the religion to those with no prior contact with Cuban culture, the need for accurate information about the rites and prayers is critical. Many sincere *olochas*, while trying to counteract the errors of their godchildren, permit the address of the *orishas* in Spanish or English. They argue that sincerity of heart is a prior consideration to the laborious task of learning the rituals. But many new initiates are not memorizing the prayers and rites. They argue that they «don't have the time» for lengthy oral instruction and initiation. They are torn between the discipline required for life in the *ilé* and the freedom of the «spiritual supermarket». They are too often attracted to charlatans who accomodate their indiscipline allowing them to use the symbolism of the *orishas* to express any manner of «occult» ideas.

The antidote to all this confusion is the text. It preserves for all to see the form of the prayer or rite. White the interpretation of the meaning of the prayers and rites creates new problems, authoritative texts are an important step in the development and preservation of a religion. Senior *olochas* are resisting this process because the knowledge of these formulae can be dangerous in the wrong hands. They believe that access to this knowledge outside the control of *ilé* elders, like the fable of the sorcerer's apprentice, will place too much spiritual power in inexperienced hands. It may, on the other hand, dissipate that power, spread so thinly that it lacks efficacy at all.

More and more *olochas*, however, are recognizing that the dangers of losing the religion to indiscipline and misinformation outweigh the risks of revealing secrets. They may be coming to feel that it is the meaning, the spiritual context, which gives these prayers and rites their efficacy, and this context is still created and controlled in the face-to-face esotericism of the initiation rite. While the form of the rites can be known to all, their meaning can still be revealed by the laborious process of maturation in *la regla de ocha*. The mystery remains in the midst of open secrets.

Lydia Cabrera's work is the foundation for the construction of an *ocha* canon. Her tireless energy recording the utterances of elders has given the religion the data necessary to construct accurate ritual texts and a veritable encyclopedia of *la regla de ocha*. She has shown her dedication to the religion in her latter-day work *Koeko Iyawó*, a plea and a command to new initiates to live up to their responsibility as bearers of the tradition. She writes:

> Ese ha sido siempre nuestro propósito: la más exacta transcripción, aún a riesgo de aburrir o confundir en ocasiones al lector, de todos los documentos vivos consultados desde que nos asomamos al mundo insospechadamente rico, y entonces secreto —¡y no hicimos más que asomarnos!— cuyas puertas nos abrieron hombres y mujeres muy humildes, de piel negra, claveros que con tanto amor las guardaban. (3).

The future of the religion depends on the most delicate balance of fidelity to tradition and ability to adapt to new challenges. Devoteees of the *orishas* in Brazil have been moving toward centralization, dissemination of information and a flexible orthodoxy for nearly fifty years in the Umbanda movement. While Umbanda has not been accepted by many Brazilian purists it has enjoyed great popular success and support. A cautious approach in this direction is underway in the United States under the auspices of the Caribbean Cultural Center in New York. It is offering its third international congress of the *orisha* tradition, a forum for *olochas* from all over the world to discuss the future of the religion. All these efforts toward documentation and development, by devotees, scholars and seekers, owe Lydia Cabrera their eternal debt.

ACHE LYDIA - MODUPE IYANLA

IV. TEMAS AFINES

REALIDAD Y SÍMBOLO EN «CECILIA VALDÉS»

JORGE CASTELLANOS
Profesor Emérito
Marygrove College

Cirilo Villaverde (1812-1894) es, sin duda alguna, la figura máxima de la narrativa abolicionista cubana. Primero en *La joven de la flecha de oro* (1840) y después en *Dos amores* (1842-1848) abordó —de costado— el problema de la esclavitud y expresó sus simpatías por el sector oprimido de la sociedad. Pero su mejor aporte al género es, por supuesto, *Cecilia Valdés*. No la primera versión de 1839, que nada tiene de antiesclavista, sino la segunda y definitiva de 1882.

La producción novelística de Villaverde se desarrolla en dos etapas, separadas por un paréntesis de dedicación exclusiva a la política conspirativa. En la primera (1837-1847), escribe casi todas sus novelas y cuentos, siguiendo los modelos del romanticismo costumbrista que entonces predominaba en Cuba. En la segunda (1858-1879), compone *Cecilia Valdés*, rompiendo con el pasado e imponiéndose nuevos objetivos y nuevos métodos retóricos. El estímulo inicial le vino de Domingo Delmonte, a cuya tertulia perteneció en la década de 1830-1840. Desde que la *Miscelánea de Util y Agradable Recreo* le publicó *El ave muerta* en agosto de 1837, el joven Villaverde escribe sin cesar: cuentos cortos, noveletas, novelas, artículos de costumbres, crítica literaria. Lo más importante: la primera versión de *Cecilia Valdés*, a que hicimos referencia.

He aquí un hecho curioso: en ese momento de su evolución literaria Villaverde se apartó consciente y deliberadamente de la narrativa abolicionista. No por razones ideológicas —desde muy temprano odió él la esclavitud— sino por consideraciones prácticas. En la tertulia delmontina escuchó la lectura de *El niño Fernando* de Félix Tanco y del *Francisco* de Anselmo Suárez y Romero. En vez de estimularlo a la imitación, estas lecturas lo impulsaron a huir del género. Él explica por qué:

Comprendí yo que aquel género de novelas era inútil emprenderlo en Cuba, porque sería lo mismo que conservarlas manuscritas por mucho tiempo. Y no me faltaba tema para escribirlas. Precisamente había copiado, por aquel tiempo, *El diario oficial del rancheador de cimarrones* de Francisco Estévez, en el que había una mina inagotable de hechos sangrientos y trágicos en que los negros aparecían como héroes. Para escribir esa novela histórica hubiera sido preciso convertir los negros cimarrones en indios y trasladar la escena a un país en que los hubiera, cosa ésta que repugnaba a mis ideas sobre la novela, cuyo carácter local lo creo imprescindible.[1]

Villaverde quiere verse en letras de molde. Y lo logra. Escribe y publica copiosamente, sin aludir para nada a la estructura básica de la sociedad cubana que lo rodea. Su producción en la década de 1837 a 1847 se limita (en la narrativa) a lo puramente descriptivo y costumbrista. Su orientación es estrictamente estética, sin implicaciones político-sociales de ningún género. Pronto, sin embargo, el centro de gravedad de su pensamiento y su actividad va a moverse de un extremo a otro. Villaverde comienza a interesarse por la política (aunque, por razones obvias, este interés no se refleja en su producción literaria). Su profundo cubanismo lo conduce paso a paso a una postura separatista, basada en el principio de que, para salvarse, Cuba tenía que romper sus vínculos con la metrópoli española. En 1846 conoce al general Narciso López y se identifica con sus planes revolucionarios. Participa en la conspiración de la Mina de la Rosa Cubana. López se ve obligado a exiliarse. Villaverde queda atrás. Al fin es detenido, juzgado, condenado a presidio. En 1848 se fuga de la cárcel. Logra salir de Cuba en una goleta que lo lleva a la Florida. Por aquel entonces se ha producido en él un cambio radical, que equivale a una conversión. El literato ha devenido revolucionario profesional. Él lo explica en estos términos:

Fuera de Cuba, reformé mi género de vida: troqué mis gustos literarios por más altos pensamientos: pasé del mundo de las ilusiones, al mundo de las realidades: abandoné,

1. Cit. en Loló de la Torriente, «Cirilo Villaverde y la novela cubana». En Emeldo Álvarez, ed., *Acerca de Cirilo Villaverde* (La Habana, 1982), pp. 199 y ss.

en fin, las frívolas ocupaciones del esclavo en tierra esclava, para tomar parte en las empresas del hombre libre en tierra libre. Quedáronse allá mis manuscritos y libros, que si bien recibí algún tiempo después, ya no fue dado hacer nada con ellos; puesto que primero como redactor de *La Verdad*, periódico separatista cubano, luego como secretario militar del general Narciso López, llevé vida muy activa y agitada, ajena por demás a los estudios y trabajos sedentarios.[2]

Pero no le asiste la suerte al joven novelista trocado en revolucionario. Uno tras otro, todos los proyectos conspirativos en que participa fracasan rotundamente. *La verdad* deja de publicarse. En 1855 se cierra el ciclo insurreccional. Para ganarse la vida, Villaverde enseña, hace periodismo, traduce al español el *David Copperfield* de Charles Dickens. En 1858 retorna a Cuba, ya casado con la fervorosa patriota independentista Emilia Casanova. Trabaja en una imprenta. Y es en ese momento cuando se inicia la gestación de la segunda *Cecilia Valdés*, de la cual la primera de 1839, como bien ha dicho Denia García Ronda, es sólo antecedente y no primera parte.[3] El autor explica:

En 1858 me hallaba en La Habana tras nueve años de ausencia. Reimpresa entonces mi novela *Dos Amores*, en la imprenta del señor Próspero Massana, por consejo suyo acometí la empresa de revisar, mejor todavía refundir la otra novela, *Cecilia Valdés*, de la cual sólo existía impresa el primer tomo y manuscrita una pequeña parte del segundo. Había trazado el nuevo plan hasta sus más menudos detalles, escrito la advertencia y procedía al desarrollo de la acción, cuando tuve de nuevo que abandonar la patria.[4]

Hemos traído a colación estos detalles biográficos porque son indispensables para la comprensión del libro que analizamos. En 1858 Villaverde ha trazado un *nuevo plan* que implica «el expurgo, ensanche y refundición» de la obra vieja. El novelista tiene entonces 46 años: se encuentra en plena madurez. ¿Va a regresar a lo que él mismo había condenado como «frivolidades» del primer período de su carrera literaria? ¿Iba a volver al costumbris-

2. Cirilo Villaverde, *Cecilia Valdés o la Loma del Ángel*. Edición, prólogo y notas de Olga Blondet Tudisco y Antonio Tudisco (Nueva York, 1964), p. 48.

3. Denia García Ronda, «Prólogo a la novela *Dos amores*». En Álvarez, *op. cit.*, pp. 370 y ss.

4. Villaverde, *op. cit.*, p. 48.

mo romántico, apenas levemente reformista, él, un verdadero revolucionario? Claro que no. En la refundición se utilizaría el relato de costumbres, pero con un fin completamente distinto: el de poner en evidencia cómo la política tradicional del gobierno español había producido en la tierra más bella del mundo (ecos de José María Heredia) una sociedad deformada, enferma, corrompida, corroída hasta los tuétanos por la tiranía política (el despotismo de los Capitanes Generales) y por la tiranía social (el régimen esclavista que servía de base a todo el edificio económico y societario de la Isla). *Cecilia Valdés* no iba a ser una mera colección, más o menos hilvanada, de paisajitos típicos y estampitas curiosas, al modo tradicional. Se proponía algo más hondo: producir el retrato fiel y verídico de la sociedad cubana del siglo XIX, *para echárselo en cara a España*, para condenar de ese modo a la metrópoli opresora. Y hay que convenir en que Villaverde lo logró. *Cecilia Valdés* constituye, ante todo, un alegato, un acta acusatoria. Y cuando se la mira así, se comprende en seguida por qué el autor incluyó en ella tantos episodios y detalles que nada tienen que ver con la trama. Es que el desarrollo de esa trama deviene aquí algo estrictamente secundario: no es sino el pretexto que se utiliza para sentar a la monarquía hispana en el banquillo de los acusados y condenarla tras presentar la prueba de su crimen: esa Cuba colonial a la vez joven y decadente, que era el triste resultado de más de tres siglos de explotación y desgobierno. En *Cecilia Valdés* (tenía razón al decirlo Ramón Catalá) Villaverde creó una obra *revolucionaria,* es decir, un instrumento de pelea. No produjo una novela de evasión, sino de combate. Su actuación, al redactarla bien lo apreció Enrique José Varona) no fue la del esteta escondido en su torre de marfil, sino la de un «artista patriota» que luchaba por su ideal con aquello mismo que escribía. Por eso su éxito fue más bien político que puramente literario.[5] *Cecilia Valdés* podrá ser una novela de mérito relativamente modesto,[6] pero es un libro de extraordinario valor histórico.

Conviene dejar sentado que Villaverde se propuso hacer de su alegato patriótico una novela, no una colección de discursos disfrazados. Para ello tenía que dejar a la obra narrativa hablar por sí sola, sin que se le viera demasiado al autor la mano intencionada. Y por lo general fue fiel a este empeño, aunque en unas pocas ocasiones dejó escuchar abiertamente su propia voz. Una

5. Ramón Catalá, *cit.,* por Noel Navarro, «Prólogo a *Cecilia Valdés.*» En Alvarez, *op. cit.,* pp. 282 y ss.
6. Aunque en el siglo XIX hispanoamericano no hay ninguna otra que la supere, ni siquiera la *Amalia* de Mármol o la *María* de Jorge Isaacs.

de ellas ocurre en el capítulo III de la Primera Parte, como si quisiera dejar bien sentado desde el principio sus objetivos fundamentales. Hablando de la tolerancia que las autoridades mostraban hacia el juego oficialmente prohibido, escribe:

La publicidad con que se jugaba al monte en todas partes de la Isla, principalmente durante la última época del mando del capitán general don Francisco Dionisio Vives, anunciaba a no dejar dudas que la política de éste o su gobierno se basaba en el principio maquiavélico de corromper para dominar, copiando el otro célebre del estadista romano: —*divide et impera*. Porque equivalía a dividir los ánimos, el corromperlos, cosa que no viese el pueblo su propia miseria y degradación.[7]

Otras veces Villaverde se oculta, para expresar sus opiniones, tras los leves velos del pensar de sus personajes. Así, por ejemplo, para condenar abiertamente la esclavitud se vale de las reflexiones de Isabel ante el espantoso espectáculo social del ingenio que visitaba:

Vio con sus ojos, que allí reinaba un estado permanente de guerra, guerra sangrienta, cruel, implacable del negro contra el blanco, del amo contra el esclavo. Vio que el látigo estaba siempre suspendido sobre la cabeza de éste, como el solo argumento y el solo estímulo para hacerle trabajar y someterle a los horrores de la esclavitud. Vio que se aplicaban castigos injustos y atroces... que el trato era inicuo, sin motivo que le aplacara, ni freno que le moderase; que apelaba el esclavo a la fuga o al suicidio en horca, como al único medio para librarse de un mal que no tenía cura ni intermitencia... Pero... lo peor era la extraña apatía, la impasibilidad, la inhumana indiferencia con que amos o no miraban los sufrimientos, las enfermedades y aun la muerte de los esclavos. Como si a nadie importase su vida bajo ningún concepto. Como si no fuera nunca el propósito de los amos corregir y reformar a los esclavos, sino meramente el deseo de satisfacer una venganza. Como si el negro fuese malvado por ser negro y no por esclavo. Como si tratado como bestia, se extrañara que se portara a veces como fiera... ¿Cuál podía ser la causa original de un estado de cosas tan opuesto a todo sentimiento de justicia y moralidad?... ¿No estaba en el interés del amo la conser-

7. Villaverde, *op. cit.*, p. 83.

vación o la prolongación de la vida del esclavo, capital viviente? Sí lo estaba, a no quedar género de duda; pero eso tenía de perversa la esclavitud, que poco a poco e insensiblemente infiltraba su veneno en el alma de los amos, trastornaba todas sus ideas de lo justo y de lo injusto, convertía al hombre en un ser todo iracundia y soberbia, destruyendo de rechazo la parte más bella de la segunda naturaleza de la mujer —la caridad.[8]

Obviamente, cuando se trataba de poner bien el claro el propósito fundamental de su libro, el autor no temía que se le vieran los hilos con que el titiritero movía sus muñecos.

Los procedimientos utilizados por Villaverde para componer su patriótico alegato novelado revelan una curiosa mezcla de realismo y simbolismo. El autor insiste en que su técnica narrativa es eminentemente realista. Es lógico: el alegato contra la labor de la monarquía española en Cuba no necesitaba, para resultar decisivamente convincente, de otro ingrediente que la simple verdad objetivamente reproducida. Bastaba con copiar, con la mayor exactitud posible, la realidad colonial cubana para poner al desnudo el cáncer que llevaba en las entrañas. Dice Villaverde en el prólogo:

Reconozco que habría sido mejor para mi obra que yo hubiese escrito un idilio, un romance pastoril, siquiera un cuento por el estilo de Pablo y Virginia...; pero esto, aunque más entretenido y moral, no hubiera sido el retrato de ningún personaje viviente, ni la descripción de las costumbres y pasiones de un pueblo de carne y hueso, sometido a especiales leyes políticas y civiles, imbuido en cierto orden de ideas y rodeado de fuerzas reales y positivas. Lejos de inventar o de fingir caracteres y escenas fantasiosas e inverosímiles, he llevado el realismo, según lo entiendo, hasta el punto de presentar los principales personajes de la novela con todos sus pelos y señales, como vulgarmente se dice, vestidos con el traje que llevaron en vida, la mayor parte bajo su nombre y apellido verdaderos, hablando el mismo lenguaje que usaron en las escenas históricas en que figuraron, copiando en lo que cabía, *d'apres nature*, su fisonomía física y moral, a fin de que aquellos que los conocieron de vista o por tradición, los reconozcan sin dificultad y digan cuando menos: —el parecido es innegable.[9]

8. Villaverde, *ibíd.*, pp. 409-410.
9. Villaverde, *ibíd.*, p. 50.

262

No se le escapaba a Villaverde que el cuadro que salía de su pluma estaba recargado de sombras. Y, por si acaso alguien ponía en duda su veracidad, considerando exageradamente negativa (y, por lo tanto, deformada) la imagen por él ofrecida, recurrió al procedimiento de poner extraordinario énfasis en los detalles de los paisajes y los episodios que aparecen en la novela. Nada para él más fácil, porque desde niño demostró poseer una memoria prodigiosa, tanto visual como auditiva y olfativa. El detallismo —pensaba Villaverde— era la mejor garantía de la total autenticidad de su realismo. Guiado por esa brújula, penetró con ojo avizor en el examen de la sociedad cubana de la década de 1830 a 1840 y nos la presentó de arriba a abajo en todas sus facetas, desde el Palacio de los Capitanes Generales hasta el bohío del mísero guardiero esclavo, incluyendo en su pormenorizado retrato todos los estratos sociales, todas las clases, todas las instituciones, todos los oficios, todos los modos de vida... en todos sus detalles. El resultado puede parecer a ratos excesivo, desde el punto de vista estético, pero como alegato anticolonialista posee una efectividad abrumadora.

Manuel de la Cruz, en sus *Cromitos Cubanos*, ha llamado a *Cecilia Valdés* «lienzo colosal en que se mueve toda una época». Hoy sería tal vez mejor comparar la novela con esos rebosantes murales o frescos de Rivera y Orozco que juntan el retrato de la naturaleza mexicana y de los personajes capitales de la historia de México con los símbolos que explican su interacción. Villaverde emplea sistemáticamente dos tipos de símbolos: los individuales y los situacionales. Ambos desempeñan la misma misión que la pintura realista: explicar el funcionamiento de las estructuras sociales de Cuba, con el fin de desencapotar su envilecimiento a manos del gobierno español que las corrompía. Muchos críticos se han quejado, por ejemplo, de la presencia en la obra de episodios que parecen innecesarios para el desarrollo de la acción. Ciertamente abundan en el libro y sería interesante estudiarlos todos en detalle. Para nuestro propósito bastará con examinar sólo tres:

1) Transitan por las calles de La Habana, en un quitrín que conduce un esclavo, dos jóvenes criollos: el rico aristócrata Fernando O'Reilly y el acaudalado (aunque todavía sin blasón) Leonardo Gamboa. Al llegar a una de las puertas de la muralla que rodeaba parte de la ciudad, un caballo cargado de forraje les interrumpe el paso. O'Reilly grita airado: «¡Cabo de la guardia!» En seguida los soldados que cuidan del portón acuden presurosos, echan a un lado al forrajero y a su caballo y el quitrín del privilegio sigue su marcha no sin llevarse en un estribo parte de la maloja. Al llegar a la esquina de San Rafael y Prado, empero, la

cosa cambia. Los dragones detienen con sus lanzas el carruaje sin que valgan de nada las protestas de O'Reilly. Y los jóvenes se ven obligados a esperar hasta que pasa el coche del Capitán General y su escolta de a caballo.

2) Aparece en escena el Capitán General de la Isla, don Francisco Dionisio Vives. No en una sala del Palacio de Gobierno sino en la valla de gallos que él mismo —Primera Autoridad del País— había hecho construir en el castillo de la Fuerza. Allí lo vemos, concentrado en las carreras y revuelos de un gallo cobrizo, al cual el gallero Padrón (un asesino sacado de presidio para servir a Su Excelencia) provoca hasta el furor con otro gallo que tiene en la mano izquierda. Allí, en la gallería, Vives despacha los asuntos oficiales, que en esa ocasión no eran otros que autorizar a los negreros de la capital la entrada de contrabando en La Habana de una carga de esclavos traídos de África, a cambio de un soborno de varios centenares de onzas de oro.

3) En la calle de la Muralla, frente a la sastrería del maestro Uribe, ocurre una colisión entre el quitrín ocupado por tres señoritas aristocráticas y un carretón cargado con cajas de azúcar. Los carruajes quedan casi de través en la calle. El carretonero y el cochero, ambos esclavos, en vez de deshacer prontamente el enredo, «con atroces maldiciones y denuestos» se embisten mutuamente y se pegan como fieras hasta que son separados por el maestro sastre, sus oficiales y varios transeúntes.

¿Qué tienen en común estas estampas? Fundamentalmente esto: pueden ser suprimidas las tres sin perjudicar un ápice el curso de la acción. ¿Son entonces inútiles, innecesarias? Para el estrecho fin indicado lo son ciertamente. En cambio, para el verdadero propósito del novelista —descubrir las raíces podridas de la sociedad colonial— resultan utilísimas. En la primera escena, en forma simbólica, se presenta el juego dinámico de las jerarquías en la Cuba de entonces. Los ricos cubanos podían atropellar al pobre, pero tenían que inclinarse ante el poderío del gobierno metropolitano. En la segunda, se pone al desnudo la corrupción que regía las relaciones públicas en la Isla. La máxima autoridad española había convertido una fortaleza oficial en un garito y allí se dejaba comprar por los negreros. Resulta así obvio donde residía la causa del «desorden de la administración de la colonia, la penuria del erario, la venalidad y corrupción de los jueces y de los empleados, la desmoralización de las costumbres y el atraso general» que «se combinaban para amenazar de muerte aquella sociedad que ya venía trabajada por toda suerte de males de muchos años de desgobierno».[10] En la tercera escena, Villaverde mue-

10. Villaverde, *ibíd.*, p. 248.

ve su atención —y la del lector— hacia el otro extremo de la sociedad colonial. Y trata de penetrar en la psique de los esclavos. ¿Por qué se agreden absurdamente los conductores de los dos vehículos? Dice la novela:

No era que se conocían, estaban reñidos o tenían anteriores agravios que vengar; sino que siendo los dos esclavos oprimidos y maltratados siempre por sus amos, sin tiempo ni medio de satisfacer sus pasiones, se odiaban a muerte por instinto y meramente desfogaban la ira de que estaban poseídos, en la primera ocasión que se les presentaba.[11]

Esta explicación —freudiana antes de Freud— evidencia la carga de resentimientos y de odio que un régimen salvaje de represión acumulaba en el alma de los esclavos, embruteciéndolos, deshumanizándolos. Si el objetivo de *Cecilia Valdés* no hubiera sido otro que relatar los amores incestuosos de Cecilia y Leonardo, los celos de Pimienta y su confluencia en un trágico fin, para nada servirían esas tres escenas. Para acusar a la España monárquica de sus crímenes coloniales, en cambio, su valor era inestimable. Y *por eso* el autor las incluyó en su obra.

Muchas otras situaciones funcionan como símbolos en *Cecilia Valdés*: los bailes, por ejemplo, sobre los cuales escribió el propio Villaverde en su novela: «El estilo es el hombre, ha dicho alguien oportunamente: el baile es un pueblo, decimos nosotros, y no hay ninguno como la danza, que pinte más al vivo el carácter, los hábitos, el estado social y político de los cubanos, ni que esté en más armonía con el clima de la Isla».[12] Pero un estudio detenido de este interesantísimo tópico nos desviaría del propósito que aquí nos anima: examinar la naturaleza y raíces del abolicionismo de Villaverde. A un solo símbolo situacional más vamos a prestarle atención: al tema del incesto. Pero lo haremos más adelante, al hablar de las relaciones personales ¡y tan simbólicas! de Cecilia y de Leonardo.

Los símbolos individuales son también muy numerosos en *Cecilia Valdés*. Aunque Villaverde otorga a gran número de sus personajes una individualidad muy concreta, sustanciosa y diferenciada, no por ello deja de utilizarlos como cifras y señales del sector, grupo, casta o clase social a que pertenecen. En don Cándido Gamboa, negrero y hacendado a la vez, se fusionan dos estratos de la burguesía que normalmente vivían separados en Cuba, como si el autor quisiera aunarlos en idéntica culpabilidad histórica,

11. Villaverde, *ibíd.*, p. 171.
12. Villaverde, *ibíd.*, pp. 197-198.

pues ambos levantaban sus fortunas literalmente sobre el sudor, la sangre y los cadáveres de miles y miles de negros africanos. Además, en contraposición a su hijo Leonardo, Gamboa representaba al progenitor español, separado de sus descendientes criollos por un insondable (y, para él insalvable e incomprensible) abismo generacional. Y junto a don Cándido, su esposa doña Rosa, quien (como personaje) desciende directamente de la doña Concepción creada por Félix Tanco y de la señora Mendizábal creada por Anselmo Suárez y Romero: como ellas encarna el tipo de la madre patológicamente prendada del hijo primogénito, a quien le consiente absolutamente todo, mientras se muestra insensible al dolor de sus esclavos. Desagradable figura de mujer, en definitiva malformada por una radical inversión de los valores éticos fundamentales.

No logra Villaverde idéntica tridimensionalidad en el retrato de sus esclavos. Pero, como metáforas, gran número de ellos funcionan con gran eficacia. Recuérdese a Pedro Briche, inolvidable imagen del siervo rebelde. Cansado de sufrir en silencio, encabeza la fuga de unos cuantos esclavos de *La Tinaja*. Perseguido por el rancheador, le hace firme resistencia, pero los perros lo vencen. Medio despedazado por los colmillos de esas fieras, es llevado al ingenio. Y cuando el mayoral lo pone en el cepo de la enfermería (la voz ronca, los ojos «dos tomates maduros»): —«El hombre no muere más que una vez», le grita a su verdugo. Pese a las amenazas, se niega a denunciar a sus compañeros de fuga. Y, por fin, ya solo, dobla la punta de la lengua hacia adentro, empuja con los dedos la glotis sobre la tráquea... deja de respirar. «Se tragó la lengua», dijeron luego los negros. «Asfixia por causa mecánica», diagnosticó el médico. Suicidio de un hombre digno. Don Cándido, ante el cadáver aun caliente pronunció el epitafio esclavista: «¡Lástima de negro! Valía lo que pesaba en oro para el trabajo!» Junto a la figura gigantesca de Pedro, la no menos impresionante de María Regla, quien como nadie en la obra, expresa el hondo amor del negro esclavo por la libertad. En una conversación con Adela (la hija menor del amo, a quien había criado como nodriza) y con varias de las amigas de ésta, María Regla deja escapar estas encendidas palabras (improbables, quizá, por su estilo, aunque no por su contenido):

Si por un trastorno de la naturaleza, cualquiera de las niñas que me escuchan, se vuelve mujer de color y cuando más dura parece la esclavitud, viene un individuo... y le dice: no llores más... voy a libertarte... ¡Qué dulce le parecería esa palabra! ¡Qué buena, qué amable, qué angelical no le parecería la persona! ¡Te voy a libertar! ¡Ay! ¡Niñas! yo no he oído nunca esas palabras sin estremecerme, sin un regocijo interior inexplicable, como si me entraran calofríos... ¡La libertad! ¿Qué esclavo no la desea? Cada vez que la oigo pierdo el juicio, sueño con ella día y noche, formo castillos, me veo en la Habana, rodeada de mi marido y de mis hijos, que voy a los bailes... con manillas de oro, aretes de coral, zapatos de raso y medias de seda.[13]

Fantasías, por supuesto. Era lo único que le quedaba a la pobre esclava: el derecho a soñar un mundo sin esclavitud.

Innumerables son, en la novela, los personajes-símbolos. Para nuestro propósito, empero, bastará con examinar sólo dos más —los más importantes—: Leonardo y Cecilia. ¿Qué representa el joven Gamboa? En un artículo repleto de valiosas sugerencias, Yolanda Aguirre se plantea esta cuestión y se queja de que Villaverde lo hiciera símbolo de la juventud criolla de la época. Pero, en realidad de verdad, ¿es Leonardo el exponente representativo de *todos* los jóvenes cubanos de la generación de 1830? La propia profesora Aguirre demuestra cumplidamente que las características del personaje (Gamboa es perezoso, ignorante, egoísta, voluble, superficial, cruel con los esclavos, indiferente en lo fundamental a los problemas políticos y sociales de su patria pues vive entregado a la vida regalada o, como dice su creador, «al juego, las mujeres y las orgías con sus amigos») contradicen totalmente a las de los mejores ejemplares de ese grupo, jóvenes de la talla intelectual y moral de Ramón de Palma, José Antonio Echevarría, Gabriel de la Concepción Valdés, Domingo Delmonte, etc. «Años más o años menos, este grupo de nombres y otros que podrían añadirse, como el del mismo Villaverde, se anudan a los Luz y Caballero, Saco y aun Varela, para matizar y definir ese rico período incuestionablemente cubano, que hizo germinar en la Isla inquietudes filosóficas, literarias, científicas y políticas: la simiente engendradora de los que, por fin, fueron capaces del Grito de Yara».[14] Si ello es así, ¿por qué insistir en conferirle a Leonardo ese amplio carácter de modelo de toda una generación?

El verdadero responsable de esta confusión es el propio Villaverde, quien en el Capítulo XI de la Primera Parte de *Cecilia Valdés* escribió:

13. Villaverde, *ibíd.*, pp. 438-439.

14. Yolanda Aguirre, «Leonardo Gamboa y la juventud cubana de su tiempo». En Álvarez, *op. cit.*, p. 200.

De la generación que procuramos pintar ahora bajo el punto de vista político-moral, y de la que eran muestra genuina Leonardo Gamboa y sus compañeros de estudio, debemos repetir que alcanzaba nociones muy superficiales sobre la situación de su patria en el mundo de las ideas y de los principios. Para decirlo de una vez, su patriotismo era de carácter platónico, pues que no se fundaba en el sentimiento del deber, ni en el conocimiento de los propios derechos como ciudadano y como hombre libre.[15]

Al usar la palabra *generación* ¿estaba don Cirilo diciendo que Gamboa representaba en su novela a los Saco, los Delmonte, los Heredia?... Es obvio que no. Todos estos personajes reales aparecen o son citados en la obra con gran respeto y admiración. Saco, sobre todo, es visto como prototipo de la juventud culta y patriótica de la Cuba del momento. Es evidente también que la palabra *generación* no incluía, en el párrafo citado, a los jóvenes esclavos (los Pedro Briche, por ejemplo) o a los libres «de color» (como *Plácido*, a quien también se alude con simpatía). Para mí es innegable que Villaverde se estaba refiriendo en realidad (aunque lo formulara confusamente) a un grupo reducido de los jóvenes de la generación de 1830, a un estrato de esa capa social: específica y exclusivamente a los criollitos acaudalados, corrompidos por el sistema patológico de relaciones humanas que se desprendían del régimen esclavista imperante en Cuba.

El Leonardo de Villaverde es un descendiente directo del Niño Fernando de Tanco y del Ricardo de Suárez y Romero y (como ellos) ha sido convertido por una educación funesta en modelo de todos los vicios. La profesora Aguirre se pregunta: ¿por qué no tomó Villaverde a Heredia como ejemplo para construir el protagonista masculino de la novela? Nos parece que la respuesta reside en el propósito fundamental del autor. Si éste —como hemos visto— no se proponía *tan sólo* retratar la Cuba de 1830 sino hacerlo *para probar* que España había creado en la Isla una sociedad monstruosa, el protagonista de *Cecilia Valdés* tenía que ser obligatoriamente un personaje negativo. Y así lo pintó Villaverde. Inteligente, pero incapaz de esforzarse para aprender. Fugazmente atraído por los criterios democráticos e igualitarios que privaban en el Seminario de San Carlos, pero (en la práctica de la vida) tiránico, brutalmente despótico, como correspondía al heredero del ingenio *La Tinaja*. Instintivamente separado de su padre español por la emoción incipiente del patriotismo criollo,

15. Villaverde, *op. cit.*, p. 142.

pero incapaz de canalizar esos sentimientos hacia fines constructivos. Producto ineluctable de una maquinaria social podrida, Leonardo repite los pasos de la juventud de su padre: busca matrimonio por interés mercantil y satisface su erotismo corrompiendo a una muchacha que pertene a una clase social que considera inferior. ¿Representante de su generación? No. En la figura contradictoria y contrahecha de Leonardo Gamboa, Villaverde llama la atención hacia los hijos del privilegio, convertidos por el esclavismo en deleznables e inútiles desechos humanos. Hélos ahí, nos dice: esa es la «clase dominante» que España nos entrega.

¿Y Cecilia? Cecilia es Cuba. No la Cuba ideal de los sueños patrióticos, sino la auténtica de la realidad colonial. La Cuba tiranizada, vejada, maltratada y corrompida por la indeseable presencia metropolitana. Usando la terminología ya clásica en el pensamiento antropológico de Arnold van Gennep y Victor Turner [16] sería posible decir que la figura de Cecilia Valdés es fundamentalmente *liminal*. No es blanca ni es negra, ni siquiera propiamente mulata: pudiera «haber pasado por blanca» si otros factores socioeconómicos hubiesen determinado su crianza y su educación. Además, en la novela, pasa de niña a adolescente a joven adulta, en un proceso de continuo cambio que no termina sino en la abrupta última página. O sea, Cecilia es un ser en transición: su estar es un no-estar, su ser es un no-ser. Su residencia permanente es el *limen*, el umbral, la frontera, la tierra de nadie existencial. Tanto cronológica como socialmente hablando ella *une y separa a la vez* los distintos grupos sociales, las clases, las razas, las edades. Esa *liminalidad* será la fuente de su tragedia, pues en una sociedad trastornada como la de Cuba, cada vez que se establecía un contacto profundo entre los grupos estancos, el resultado era desastroso: cuando el negro Dionisio pretende bailar con ella, sale de la aventura casi muerto y cuando Cecilia se entrega al blanco Leonardo Gamboa, las consecuencias son el incesto y el asesinato.

Como Cecilia, Cuba era una tierra en proceso de tránsito. Ni era blanca ni era negra. Ni era joven ni era vieja. Era esclava, pero luchaba por ser libre. Era una colonia y aspiraba a la independencia. En ella se juntaban —como en la protagonista de Villaverde— las bellezas del físico mundo (que el autor describe en detalle) y los horrores del mundo moral (que el autor condena con énfasis). Inteligente, no podía hacer uso de su capacidad creadora. Buena, en el fondo, era llevada —como Cecilia— al

16. Arnold van Gennep, *The Rites of Passage* (Londres, 1960). Víctor Turner, *The Ritual Process: Structure and Anti-Structure* (Chicago, 1969).

error, al pecado, al crimen. Vivía, como la jovenzuela andariega de La Loma del Ángel, de la ceca a la meca, del reformismo al anexionismo, del anexionismo al independentismo, sin arribar a parte alguna. Es decir, su vida era una constante frustración, un querer sin poder, un ser en el no-ser. Cuba era una criatura social caracterizada por la más penosa y radical liminalidad. Cuba era Cecilia y, como ella, seguía existiendo en el umbral, pues en la década del 30 del pasado siglo, todavía no se habían salvado los obstáculos que le impedían pasar al otro lado de la marca para encontrar allí la plenitud de su independiente personalidad. Eso explica por qué fue Villaverde (como bien ha dicho Salvador Bueno) el forjador del único mito literario creado por un novelista cubano.[17]

El simbolismo y el realismo se combinan en *Cecilia Valdés* para ofrecernos la pintura más detallada y más profunda del sistema esclavista de Cuba en el siglo XIX y para producir la más enérgica y dramática expresión de abolicionismo en las letras de la Isla. Todos los sectores, factores, segmentos y elementos del esclavismo criollo aparecen en la obra. Y el conjunto es visto en dimensión dinámica. Se anuncia la crisis inminente del café. Se muestran los pródromos de la revolución industrial en los ingenios. Aparece la trata, con todos sus horrores. Y la esclavitud propiamente dicha, en todas sus variedades: urbana y rural, cafetalera y azucarera, productiva y suntuaria, capitalina y provinciana. No se le escapa a Villaverde ni uno solo de los tipos humanos que el sistema producía y que eran ya tradicionales en la literatura abolicionista cubana: el negrero y el hacendado, la madre corruptora y el hijo corrompido, los mayorales y contramayorales brutales y sádicos, los esclavos explotados y embrutecidos, el guardiero que recibe como premio de toda una vida de servicio el retiro a un rincón perdido del monte, en soledad total y absoluta miseria. A estos personajes del gran drama agrega otros apenas tocados por sus antecesores en el género: el factótum urbano del potentado, envuelto en todos los sucios negocios de su amo y señor; el esclavo cimarrón y rebelde; el ranchero y sus perros feroces; la enfermera esclava del ingenio; el calesero de la ciudad; el esclavo «con papel», que trabaja por su cuenta; el esbirro extraído de la misma clase oprimida; el doméstico de las casonas de la ciudad y del campo. Y, junto a los tipos humanos, el funcionamiento del régimen, las instituciones subsidiarias que lo sostienen: la compra-venta de carne humana, la calimba, el boca-

17. Salvador Bueno, «A los 165 años del natalicio de Cirilo Villaverde». En Álvarez, *op. cit.*, p. 287.

abajo, el cepo y el grillete, el hospital y la esquifación, la recogida de café, el corte, el tiro y la molienda de la caña, la manumisión ocasional, la coartación frecuente, los *novenarios*, el conuco donde el esclavo produce para sí, el barracón promiscuo, el bohío de guano, la genuflexión ante el amo, la huida al monte, los palenques... Pudiera decirse que la lista es infinita, si no fuera porque, en realidad, Villaverde no nos entrega una lista, sino un organismo social integrado, un cosmos en toda la plenitud de su complejo funcionamiento. Es más, en esta novela encontramos, después del Francisco de Zambrano, el único otro intento realizado en Cuba por elaborar no sólo una psicología del amo y del esclavo —cubriendo todas las gamas de sus variaciones individuales— sino también una psicosociología de las relaciones entre ambas clases y de sus reflejos sobre la mentalidad y el comportamiento de los demás sectores de la vida criolla. (Toda una substanciosa tesis pudiera escribirse, por ejemplo, sobre los innumerables tipos de resentimiento que abundan en esta obra, o sobre la influencia de la ubicación clasista en la naturaleza del lenguaje de los personajes, o sobre las sutilezas del uso del *tú* y el *usted* entre miembros de clases opuestas cuando —como en el caso de Cecilia y Leonardo— la distancia social se modifica por la relación erótica. La novela constituye una riquísima —y creo que, en esencia, inexplotada— cantera de datos para la psicopatología de la sociedad esclavista).

En *Cecilia Valdés* todo ese enorme mural es presentado sistemática y sostenidamente desde un ángulo profundamente crítico, en toda la negatividad de su disfunción social y humana. Al pintar, Villaverde condena sin hacer uso de la oratoria, valiéndose tan sólo de los naturales y verdaderos colores del cuadro. Además, el autor nunca pierde vista su objetivo final: no sólo censura y reprueba la nefasta institución sino que se las arregla para poner en evidencia las conexiones de causa-efecto que a su ver existían entre ésta y el coloniaje; entre la brutalidad esclavista y la grave crisis ética que sufría el país. Escena tras escena, la novela recrea un mundo donde todos los valores se han invertido, donde se burla la justicia, se escarnece el decoro, se destruye la verdad, se afrenta el cristianismo, se aplasta la libertad. Un mundo al revés, donde triunfa la opresión, el despotismo, el egoísmo, el vicio, la crueldad, la hipocresía, el odio. Un mundo donde el amor maternal no purifica sino envilece, donde el amor del hombre por la mujer se confunde con el interés mercantil o la lujuria y donde el amor de la mujer por el hombre conduce a la perversión y al crimen. La esclavitud todo lo pudre. Y España la sostenía en Cuba precisamente para eso, para desatar los apetitos, para engendrar esos odios de clases, de castas y de razas que imposi-

271

bilitaban la unificación de los criterios nacionales contra la rapacidad y la opresión extranjera. Divide et impera.

Conviene dejar aquí aclarado que el pensamiento de Villaverde no puede escapar de los límites que él mismo le impuso. Su visión sufre, a ratos, del simplismo que siempre acompaña a lo propagandístico. Recuérdese que nuestro novelista se consideraba —y, en realidad, lo era— un combatiente literario radical. No gustaba de hacer concesiones al adversario. Tampoco entraba en muchas sutilezas. Por eso, la España que salió de su pluma fue monocromática: toda oscura y negativa, casi una monstruosidad histórica, conscientemente empeñada en corromperlo todo con tal de asegurar sus privilegios de metrópoli opresora. Algo parecido —aunque con signo contrario— sucede con el estudio del sector negro de la población, tanto el esclavo a que acabamos de aludir, como el libre a que nos referiremos de inmediato. La óptica de Villaverde, a este respecto, aunque inclinada hacia la simpatía, resulta limitada por su carácter eminentemente externo. Los negros y mulatos de *Cecilia Valdés* son contemplados desde fuera, con los ojos de un extraño, de ahí que escapen de esa pintura muchos de los matices de su vida social típica en el XIX cubano. Para no citar más que un ejemplo, en su novela, Villaverde jamás se refiere a las peculiaridades de los cultos religiosos afrocubanos ni a las múltiples funciones de los cabildos. La religión que esta gente practica en *Cecilia Valdés* es la de los blancos, totalmente desprovista de rasgos africanoides. Lo que, desde luego, no corresponde a la realidad de los hechos. Este hueco en la pintura resulta consecuencia inevitable de la radical separación que en la vida diaria existía entre los grupos raciales opuestos de Cuba en el siglo XIX; a la extraordinaria ignorancia y monumental incomprensión que el sector blanco tenía de la existencia profunda, del alma colectiva de la llamada «gente de color». Y aun más: es índice del desprecio con que se miraba todo lo que procedía de África, continente siempre estigmatizado como irremediablemente salvaje, bárbaro, incivilizado. Villaverde no podía sustraerse a los criterios y prejuicios de su clase y de su tiempo, aunque en su honor hay que decir que nunca les dio rienda suelta. De todos modos, para él la religión de los negros era simplemente «brujería» (expresión que usa una o dos veces). O sea: primitivismo, retraso, atavismo. Un mundo en el que ninguna persona culta debía ni podía penetrar. Con estas palabras no pretendemos condenar a nuestro autor, quien —después de todo— vivía en tiempos muy anteriores al del desarrollo de la Antropología y la Etnología científicas. Y quien, además, se proponía escribir una novela y no un tratado de sociología cubana. Pero si queremos comprender las dimensiones del pensamiento de Villaverde, hay que tener en cuenta los parámetros ideológicos dentro de los cuales éste se movía.

Para completar su complejo alegato descriptivo, don Cirilo estudia en *Cecilia Valdés* en gran detalle y de mano maestra, la capa intermedia de la sociedad cubana: la de los mulatos y negros libres. Como en la presentación de los otros segmentos, Villaverde se empeña en mostrar la enorme diversificación de sus tipos humanos: la mulata «arrimada» al blanco; el sastre de los caballeros ricos; el músico: ejecutante, compositor, creador de nuevos estilos; el mulato casi negro y el casi blanco; el poeta popular y el poeta culto; el pardo rico y el de mediana posición; los pardos de las milicias: oficiales, clases, soldados; el mulato que trata de pasar por blanco; el hombre de color sumiso y el rebelde... A muchos de ellos los sacó Villaverde de la realidad y los trasladó a su obra con sus propios nombres y apellidos, como a Vicente Escobar, retratista notable; a Gabriel de la Concepción Valdés, poeta meritísimo; a Tomás Buelta, Ulpiano Estrada y Claudio Brindis, directores de orquesta (este último, progenitor de Claudio José Brindis de Salas, el *Paganini Negro*).[18] Otros, como Cecilia Valdés fueron producto de la imaginación del novelista, pero siempre con estricta referencia a seres reales que éste conoció y trató en Cuba. Tampoco aquí se nos entrega una simple lista o enumeración. Villaverde los presenta en un proceso de vital interacción que le sirve para poner al desnudo lo que él llama «las aberraciones» de la sociedad esclavista. Así vemos cómo el mulato y el negro libres identifican el color oscuro con la esclavitud envilecedora y cómo toda su existencia se dirige a librarse del estigma racial que los disminuye e inferioriza. Contemplamos a la madre que prefiere al hijo que le sale más blanco y al hijo que se avergüenza de la madre más prieta que él. Asistimos al deterioro de la moral en aquellas mujeres de color que, como Cecilia, prefieren ser amantes de un hombre blanco antes que esposas legítimas de un negro, y que temen como una maldición el tener un hijo «saltoatrás». Nos enteramos de los odios recíprocos que separan a los mulatos de los negros y advertimos cómo Cecilia repudia a Dionisio por considerarlo inferior a ella, por ser esclavo y negro. Presenciamos el baile de etiqueta donde la clase media de color copia el blanco minué de la corte: trajes pasados de moda, música de una época muerta, pasos de baile anquilosados, pero revividos con toda formalidad para la ocasión. «Alienación cultural», como dice

18. Véase el interesantísimo censo que ofrece Pedro Deschamps Chappeaux de los mulatos y negros libres que Villaverde extrajo de la realidad en Álvarez, *op. cit.*, pp. 220 y ss.

Jean Lamore[19] pero, a la vez, resurrección de formas culturales tenidas por superiores, en cuyo ejercicio se buscaba la equiparación de las categorías y la compensación de las frustraciones. Aquí se muestra también el novelista como cumplidísimo psicólogo y como observador muy sagaz.

Por otra parte, la novela no se conforma, al hablar de la «clase de color», con retratar sublimaciones. Entra decididamente en el capítulo de los solevantamientos. Con habilidad de fotógrafo nato, Villaverde extrae de la realidad numerosas muestras de la inconformidad social de los mulatos. El ejemplo más destacado es el del sastre Uribe —personaje histórico también— quien no sólo revela su alta dignidad de hombre, sino que en una suerte de profecía retroactiva (recuérdese que Cecilia Valdés fue publicada en 1882) anuncia la gran crisis de La Escalera (1844) en su conversación con Pimienta cuando le dice:

> Pues qué... ¿te figurabas que porque le hago el *rande vú* a todos cuantos entran en esta casa, es que no sé distinguir y que no tengo orgullo? Te equivocas; en verbo de hombre, nadie creo mejor que yo. ¿Me estimaría en menos porque soy de color? Disparate... Los blancos vinieron primero y se comen las mejores tajadas; nosotros los de color vinimos después y gracias que roemos los huesos. Deja correr, chinito, que alguna vez nos ha de tocar a nosotros. Esto no puede durar siempre así. ¿Tú no me ves besar muchas manos que deseo ver cortadas? Te figuras que me sale de adentro. Ni lo pienses... ¿Qué puedo yo sólo, qué puedes tú, ni qué puede el otro, contra el torrente del mundo? Nada, nada. Pues deja ir. Cuando son muchos contra uno, no hay remedio sino hacer que no se ve, ni se oye, ni se entiende, y aguantar hasta que le llegue a uno. Que ya llegará, te lo aseguro.[20]

De ahí a proponer la unión revolucionaria contra el opresor no hay más que un paso. ¿Lo dio, en la vida real, el sastre Uribe? No lo sabemos. Lo cierto es que la Comisión Militar lo complicó en el proceso de la conspiración de La Escalera y que, según la versión oficial, se suicidó en la cárcel el 19 de abril de 1844. Otra víctima y otro mártir de ese episodio trágico donde perdieron la vida tantos valiosos miembros de su clase y su color.

19. Jean Lamore, «Cecilia Valdés: realidades económicas y comportamientos sociales en la Cuba esclavista de 1830». En Álvarez, *op. cit.*, p. 358.

20. Villaverde, *op. cit.*, pp. 176-177.

Se le ha reprochado a Villaverde el carácter pesimista y negativo de su obra maestra. Conviene, a este respecto, recordar dos cosas. Primero, la orientación acusatoria que —como hemos repetido— el autor quiso darle a la narración. Segundo, que para el novelista, su *Cecilia* era, a la vez, una explicación y una catarsis. Después de todo lo que llevamos dicho, ¿será necesario insistir ahora en que el retrato resulta siempre oscuro cuando el propósito no es tanto copiar como condenar? (A pesar de ello, aquí y allá, se apuntan en la obra elementos positivos, esperanzadores. Ahí están Saco y Heredia para decir: no todo en Cuba es Leonardo Gamboa, también brilla en ella una juventud culta y patriótica. Ahí, a la cabeza de un capítulo, la defensa de toda una raza en el aforismo de don Pepe de la Luz: «Lo más negro de la esclavitud no es el negro». Para decir: junto a los Saco y los Heredia rinden óptima labor cubana los *Plácido* y los Escobar). Pero no caben dudas: hasta el mismo Villaverde reconoce en el *Prólogo* que el cuadro le salió «sombrío» y «trágico». Tenía que ser. Con *Cecilia Valdés* trató Villaverde de dilucidar los términos de la ecuación de fuerzas que había derrotado todos los movimientos separatistas en Cuba desde 1812 hasta 1855. La novela es una meditación filosófico-narrativa sobre el gran fracaso de su vida. Con ese libro se sacó el autor del cuerpo los malos humores de su impotencia cívica. La sociedad cubana (lo veía ahora con claridad en 1882) no estaba preparada para la independencia porque la esclavitud y sus secuelas se interponían en el camino. La abolición de la servidumbre social era paso previo indispensable para la liquidación de la servidumbre política. En 1830, la unión de las clases y las castas era un sueño, un imposible. El enlace de Cecilia y Leonardo estaba condenado y maldecido por un tabú social, por el incesto, símbolo capital de los impedimentos que dificultaban el proceso de integración nacional. De ahí las desviaciones del impulso liberador, las cortedades del reformismo, las veleidades del anexionismo, la cadena de fracasos del movimiento antiespañol.

Pero ahora el capítulo se había cerrado, mientras el futuro quedaba abierto. No hizo mal (como algunos han dicho) sino muy bien Villaverde con terminar su obra valiéndose del tajo de una comprimida nota final. Nótese: Cecilia es perseguida por doña Rosa, condenada a un año de encierro en el hospital de Paula, donde se encuentra con su madre, se hace cargo de su pasado... y desaparece para siempre de la escena, aunque no de la curiosidad del lector... Su existencia posterior queda, pues, en estado de suspensión, de interrogación y de tránsito, abierta a todas las rectificaciones, a todas las posibilidades de reivindicación. ¿Qué fue de ella? ¿Se casó? ¿Tuvo hijos? Como la Cuba colonial que simbolizaba, la mítica mulata seguramente maduraría y —soñando— le daría rienda suelta a la esperanza. Pocos meses antes de que apareciera *Cecilia Valdés* en Nueva York, llegaba y se establecía en esa ciudad el joven patriota José Martí. Cuatro años después, con la abolición del patronato, quedaba definitivamente extinguida la esclavitud en Cuba. Pudo entonces el Apóstol proclamar a toda voz, con posibilidad de éxito, la tesis de la «unión sagrada» de las razas como pre-requisito indispensable de la gestión independentista. Y la voz hallaba eco. El Partido Revolucionario Cubano crecía, dentro y fuera de la Isla. Martí transitaba la ruta que le había abierto el movimiento abolicionista y, en especial, su mejor exponente literario: la *Cecilia Valdés* de Villaverde. Al año siguiente de morir don Cirilo se iniciaba en su patria la Guerra de Independencia. En esa contienda, el General en Jefe del Ejército Libertador era blanco: Máximo Gómez. El Lugarteniente General era mulato: Antonio Maceo. El tabú incestuoso de 1830 había perdido gran parte de su mítica fuerza separadora y disgregativa. Primero en el 68, después en el 95. A lo mejor se encontraron peleando juntos en la manigua, por tantos conceptos redentora, sin saber que eran parientes, los hijos y los nietos de Adela Gamboa y de Cecilia Valdés...

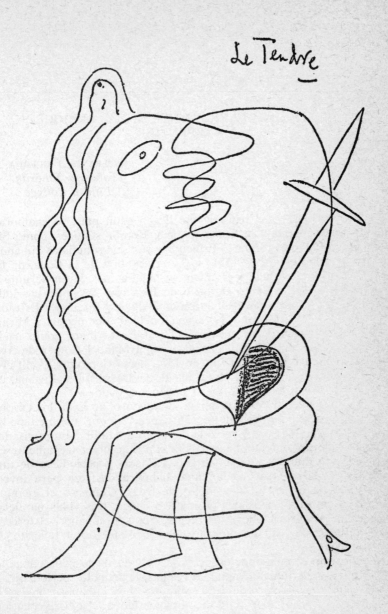

TRES VIDAS DIVERGENTES, LYDIA, ENRÍQUEZ Y CARPENTIER

Esperanza Figueroa
Profesora Emérita
Elmira College

Bienvenidos los escritores que llegan a un país, se enamoran de la nueva patria y le hacen justicia. Hombres raíces, como Silvestre de Balboa, en Puerto Príncipe, y sus seis sonetistas cubanos, todos excelentes poetas. Allí casó con Catalina de la Cova, de familia de mujeres bellas y valientes; la hija más joven se unió a un tataranieto de Vasco Porcallo de Figueroa. De indio y criollo se combinan lindas parejas: Miranda Balboa y Duque de Estrada, casados en 1671; Miranda y Varona, en 1700; Betancourt y Miranda, 1739; Arteaga y Betancourt, 1771. De este matrimonio nació Francisca, casada en 1810 con el español Manuel Gómez de Avellaneda. Y en Puerto Príncipe, en 1814, nació Gertrudis, y allí creció, y empezó a escribir. Huérfana de padre se fue a España, en 1836. Así acostumbraba Cuba a pagar sus deudas.

Nuestro pueblo era naturalmente amistoso, acogía a los extranjeros y los aplatanaba en un santiamén, aunque también podía ser cruel y olvidadizo. A veces le daba por aplaudir a improvisados genios, adoraba la ostentación y era capaz de creer ciegamente en el elogio palabrero y adiamantado. Revistas y periódicos de una vulgaridad afrentosa poseían una diabólica destreza para inventarnos, a la orden, ufanos ídolos de barro. Tenemos el ejemplo de tres conocidos prosistas de nuestra época, tres vidas paralelas en edad, peregrinaciones, ilustración. Dos son cubanos, el tercero es un apátrida, cubano de conveniencia. Éste fue el favorito de la prensa.

Conocemos, en minucioso detalle, la vida de los dos cubanos. Del intruso, de fama envuelta en resmas de artículos periodísticos, sabemos muy poco, todo contradictorio. Los cubanos son Lydia Cabrera y Carlos Enríquez. El entrometido es Alejo Carpentier,

278

que barajaba las edades históricas diciéndose galo-ruso, —con guión, a la manera de los apellidos compuestos— o sea, francorruso.

Lydia y Carlos Enríquez nacieron con el siglo y con la República. Lydia en el centro de la ciudad, de una antigua familia criolla de ingenieros, escritores y mujeres de carácter. Enríquez nació en la provincia. Sus abuelos mambises pintaban y esculpían en maderas finas; su padre fue médico en la manigua revolucionaria. Lydia y Enríquez se movían en el mismo mundo, de acomodadas familias cubanas. Los dos viajaron por Norteamérica y Europa, tenían amigos comunes, pero nunca se encontraron.

Poco acostumbrados a la modestia, periodistas y políticos concentraron los honores y el incienso en el juglar errante y misterioso, salonero, acompañante de mujeres ricas y hombres de fama, redactor de revistas de lujo, cronista de lo nuevo y fastuoso. Se le creía originario de Francia, hijo de una rusa y de un francés. El padre los abandonó, la madre se dedicó a dar clases de piano en casas ricas. Llevaba siempre con ella al niño modosito, también músico. Consiguió ayuda de damas principales y el niño creció con gentes prósperas y opulentas. Fue su pirncipal benefactora Hortensia Hierro; su padre era dueño de los almacenes «El Fénix», —después «Palacio de Hierro»— en la calle del Obispo. Por las descripciones del poeta Julián del Casal se deduce que era un imperio de *Art Nouveau*: joyas fastuosas, objetos procedentes de palacios y de las últimas exposiciones europeas, juguetes primorosos «un número infinito de *bibelots*...» Y un *Orchestrión* de seis cilindros, semejante al de la Patti, que tocaba «algunos aires cubanos». (Crónica, marzo 13, 1890).

Entre tanta maravilla, Hortensia Hierro se convirtió en una heroína romántica. Enamorada del «Marquesito» de Esteva se enfrentó a la empecinada negativa de sus padres buscando ceremoniosamente la protección, en «depósito», de un distinguido caballero, Alberto Ruz, para fugarse de su casa y ser entregada al «Marqués» —en Cuba teníamos muchas de estas historias novelescas—. Y aunque el relato es legítimo, el marquesado no lo era. Descendía del primer marqués de Esteva de las Delicias, título de 1835, un brigadier español que tenía unos 200 esclavos, un ingenio en Sagua la Grande, relaciones con *La Trata* y, a la moda del tiempo, una sucesión mestiza. El caso es que la pareja llevaba una vida de opulencia, protectores de las artes, famosos anfitriones. Pero por razones típicas a una sociedad colonial, no se les hacía fácil lograr un buen matrimonio para su hija. La joven heredera, inteligente y decidida como su propia madre, eligió al sonado Carpentier, periodista trotamundos, estudiante arrepenti-

279

do, de soberbios talentos y de altas ambiciones. Pero debe notarse que las novelas de Carpentier, en las que tanto insiste en representar la vida y el boato de las viejas familias cubanas, muestran una marcada ignorancia del medio. Ni siquiera conoce bien la Habana Vieja, la que fue el centro de la primera villa. Habla del Palacio de *Pedrosa*, y de los *Pedrosa*, que «habían emigrado hacia las afueras, convirtiendo sus antiguas mansiones en propiedades de rendimiento», con su «consiguiente deterioro». Pura propaganda marcha a través de esta novela, *La consagración de la primavera* (Cuba, 1979, pp. 244, 251), en que promete «salvar esa magnífica arquitectura». Los Pedroso llegaron a Cuba en el siglo XVI. El palacio se levanta en la plaza más antigua y más bella de la capital, meticulosamente restaurado por personas a quienes Carpentier conocía personalmente, fundadoras del patronato que también restauró otros edificios: Lydia Cabrera y María Teresa de Rojas, la propietaria y heredera del Palacio de *Pedroso*.

En el artificioso plano de sus despliegues culturales también exhibe una ignorancia básica de la economía y funcionamiento de los ingenios de azúcar, o del inolvidable mundo de mambises, infidentes y emigrados de las guerras de nuestra independencia. Entre el repulido pedantismo de *El recurso del método* (México, 1975) resalta su inexcusable desconocimiento de la literatura cubana: «Hermosa era la figura de Luis de Baviera, cantado por nuestro Rubén Darío y hasta por Verlaine...» (p. 109). Aún antes de que se empezara a publicar el más mínimo trozo del *Azul* de Rubén Darío (en diciembre de 1886) ya Julián del Casal había escrito, en aquella hermosísima revista *La Habana elegante*, un boceto titulado «Los siete castillos del rey de Baviera». Aquellos versos que tanto citaban los jóvenes cubanos: «Rey solitario como la aurora, / Rey misterioso como la nieve», eran de Julián del Casal, no de Rubén Darío, a quien interesaban los cisnes de la época pero no dedicó poemas al príncipe suicida. (V. *Estudios críticos sobre el modernismo*, de Homero Castillo, Madrid, 1968, p. 303).

Solamente tenemos detalles inconexos, incongruos, de la vida de Carpentier. Nada parece fidedigno. Cuando nos asomamos a su pasado podemos aplicar sus propias reticencias de *El arpa y la sombra*: «Me asombro ante mi natural vocación de farsante, de animador de antruejos, de armador de ilusiones...» (p. 160). Repite, por ejemplo, que perteneció al *Grupo Minorista* (1924-1928), intelectuales de izquierda que se reunían los sábados en el café *Ambos Mundos*. Carpentier presumía de ser el benjamín, pero el más joven lo era el pintor Gattorno. La mayoría pasaba de los treinta años, aunque un importante y expresivo corrillo andaba por los veintiséis: Marinello, Martínez Villena, Mañach, María Villar Buceta. Si Carpentier hubiera nacido en 1904, como él decía, es difícil imaginar al niño mimado veinteañero, sin educación formal, como adecuado interlocutor para aquellos linces. Además, en 1938, refugiado en Cuba, huyendo a la Europa de la segunda guerra mundial, parecía un cincuentón. Cuando regresó a La Habana, después de sus años caraqueños, era ya un anciano. De acuerdo con datos y presencias, Carpentier nació, con toda probabilidad, antes de 1898.

Tampoco nos dice donde nació. En Francia era francés y en Cuba cubano, con acento extranjero. La explicación pudiera hallarse en un acto de caridad atribuido al Dr. Juan Antiga, homeópata y diplomático, muy sabio, muy liberal, que ayudó al joven Carpentier, acusado en Francia de evasión al servicio militar. Le consiguió una partida de nacimiento falsa, procedente de un ayuntamiento incendiado, y así pudo regresar a Cuba. En *La consagración de la primavera* aparece una freudiana referencia a este episodio, bastante comentado. La marquesa —Carpentier se refiere a la Revilla de Camargo— amenaza a un cocinero tramposo: «Y la próxima vez... te devuelvo a Francia, con mulata y todo, a ver si te echan el guante por no haber hecho tu servicio militar» (187). Lo sorprendente es descubrir que Carpentier tenía más serios problemas, porque había nacido en Baku, puerto industrial de Rusia. Allá fue el padre de Carpentier, armador de pozos, al empezar la explotación del petróleo, y allí nació su hijo. Ya en Cuba, la madre también enseñaba ruso. Y uno de sus discípulos era Juan Antiga, quien después fue a la Embajada de Cuba en París. A él acudió la madre de Carpentier cuando su hijo estaba preso en un tren, posiblemente a punto de ser deportado a Rusia. Si esta historia es cierta, Antiga tomó una decisión atrevida y misericordiosa, digna de ser perdonada.

Pero hay otras versiones. Personas de honradez aseguran haber visto sus documentos, en pleitos civiles, y afirman que Carpentier nació en Martinica, que su madre era francesa, y que tenía parientes en Cuba. Otra versión lo presenta originario de Guadalupe, nacido en Pointe-à-Pitre. Posiblemente fue a Cuba después de la explosión de Mt. Pelée. Estas historias son aceptables porque el aspecto físico del escritor correspondía más bien a un ciudadano de las Antillas Menores que a un espécimen galoeslavo. También es curioso que personas que lo conocieron muy bien afirman que cuando Carpentía se sorprendía, o se enfurecía, se le olvidaba lo francés y vociferaba en un perfecto acento de cubano callejero. En cambio, cuando escribe, las *cometas* —u otras expresiones castizas— sustituyen a los humildes nombres indígenas.

Lógicamente, de haber nacido en Cuba no hubiera podido ocultar el lugar de su nacimiento con tanto éxito. La Habana era una ciudad pequeña, muy intercomunicada y la zona en que puede haber residido no era tan grande. Se sabía, con seguridad, que su padre era capataz de una cuadrilla de obreros, un maestro de obras que trabajó para familias respetables, cuyos descendientes, entonces niños, lo recuerdan con claridad; también se cree que después emigró a Costa Rica. Todas estas ignorancias y teorías se explican porque a nadie le interesaba, en Cuba, conocer o averiguar el origen de Alejo Carpentier. Era simplemente un *dilettante*, siempre peripuesto y bien vestido, que sabía de música y arte moderno, muy amigo de gentes ricas y muy relacionado con la crónica social, tan importante accesorio de la sociedad cubana. En la vida intelectual de Cuba fue un alejado y ocasional visitante, de obra baladí, propia de revistas efímeras. No era un Alvaro de la Iglesia, el español acubanado, a quien se respetaba y se quería. Y mucho menos un inolvidable Lino Novás Calvo. Pero si Carpentier hubiese nacido en Cuba, el gobierno revolucionario le habría dedicado una placa, como era costumbre, o no le hubiera asignado como museo una casa ajena. Carpentier era un cronista, y no produjo nada serio hasta 1946, ya bastante tarde. Para entonces la generación que le sigue había publicado trabajos y hallazgos importantes. Su historia de la música cubana era un ensayo agradable y ligero comparado con los descubrimientos, históricos y científicos, de Marrero, Hernández Travieso, Arroyo, Canet, Pérez Farfante. A los cubanos no se les podía ocultar que sin Eva Frèjaville, Carlos Enríquez no habría escrito tres novelas —ella revisó los textos, de puño y letra— y que sin las novelas de Carlos Enríquez, Carpentier no hubiera caído en la tentación de presentar, en la intimidad, a una gallarda mujer que nunca se perdió un concierto de Pro-Arte Musical. Además, Cuba estaba llena de periodistas profesionales, de periodistas políticos, tribunicios, catedráticos; se sucedían en línea inacabable. En 1942 más interesaba Matilde Martínez Márquez que vendía en Cuba las obras de Jorge Luis Borges. No era necesario que Carpentier descubriera el Mediterráneo, era más útil leer la *Revista Sur*, para estar al día y los libros que publicaba la Casa editorial. Cuando Carpentier inventó el «realismo mágico» los cubanos advirtieron que estaba parafraseando las «caprichosas fantasías» medievales, remedando el «realismo socialista» de Lukács —crítico tan tristemente arrinconado— y sobre todo, a Pierre Mabille, el original *maravillosista*, a quien probablemente conoció en Haití. En Cuba era bien conocido el derivacionismo carpentierista, y también lo que llamó el inolvidable Monegal «estilo nominativo» de Carpentier, que ha sido tan incisivamente parodiado por Reinaldo Arenas en *El mundo alucinante* y por Cabrera Infante en *Tres tristes tigres*. Con lo «real maravilloso» y «realismo mágico» Carpentier disimula sus devaneos con el arte surrealista, tan evidentes en *El reino de este mundo*. Al amigo de los dictadores no le convenía la proximidad de grupos revolucionarios, mucho menos cuando se trataba de convencidos antiestalinistas.

Por eso son los partidaristas críticos extranjeros los que ven en Carpentier un autor interesado en la libertad, el destino del hombre, las raíces del nuevo mundo, etc. Mientras éstos excavan las raíces telúricas de la novela carpentierina, el lector isleño recuerda con indignación al *exquisito* (frase del justo y elocuente Emir Rodríguez Monegal en *El boom de la novela...*, Caracas, 1972, p. 18), al acaudalado, resonante Carpentier. En *El Mundo*, Miami, 19-XII-1969, en un artículo atribuido a Roberto Ardura, se retrata al Carpentier prerrevolucionario, al gran señor:

> Carpentier vivió en Caracas a cuerpo de rey escribiendo para agencias de publicidad... En 1947 nuestro personaje frecuentaba el hotel más lujoso de dicha ciudad, daba pródigas propinas, alternaba con los millonarios y gastaba fuertes sumas para mantener este aristocrático nivel de vida, donde no podía faltar el costoso cognac oriundo de bodegas galas.
>
> Durante todos esos años no se ocupó de Cuba para nada. La isla resultaba demasiado pequeña para sus ambiciones de escritor. Se mantuvo por más de treinta años al margen de cuanto acontecía en la mayor de las Antillas.
>
> Por lo demás, estaba imbuido de la idea de que un intelectual debe estar alejado de los trajines políticos y de las peripecias de la vida pública. Nadie como él representó mejor el papel de «intelectual puro» dedicado exclusivamente a su obra, sin que le interesara el destino convulso de su patria ni los dolores de los pueblos en la búsqueda de un clima de libertades populares y de progreso económico y social.

Indignado y conminatorio Carpentier escribió al editor, Ernesto Ardura, una misiva candente, amenazándolo de muerte. No se puede negar que hay algo de opereta rococó, de ardid versallesco, en el inesperado ascenso de Carpentier, genio de la publicidad. Carpentier no ha hecho escuela, su influencia literaria es nula. Internacionalmente, nunca pudo superar a Borges, o Neruda, ni a Cortázar, García Márquez, Sábato, Vargas Llosa, Donoso, Onetti. Como periodista derramó ríos de tinta, pero sólo ha escrito tres novelas: *Los pasos perdidos, El siglo de las Luces* y *Consagración de la primavera,* el resto es un agregado de interpretaciones históricas más o menos surrealistas; y varios cuentos. *El acoso,* «novela», aparece en *La guerra del tiempo,* «novela», conjuntamente con otros cuentos-novelas. *Concierto barroco* es un cuento cansado, con bonitos dibujos. *El arpa y la sombra* es un triste poema drolático; la reina Isabel la Católica se revela en sus cartas como una mujer fuerte e inteligente, y amorosa, y lista, no la adúltera climatérica que inventa el Carpentier senil. Debido a los embustes y títulos combinados que emplea Carpentier hasta su bibliografía se convierte en misterio, enredo y variación política. Carpentier, periodista y comerciante, escribió de todo —sobre todo—: fragmentos, avances, sumarios, promesas, inventos, fue un dios de la letra impresa, multifacético, multientrevistado, y al parecer *bibliografiado* en exceso. (V. Emil Volek, *Filos y sophia bibliográficos,* Alejo Carpentier, *Rev. Iberoamericana,* n. 135-136, Abril-Sep. 1986, p. 559).

Volviendo a las fases cubanas de la vida y obra de Alejo Carpentier podemos empezar en 1940, con la aparición de *Cuba en la mano,* una guía general preparada por Esteban Roldán y José María Labraña. Para el índice biográfico los invitados proporcionaban sus propios datos, —como se pedía una contribución de cuarenta dólares no aparecen los escritores jóvenes. Pero Carpentier estaba ya establecido y no era tan jovencito. Su nota es bastante sobria y documentada. Dice haber viajado de niño por Francia, Austria, Bélgica y Rusia; en París cursó «teorética musical»; se matriculó en el Liceo *Jason,* que bien puede ser el que menciona maliciosamente en *Recurso del Método* en referencia a un *lord* que:

había tenido líos con la policía francesa por usar colegiales del Liceo *Jeanson-de-Sailly* en artísticas escenificaciones de una *Bucólica* de Virgilio: sí, aquella del pastorcito Alexis. (302).

Dice que salió de Cuba en 1921, regresa, 1923, va a México en 1926. Establece su residencia en París a partir de 1928. Afirma haber sido editor de la *Revista de Avance* con Mañach, Marinello, Ichaso y Casanovas. Pero los editores-fundadores de esta publicación fueron: Jorge Mañach, Francisco Ichaso, Félix Lizaso, Juan Marinello y Martín Casanovas. Carpentier se nombra en lugar de Lizaso, crítico, autor de estudios serios, colaborador y amigo de José María Chacón y Calvo. Bien sabía Carpentier que Casanovas estaba contento en Hungría, de hecho no regresó a Cuba hasta

1961; al parecer Carpentier pasó a ser su representante, pero no fue un fundador.

Hasta este momento —según él a los 36 años de edad—, su obra consistía, en su propia lista, de ensayos inéditos, poemas musicales, cuatro escenarios para partituras de Amadeo Roldán (m. 1939), la tragedia burlesca *Yamba O; Dos Poemas Afrocubanos* con música de Caturla y *Ecué-Yamba-O*, Madrid, 1933. Dice haber sido Jefe de Redacción de *Social* y *Carteles* (imposible, según periodistas contemporáneos). Fue crítico musical y teatral para *La Discusión* y el *Heraldo*, 1923-24.

Ecué-Yamba-O (antes ¡*Ecué-Yamba-O!*), a la que llamó historia afrocubana, fue su primera novela, su «primera desdichada novela», dice Monegal (o.c.p. 63). Primero la niega, pero en 1977 la resucita en una preciosa edición habanera. En la solapa afirma que la acción transcurre entre 1909 y 1932, y fue escrita en la cárcel de La Habana entre el primero y el nueve de agosto de 1927 (pág. 153) —por este cálculo estuvo preso *siete días*—. En la entrevista con Luis Harss (en su famoso libro de texto *Into the Mainstream*, Harper, N.Y. 1967) dice haber estado en la cárcel *siete meses* y haber huido de Cuba con el pasaporte del poeta Robert Desnos (uno de los más famosos surrealistas, publicó su primer libro precisamente en ese año 1927: *La liberté ou l'amour*). Según un historiador, Carpentier estuvo preso *tres días*, mientras su madre revolvía cielo y tierra para ayudarlo. Lo encarcelaron con un grupo de anarcosindicalistas españoles en una redada de extranjeros de izquierda. No le bastaba con hacerse el mártir; también alteró la fecha de composición del librito. Esta fue su costumbre: *El peregrino de Santiago*, de 1954, «era» de 1943 —según dijo en Caracas. Tantas deliberadas marañas hacen imposible una bibliografía veraz y confunden a los lectores crédulos.

Ese mismo año de 1927, Carpentier se apareció en París, acompañado de una joven acaudalada, emparentada con todos los «Barones del Azúcar y Adelantados del Latifundio» a quienes tanto maltrata en sus pronunciamientos revolucionarios. Su acompañante le pagó el pasaje. Regresó a Cuba al comenzar la segunda guerra; en 1938 visitaba todos los días el Ministerio de Estado, se supone que recibía un sueldo diplomático. En 1945 aparece triunfalmente en Venezuela, es recibido con honores y entrevistas de gran escritor, a pesar de que solamente se le conocía como cronista y autor de la novela *Ecué*..., que él mismo condenaba. Estableció una editorial con un socio millonario, una compañía de relaciones públicas, escribía para la radio, adaptaba novelas para la televisión y se le atribuyen los discursos de Marcos Pérez Jiménez. En 1959 regresó a Cuba porque el gobierno revolucionario le permitió instalar el mismo productivo programa que tenía en Caracas. Produjo ganancias considerables pero pagaba miserables salarios. Al fin lo pusieron a cargo de la diplomacia en Europa, pero no resultó tan eficaz como se esperaba. No por falta de autoelogio, lo que sería imposible para este espejo de narcisistas, que solamente podía expresarse en virtud del yo, primera persona, singular, de cualquier verbo, en cualquier oración. Por entonces se jacta de haber sido amigo-colaborador de García Lorca, de Alberti, Varèse, Malraux, Vallejo, Lukács, descubridor del desconocido Pablo Neruda [1] (Harss, o.c. 45-47). El más ligero conocimiento de los autores mencionados y de la cronología literaria nos hace notar que la vanagloria de Carpentier es una fábula.

Un *Nobel* para Cuba, pensaron sus hipnotizados gobernantes. Pero el sueño es más asequible si los autores presentados son cubanos, no necesariamente de nación, pero sí como Silvestre de Balboa, autor de *El espejo de paciencia*, en admiración a un negro honrado. Cuba fue muy amada por sus escritores, que allá regresaban a morir, como Martí. Baralt, Lino Novás Calvo, Esténger, Mañach, Arturo A. Roselló, Agustín Acosta, Montenegro, Lizaso, Francisco Fernández Pla, Lolita Rodríguez Tarrab, Juan J. Remos, Juan Fonseca, todos hubieran deseado morir en Cuba. Carpentier eligió morir en Francia. También prefería hablar en francés. Su afectada pronunciación del español sorprendió a Luis Harss, a quien confiesa no haber comprendido el animismo de la cultura afrocubana cuando escribió *Ecué*. En su importante y mesurado libro, de gran circulación entre críticos y estudiantes, Harss añade que «Carpentier se ha convertido en un poderoso teletipo que reproduce todo lo que le suministran» (67).

Ecué-yamba-o fue su única obra de contenido o acento cubano, pero no pasa de ser una coruscante presentación turística, elaborada en símbolos de vanguardia pueril. Escribe como un visitante idiotizado, en símiles extranjeros, grotescos. Dice de un pueblecito criollo: «sonrientes y decentitas como alumnas de un colegio yanqui se alineaban algunas casitas» (18, ed. 1977). El alumbrado: «mil alcachofas de porcelana relucían... (19) aunque los aisladores parecían guayabas verdes y no frutas importadas. La música es exótica: «discos japoneses, gaitas adiposas, acordeones haitianos». El Central es una torre de Babel: «capataces americanos, químicos franceses, pesadores italianos comiendo guin-

1. Según las memorias de Rafael Alberti, *La arboleda perdida* (Barcelona, 1977), p. 294, en París, 1931, Alejo Carpentier era el secretario de la rica joven argentina Elvira de Alvear, la que prometió a Alberti, ayudar a Neruda en la publicación de *Residencia en la tierra*, pero no cumplió su promesa.

dillas con pan»; ningún cubano de ají guaguao entendería de un *sángüise* con nombre de guindalera. Hay chinos que semejan misteriosas cartománticas; hay gallegos, «llegados como arenques en barcos franceses», los brigantinos viajarían como sardinas en lata, pero solamente en los barcos monárquicos de la Trasatlántica Española. Añade «el inevitable judío, enviado por una casa de maquinarias yanqui» (19). En una fiesta de pueblo «un escuadrón de judíos polacos se infiltraba entre los borrachos vendiendo corbatas pasadas» (58). En Cuba se llamaba *polacos* a los europeos que no hablaban español, todos los peninsulares eran *gallegos*, la palabra judío quedaba para personajes bíblicos. Escribiendo en 1933 Carpentier emplea una fraseología de prejuicio foráneo, un tanto imbuida de propaganda hitlerista. No halló eco en Cuba, donde los nazis fueron perseguidos, y un espía ejecutado el diez de noviembre, 1942.

No disfraza su desprecio por los negros extranjeros. Los haitianos son «la nueva plaga», los jamaiquinos «sudan agrio». Por extraña aleación de ideas, estas gentes que se alimentaban de «bazofias de congrí», lo empujan a una imagen de navidad neoyorquina: «El alcohol a fuertes dosis y el espíritu de la Salvation Army entraban en escena inmediatamente» (19). También rebaja a los negros cubanos que, según él, se niegan a la instrucción; «Fue inútil que un guardia rural insinuara que el chico debía concurrir a las aulas de la escuela pública» (30), frase que reconoce la enseñanza rural obligatoria en la Cuba de 1930, después negada por el mismo autor. Los negros cantan «por herencia de raza, anatomía sometida a la danza del instinto ancestral» (34). «Tenían, por atavismo, una concepción del universo que aceptaba la posible índole mágica de cualquier hecho» (51), sonoros ejemplos de una filosofía burda, simplista, particularmente grotesca ante la antropología y la nueva genética, la historia y la realidad ambiente. Pero no muestra más simpatía por el cubano de piel clara: «el carácter nocivo del niño criollo salía a flote, con su ausencia de respeto por las propiedades, pudores, árboles o bestias. La cola de los (sic) cometas se llenaba de navajas Gillette y filos de vidrio. Se combatía a golpe de inmundicias». (135). También apedreaban «a los alumnos del Colegio Metodista cuando regresaban de clase», posiblemente le propinaban tremendas palizas al niño Carpentier, que tocaba tan bien el piano. Estas imágenes de infancia son trascendentales para su vocación publicitaria. En su obra, desierta de familias, de madres, de niños, de animales domésticos, de hogares, el anuncio transmite el código social. En 1933 evoca la imagen de una popular medicina contra el raquitismo: «la luna, verdosa, remataba una cuesta en la carretera, como alegoría de la salud en anuncio de reconstituyente». (*Ecué*, 93) y «Despertó el pescador noruego de un anuncio de la emulsión, con su heráldico bacalao a cuestas» (o.c. 128). Cuarenta años más tarde reaparece el mismo emblema: «a la izquierda, el gran anuncio de la Emulsión de Scott», (*Recurso...* 46). Su ideal complementario es representar el humanismo del Renacimiento, ser el símbolo y depósito de todas las culturas. Su erudición es total, abraza todas las historias y todas las artes. Un índice onomástico de sus novelas abarcaría el contenido de todas las enciclopedias, empezando con Isidoro de Sevilla hasta el más reciente *«Pequeño Larousse».* Fue un gran diseñador, un Pierre Cardin de la descripción literaria, pero su conocimiento de los seres humanos está sumergido en el *Ensayo sobre la desigualdad de las razas humanas* del Conde de Gobineau, (que también nombra, a propósito de «... en mi país, donde son muchos —¡demasiados!— los indios, negros, zambos, cholos y mulatos...» *Recurso,* 23). El protagonista de su libro africanista es violento, ignorante, pueril, firma con una cruz, pero «era doctor en gestos y cadencias... el ritmo latía en su sangre» (31). Este libro, *Ecue-Yamba-O,* nada añade al conocimiento de los negros cubanos. Al contrario, los empaña. El más bello capítulo, *Ecué,* esmeradamente poético, presenta una iniciación, en escenario y ruidos apropiados, el altar, los signos, los tambores, la Mocuba, mientras «el Ecué sigue sonando con insistencia inquietante». La recitativa es embriagadora pero el final del juramento es un pérfida sacudida, «Menegildo identificó al Iyamba de la Potencia: era el presidente del comité reeleccionista de su barrio» (126). El acto religioso se convierte en instrumento político.

Para mejor aquilatar los valores carpentieristas es preciso leer *El acoso* (1946) y *Los pasos perdidos* (1952). Se cree que el primero se refiere a un episodio del movimiento estudiantil antimachadista, pero se trata de dos escenarios esencialmente distintos. El caso cubano es muy complejo, no tiene acosos, ni escondrijos, ni muerte a mansalva. El delator cubano era rico, de familia azucarera —emparentado con los condes de Diana—, tenía medios para huir o esconderse. Había entregado a sus compañeros, pero le hizo frente a la muerte con valor. No presenta un conflicto de venganzas, es una agonía de idealismo inflexible, del deber, de la justicia, la eterna dualidad de los sentimientos humanos. La descripción histórica más reciente se encuentra en: *Cuba 1933, estudiantes, yanquis y soldados* (Univ. de Miami, 1985), de Justo Carrillo.[2]

2. Éste es el delator cubano, histórico y legendario. Algunos comentaristas lo confunden, al parecer intencionalmente, con Mario Sáez de Bu-

El acoso de Carpentier parodia una famosa historia irlandesa. El crítico Alfred J. MacAdam, de *Columbia University*, ha señalado las semejanzas entre *El acoso* y *El delator* de Liam O'Flaherty, y la película basada en el relato irlandés, *El delator*, de John Ford: «Un aspecto del Dublín de Ford que reaparece en La Habana de Carpentier es su visión de un laberinto borroso, lleno de callejones sin salida, sombras y trampas... El Judas de Carpentier, el acosado, tiene un *curriculum vitae* semejante... es un provinciano... (*Rev. Internacional de Literatura Iberoamericana*, Madrid, 1980, p. 199). Pero el delator cubano era cosmopolita, había tenido amistades con importantes miembros del Partido Comunista en los Estados Unidos, fue líder universitario, expatriado en 1927. Dado que Carpentier escribe en función de sus modelos, su Habana es una ciudad sombría, la versión de una versión de ciudad europea, y su acosado la versión de una versión de otro acosado. Donde no hay una transposición es en la niñera negra que introduce Carpentier, una viejita que acoge cariñosamente al joven que arrulló de niño, le brinda asilo, lo aconseja. Cuando muere la anciana, el acosado la conmina en plañido declamatorio: «La que calmó mi hambre primera con la leche de sus pechos; la que puso en mi lengua el sabor de una carne que he vuelto a buscar, tantas veces, en torsos jóvenes de la misma sangre», (*Guerra del tiempo*, Chile, 1969, p. 153). Esta percepción genésica de la mujer negra es una constante invariable de la obra de Alejo Carpentier. En resumen, *El acoso* no pasa de ser un reconocido plagio.

En 1946 publicó *El reino de este mundo*, una seminovela de muy dudoso mensaje inspirada en una vuelta turística por Haití; a pesar de que allí había dejado muchas huellas el surrealismo Carpentier no logró comprender la intensa vida artística del país. Su segunda novela, secretamente cubana, *Los pasos perdidos*, data de 1956 —como era un escritor lento y perfeccionista, debe haber empleado mucho tiempo en darla por terminada. Fue, como todos sus libros, un fulminante, instantáneo, éxito de prensa. El

ruaga, posiblemente para desacreditar la bella y valiente historia de la Universidad de La Habana. Buruaga fue uno de los más peligrosos miembros del *bonche* universitario (1934-1941) a quienes describe Eduardo Chibás como «una banda de ladrones y asesinos. Un grupo de hampones. Ni uno sólo de ellos fue jamás revolucionario ni verdadero estudiante». Un frío resumen de sus actividades y de sus padrinos se lee en la *Historiología Cubana*, II (Miami, 1974), pp. 576-580, de José Duarte Oropesa, discípulo de Ramiro Guerra. No hay ningún parecido o similitud, histórico, biográfico, físico, personal o local, entre los *delatores* —tanto el cubano como el irlandés— y Sáez de Buruaga, quien había comenzado su carrera de transgresor juvenil con su amigo Noguerol en la esquina de Zanja y Oquendo, por los años del machadato.

público cubano, tan hábil para la frase feliz, acudió al choteo para el rebautizo: *Los tarros perdidos*. Esta es la última publicación de lo que se puede llamar la primera serie de Carpentier, el *snob* de la satinada y elegante revista *Social*. La fórmula de las novelas subsiguientes requiere una investigación y examen de técnicas electrónicas. La propaganda que las inspira ya ha pasado de moda, las mustias promesas incumplidas son dolorosamente huecas. Sólo persiste la interminable retahíla de nombres, de títulos y el exceso verbal.

Los pasos perdidos es una novela autobiográfica, la venganza del abandonado. Se conoce muy bien el primer escenario, la calle Prado (o el Paseo de Martí), frente al Capitolio, con portales y terrazas y anchas aceras. Allí se establecieron, hacia 1934, los cafés al aire libre, con orquestas de muchachas que tocaban todas las noches. Muchas eran alumnas del cercano Instituto de La Habana, y el lugar estaba siempre repleto de estudiantes. También iban muchos intelectuales y artistas. Carpentier llevaba a una muchacha agraciada, una francesita que había traído de París; se sentaban con Carlos Enríquez, conocido pintor de vanguardia. Y una noche, en la bien iluminada terraza, bajo el fresco de los árboles, la joven le dijo a Carpentier, en voz muy alta: «Yo me quedo con Carlos». Y se casó con Carlos en el *Hurón azul*, dicen que el mismo día señalado para la boda con Carpentier. *El Hurón azul* es muy importante en la historia del arte en Cuba. Pertenecía a la familia Enríquez y estaba situado en el barrio de Párraga, cerca del Reparto Mantilla. Diseñado para el pintor, tenía grandes ventanas, una gran cocina con piso de lajas negras, un jardín de árboles frutales, senderos pavimentados con cascos de botellas; unos guajiros que cuidaban la hortaliza y preparaban el café. A la boda acudieron todos los invitados en pijamas. Incluyendo los novios, la familia de Carlos, y el propio Carpentier. Debemos la descripción de la boda a Sylvia Enríquez; el relato del rompimiento amoroso circuló por las aulas del Instituto.

La novia se llamaba Eva Frèjaville. Le decían *Mouche*, el apodo que lleva en la novela. Era nieta de Eliseo Reclus, el autor de la *Nouvelle Géographie Universalle*. Su padre había sido un famoso transformista, la madre vivía en París, rodeada de antigüedades, conservando fielmente el vestuario del actor. *Mouche* era interesante y atractiva, de «ojos de un castaño lindamente jaspeado de verde y amarillo» (*Los pasos perdidos*, Barcelona, 1974, p. 122, con esta descripción estaba de acuerdo Sylvia Enríquez —m. 1984— que hablaba afectuosamente de su ex cuñada). Carpentier la pinta gastada y desteñida, no con la frescura que presentan los retratos que le hizo Carlos, aunque reconoce el «juvenil desorden, el impudor alegre, un tanto animal» (244) que tan claramente ha captado el pintor. Carpentier crea la novela para la venganza, insulto, diatriba, resentimiento, llegando a la más absoluta degradación de su arte, de la mujer, de sí mismo. Eva era culta, formada en un mundo intelectual de vanguardia; en Cuba publicó un librito sobre *Marcel Proust en el trópico*. Se codeaba con los surrealistas, y del odio a Eva, Carpentier cae en una perenne cantilena contra el surrealismo. Acusa a *Mouche* de ser «indigna de confianza» y de haberse formado en el «baratillo surrealista» (28), de que sus opiniones correspondían a «una consigna estética del momento» (70), aunque el mismo Carpentier ha empleado recursos e imágenes surrealistas en abundancia. La diferencia está en que los surrealistas eran más cultos y más artistas que el autodidacta Carpentier, y evitaban, huían de la pedantería. Con ellos estaba César Moro, el único hispanoamericano en el grupo auténtico, quien en 1938 llevó a Bretón a México, que colaboró en *Le Surréalisme au Service de la Revolution* —y que nunca mencionó el nombre de Carpentier—. Sin embargo, cuando nuestro novelista, ya anciano, regresó a Francia y comprendió que el surrealismo había dejado de ser una novedad para convertirse en un aspecto del arte moderno, pasó a jactarse de haber colaborado en sus revistas. Aunque siguió inferiorizado por el recuerdo de Eva, una mujer sagaz. En contraste, Carlos Enríquez casó con mujeres excepcionales. Su primera esposa, el amor de su juventud, fue Alice Neel (m. 1986), quien había estudiado con él en los Estados Unidos y que alcanzó fama de gran retratista. Pintó, en atrevidos desnudos, a los intelectuales y artistas más famosos de su país; se la considera una de las más importantes pintoras norteamericanas de todos los tiempos. Se movía en los círculos literarios, y en sus famosas entrevistas hablaba casi siempre de su primer esposo, «el aristócrata». Nunca se refirió al imborrable dolor que ese matrimonio dejó en su vida.

Creemos que Carpentier habla por boca de su narrador, no solamente porque su novela es versión de un incidente público, sino porque era su costumbre escudarse en el personaje central de sus libros para novelizar y engrandecer detalles de su propia vida. O para idealizar su propia realidad. En *Los pasos*, el autor, el hombre abandonado en una escena pública, se proclama el macho vencedor. Cuando Mouche le llama «burgués» se consuela escribiendo que «las mujeres de su formación» se decían revolucionarias para «entregarse a los desafueros del sexo» (124). Para él la mujer ideal es la mujer-sierva, la mujer-esclava, la mujer que le permite enorgullecerse de su «condición de hombre», de su «mano de amo», la que le acerca la jícara de agua a la boca, aquella que:

> Me rodea de cuidados, trayéndome de comer, ordeñando las cabras para mí, secándome el sudor con paños frescos, atenta a mi palabra, mi sed, mi silencio o mi reposo, con solicitud... aquí, pues, la hembra sirve al varón en el más noble sentido del término (151).

Rosario, tan matriz y tan ninfómana como la otra, pero más artera, es una guajirita lépera y desvalida, que necesita ayuda a cualquier precio y halla en el narrador una presa accesible. Los embobados críticos masculinos ven en ella el símbolo de la feminidad. Pero Rosario no es un carácter, es la contraparte de la mujer inalcanzable, no pasa de ser una sustituta, la única disponible. El narrador no la escoge, ella lo consuela cuando la otra lo ha puesto en ridículo. En busca de la felicidad el hombre culto abandona la civilización, se refugia en la selva, su marcha por el río es «el retorno a las raíces primordiales de la humanidad». Tan metafísico episodio dura seis meses, más o menos, al cabo de los cuales todo el mundo vuelve a su vida anterior. Cuando le piden detalles sobre el carácter de Rosario, el astuto Carpentier dice: «Rosario es mi esposa», en burla defensiva, porque su mujer, fina y educada, era otra antítesis de la sierva. De quien no logra burlarse es de Eva, que continúa apareciendo en todos sus libros. La novela ha sido esmeradamente delineada, es eco de *La Vorágine*; en el estilo de su ídolo secreto, St-John Perse. Según Roberto González Echevarría tiene su raíz en lecturas de Carpentier: *El Orinoco Ilustrado* de José Gumilla y episodios *calcados* del explorador Schomburgk. (V: A. P. Debicki, *Estudios de literatura hispanoamericana en honor a J. J. Arrom*, Univ. of N. Carolina, 1974, p. 208).

También Carlos Enríquez es blanco de sus odios. En *Los pasos* es un oscuro pretendiente, falsificador de objetos de arte. Otras veces Carpentier imagina su propia vida en función de Enríquez. En *La consagración de la primavera* el narrador es un rico miembro de una familia de millonarios. Aquí se adjudica una larga aventura con una mujer de gran simpatía y talento, generosa Mecenas de escritores y artistas. Fue vecina de los Enríquez y muy amiga de Carlos, que la pintó en un maravilloso retrato. Treinta años más tarde el anciano Carpentier se apodera de su persona, de su tren de vida, de sus vinos, de su elegancia, de su cariño. Es una irritante majadería escribir tanta quimera sentimental adjudicándose ajenas pasiones y opulencias.

Carlos Enríquez fue el iniciador de las alusiones noveladas, aunque lo hizo solamente una vez. Presentó a Carpentier en *La feria de Guaicanama*, como un pretendiente desdeñado, que hablaba «como un *snob*», con un cansancio afectado y «gramáticas de *boudoir*»:

Culto, brillante, conocía a todo el mundo que valía algo en sociedad... había escrito sus artículos en los periódicos; en fin no había término de comparación entre él, hombre de mundo, y el desenfrenado ése, sin ley, sin principios, sin conceptos morales ni sociales... (*La feria de Guaicanama*, Cuba, 1962, p. 61).

Un fantoche, insignificante, un poco snob, como todos los que han dado un viajecito fuera del país... (o.c. 73).

La feria es una historia de amor, con un padrastro, campesinos ricos, caciques, muertos, incendios. Es un escenario de supersticiones familiares, del mundo impalpable que infiltra los pueblos, sueños, espíritus, santeros, donde «lo sobrenatural templando el capricho de los eventos, hacía del mundo una lucha de seres invisibles y de imponderables, en la cual el ser humano podía caer, arbitrariamente, en el lado fatal, o en el lado glorioso y satánico que resultara vencedor» (100). Un mundo cercado por presagios inexorables; «del ladrido melancólico de los perros, el canto de la lechuza, la visita insólita de los mariposones negros, ciertos hoyos abiertos en la finca, sin tapar...» (196). Con la misma fuerza que crecía la manigua, brotaban las cábalas del suelo; los inocentes confiaban en lo imprevisto para detener a los perversos. Por las noches suenan hierros y goznes en las casas y vuelven a la vida los personajes de daguerrotipos.

En la finca del mal cacique hay una ceiba, árbol centenario que habla y escucha. Bajo su sombra se oye a los ausentes; los vivos y los muertos. El protagonista enamorado requiere su ayuda: «Tú, viejo formidable, mira a ver si un día le caes arriba a don Evaristo y lo aplastas» (57).

Evaristo logra hacer mucho daño. Por sus mañas arde la casa vieja, la que de veras existió; sabemos que sus moradores creían ardorosamente que sus abuelas se reflejaban en los espejos, meciendo abanicos con manos invisibles. La maldición ataca al mayoral, «enfermo de angustia, se desangraba de fatalismo». Hombre del surco, enamorado de la tierra, cuando muere hierbas y bejucos protegen y velan su cadáver. Su espíritu va a refugiarse en el árbol, —creencia que también aparece en cuentos del África—. Al día siguiente Evaristo se apresta a cortar la ceiba: «herido el viejo árbol, abuelo de los ciclones, hasta lo más profundo de las entrañas por los hacheros, aún mecía al aire el salto de sus ramas en el espacio, quizás emprendiera un vuelo fantástico por los cielos». Con el «ventarrón maldito de los emplazamientos», la ceiba aplasta a Evaristo; entonces se oye la risa del mayoral muerto. Así se reafirman los avisos de la centenaria Domitila, coleccionista de fantasmas, hechicera llegada del África lejana que «sabía los secretos cósmicos que hacían temblar a las antiguas tribus».

Se explican las sombras transparentes como «la energía del infinito agrupándose en vertiginosas afiliaciones atómicas» (103) mientras el pintor esboza, en sus propias páginas, sus propios cuadros. Este procedimiento fue típico de Carlos Enríquez; la escritura y el cuadro. Aquí se lee, se ve, verbalizado, el cuerpo flotante de los famosos desnudos de Eva. Pero el más conmovedor de los retratos es la representación de Cundo, el mayoral, uno de esos hombres clavados en la gleba, de manos cansadas que se convierten en raíces. Carlos Enríquez pintó este cuadro hacia 1943, buscando «lo vernacular en el campo de Cuba», que conocía muy bien —había administrado las fincas de su familia, *Los Chorros* y *Consuegra*, cerca de la Sierra de Cubitas. Un crítico de arte, cubano, utiliza este cuadro como evidencia de las simpatías de Enríquez por el *Partido*, porque según él, representa a Jesús Menéndez, un dirigente comunista muerto en 1947. Pero Carlos Enríquez (lo mismo que Alejo Carpentier), fue un clásico hedonista burgués, que habla en defensa de la «libertad individual y de la personalidad», contra un visitante que esgrime los conceptos de la «cartilla del partido»: «Estos fanáticos, tomando la liberación de una clase como base, esclavizan a un mundo, incluyendo la propia clase», (o.c. 156-159). Y el narrador procede a echar de su casa al visitante anticapitalista.

Enríquez presentó sus preocupaciones sociales en su primera novela *Tilín García*, con un análisis del problema guajiro. El personaje central, Tilín, está al tanto de las confusas herencias dejadas por las haciendas comuneras (esa propiedad circular que parece haber sido trasladada de la antigua Galicia) y puede analizar fríamente la actitud del guajiro. Tilín no tiene «fe en el socialismo de que hablan tanto» y menos en los *camaradas* (52). Siente el drama del campo, pero es realista y escéptico, los campesinos «prefieren morirse de hambre antes que doblar el lomo» (46), deciden pasar hambre a sembrar su propia comida. Pero se complace en detallar los cuadros emocionantes de la tierra cubana, los que después aparecerán en sus más famosas telas. También presta atención a la magia, que ya había señalado en 1935: «la vida pueblerina, campesina, montuna, saturada de mitos y leyendas fantásticas, de espíritus de aparecidos, güijes, lloronas...», la tierra que habla y los muertos que levantan la mano para denunciar a los culpables, y altares encendidos, relucientes de collares.

Este libro nos trae la reseña verbal del cuadro *El paisaje criollo* (1943, Museo Nacional de Cuba). Al borde inferior aparecen dos jinetes, listos a cruzar la montaña, «infranqueable.... Un pedazo de monte virgen, exuberante, fecundo e intacto de progresos»... (103). La descripción es gráfica, el cuadro es sibilino, uno de los mejores de Cuba. Es un paisaje atormentado, innovador, intensamente poblado por las dos pequeñas figuras, dinámicas, detenidas frente a la base de un altar monstruoso, listas a ser sacrificadas en un paraje que desafía la común horizontalidad de los panoramas europeos, espectáculo donde domina la montaña y la bóveda del cielo es una tímida mancha azul. El monte es el cuadro, una muralla de árboles y troncos, de palmas enloquecidas. Se adivina el miedo de los caballos y el reto de los hombres, como en las crónicas de los conquistadores.

La tercera y última novela fue *La vuelta de Chencho*, publicada en 1942. Es una historia de pueblo, de gentes en multicolor, de los que prefieren la libertad a la comida, marginados que tienen el rostro de todo el mundo y la piel de sol, unos blancos y otros negros. La acción, o mejor, el movimiento, porque la novela se mueve como una ola, sucede en El Sapito, barrio de llega-y-pon, villamiseria, de personajes medianamente felices, que sobreviven día a día en un caserío aledaño a Jesús del Monte, más pobres que los pobres. Se hunden en la esperanza, acatan las fuerzas del destino con una fe absoluta en sus vasos de agua, sus visiones, sus corazonadas, sus curanderos. El Sapito es una formidable creación, sin crítica social o proletariado resentido —recurso tan explotado por los más respetables escritores. Es un grupo cínico y resignado, que ha hecho las paces con su inalterable miseria. La superstición los protege, con una estrategia filosófica de a mal tiempo buena cara y yo no tumbo caña que la tumbe el viento. Eran gentes muy ocupadas, en un incesante cumplimiento de menesteres imprescindibles: asistir a sesiones espiritistas; vaciar vasos de agua al frente de las casas; situar despojos en los caminos, como granos de maíz, pedacitos de coco, cintas de colores; llevar *trabajos* a la bahía; encender velas a la Virgen de Regla y a la Milagrosa del Cobre; sufrir *trances;* baldear las salas con agua de albahaca. Creían en seres con luz, en planos siderales, en aparecidos, en *mediums*, en potencias malignas, en los avisos, en presagios, en el Santísimo, en los espíritus. El curandero es su sabiduría: «La vida de un hombre tiene sus raíces en la tierra, no en el cielo; si viniera de allá, ¡sabría tanto como el Eterno!»

Nos hemos detenido en estas novelas para hacer resaltar las hondas diferencias que separan a nuestros escritores cubanos del afectado manerismo cortesano y el subterráneo fondo racista predominante en Carpentier. Para éste lo autóctono, el negro, lo negro, es *otra plaga*. Escribe de *la nueva plaga*:

> Y luego, la nueva plaga consentida por un decreto de Tiburón dos años antes: escuadrones de haitianos harapientos... (*Ecué* p. 19).

Implícitamente, tácitamente, el negro ciudadano, centro y base del arte de Lydia Cabrera y de una buena parte de los artistas cubanos, es para Carpentier un ser aparte, un extranjero, una carga, la vieja carga, *la vieja plaga*.

Para Lydia Cabrera el negro cubano es el depositario de dos culturas, la que trajeron sus abuelos y la adquirida de sus compatriotas y del medio. Por eso ha trabajado con ahínco para que no se pierda la antigua herencia. Para Carlos Enríquez el pueblo cubano es simplemente pueblo cubano, de tal manera que casi nunca describe a sus personajes por su raza, vemos los colores a través de diálogos o referencias indirectas o rasgos de pintor, como el niñito que parecía «un animalito ahumado».

Carpentier, como Enrique Fontanills, amaba el esplendor y el boato, el pueblo era para él un espectáculo desagradable. No hay manera de negar, de disimular, el paternalismo desdeñoso que le ofrece. Escribe como un lazarillo hambriento, deslumbrado ante los envidiables lujos del gran mundo, del gran hotel, el gran teatro, la gran orquesta, el gran piano, el palacio, la servidumbre uniformada. Carpentier es estilo. Lo nota el avezado MacAdam al estudiar *El acoso: un estilo que se ve a sí mismo como su fin y meta* (o.c. 196). Adornó sus libros con brillantes chamarascas de recuerdos rumiados y fáciles decorados históricos, vocero de otros libros, que subrepticiamente se asoman, como se nota *La historia universal de la infamia* en *El reino de este mundo*. O interpolaciones de versos de Alberti o de Pablo Neruda que serpentean en su prosa. Fue el genio de la adaptación, la asimilación de estilos, la paráfrasis, mimético, perito del detalle suntuoso. Pero sus novelas carecen de punto de apoyo, son puentes en el aire, ruedas sin eje, planetas fuera de órbita, intensas narraciones que conjuran imágenes indefinidas, interminables partos donde jamás surge un carácter; regalos para la prensa, libre para interpretarlas como le dé la gana. Carpentier nació escritor, pero demasiado tarde; hubiera sido el perfecto cronista del descubrimiento de América, explicando un nuevo mundo; *el sahumerio, a manera de resina, que ellos llaman copal; y el liquidámbar con unas hierbas que se dice tabaco; y cierta bebida del cacao servida en copas de oro fino;* Bernal Díaz se confunde con Carpentier. Sólo que Carpentier soñaba en un *espectacular,* en tecnicolor, como un *Gone with the Wind* de las Antillas, porque en el *Siglo de las luces* se adivina el *guión* y los cambios de cámara. El escenario es majestuoso pero los personajes —hablando en cubano—, son tres niños bitongos y un aventurero. Esa es la fatua necedad de la obra de Carpentier: despojados de su erudición y de sus innumerables medios de transporte, sus caracteres nunca pasan de ser las minuciosamente talladas máscaras del autor, Alejo Carpentier.

Cuba era demasiado proteica para sus delicados antifaces, lo africano impenetrable, hermético. Su África estaba prendida a conocimientos anacrónicos, recibiendo las cosechas de las Américas que cambiarían la difícil agricultura del continente y los barcos negreros del Marqués. Nunca pudo aprehender, en su pasado de estepario silvestre que los europeos se habían negado a reconocer la existencia de las elaboradas ideas cosmológicas de los africanos, de sus dioses y de sus santos, de su herencia religiosa, porque no les interesaba salvar almas. Este es un aspecto del África histórica que sólo podría percibir con claridad una persona como Lydia Cabrera, que además de conocer bien a su país, había tomado cursos de Religión y Arte oriental con los grandes maestros de la Sorbona, y conocía de esas creencias que otros profesos llaman supersticiones. Con serena imparcialidad y amorosa ternura Lydia ha estado recogiendo los fragmentos, el sedimento místico que guarda la memoria y la tradición oral del negro cubano. Poco a poco estos secretos están siendo descifrados, con la ayuda de sus estudios, sus diccionarios y sus cuentos. Por su parte Carlos Enríquez describió y vivió con el pueblo entreverado, de todos los tonos del blanco de las nubes y el ocre de la tierra, y pintó, y sintió, ese universo en cuadros palpitantes: como él, otros autores hablaron de ese mundo con emoción, y cariño: Lino Novás Calvo, Labrador Ruiz, Montenegro, Loveira. Pero Lydia Cabrera es un mundo aparte, la Maestra, que se mueve entre la realidad y el mito. Lydia también es el futuro, *El Monte* y *Anaforuana* son textos para el próximo siglo.

En la ciudad de La Habana, en una casona colonial, se ha instalado un museo dedicado a Alejo Carpentier. Otro gobierno, otro ciclo, pero el mismo desatinado esfuerzo por levantar una cultura amontonando ladrillos de arena. Porque no hay, no existe, no se puede inventar, en toda la isla un solo rincón que lleve, que haya sentido la sombra o la voz de Carpentier. A pesar de su persistente ausencia, física y espiritual, el gobierno de la República de Cuba lo respaldó, con toda su fuerza, para un premio Nobel de Literatura, ajeno al evidente hecho de que los nobelistas pueden ser más o menos buenos escritores, pero no pueden ser inconsistentes. Carpentier, caballero andante del anuncio, publicista de sí mismo y buen amigo de dictadores (en Cuba y en Venezuela) no podía representar un movimiento de izquierda sin provocar las más ruidosas carcajadas.

El gobierno de Cuba, en ese momento histórico, tuvo en sus manos un merecido Nobel para la Isla; si con un gesto de justicia intelectual y elegancia política hubiera presentado un candidato íntegro, digno, y bien conocido por cubanos y por extranjeros: la modesta vecina de la finquita San José, en el barrio popular de Marianao, cerca del famoso Pogolotti.

Pogolotti, barrio-símbolo, barrio-pueblo. Levantado en las tierras de Mateo Pedroso, un hombre tan siglo XVIII que murió, a los ochenta años, el 5 de enero del 1800. En su finca de Marianao fabricó una casa de verano, modesta y alegre, con su torre, atalaya vigilante en aquella región tan apartada de la ciudad habanera. Poco a poco se convirtió en hogar criollo, con inmenso patio, portales y azotea. Residencia de larga historia, incluso fue laboratorio para los estudios de la fiebre amarilla, dirigidos por Carlos J. Finlay; también escuela y asilo de locos. Restaurada pacientemente por María Teresa de Rojas, historiadora y paleógrafa, y por Lydia Cabrera, pasó a ser un museo de arte, muebles, artesanía y plata forjada, de la Cuba colonial. A veces se abría al público, los estudiantes de la Universidad de La Habana la visitaban guiados por el gran maestro Luis de Soto, según recuerda Josefina Inclán. Cuenta Herminia del Portal que todas las tardes, después del almuerzo, Lydia se sentaba en una de las habitaciones que daban al patio, con las puertas abiertas a la brisa, a escuchar a sus informantes, escribiendo en sus pequeños cuadernos, apuntándolo todo, preguntando, riendo, conversando con sus viejos amigos. Le llevaban recetas, ramas, florecitas silvestres, dibujos, oraciones impresas, listas de plantas, de palabras, de nombres. Los negros no iban en busca de charla frívola, iban a depositar secretos —pusieron su confianza en Lydia—, para que los recogiera para siempre, para que no se perdieran nunca. Recordaban sus árboles y sus campos, diferenciaban perfectamente entre la medicina y la magia, entre la fe y el conocimiento; aquellas visitas tenían el aire de ceremonias religiosas. Posiblemente Cuba es el único país de Occidente que tiene los datos completos de una vasta y múltiple cosmogonía africana, que de acuerdo a los especialistas parece haber sobrevivido en Cuba en toda su pureza, a pesar del palpable sincretismo del vivir cubano.

Por todo eso, y todo lo demás, Lydia es un honor. Pero los cubanos mismos deben aprender a reconocer, a interpretar, a enorgullecerse de la magnitud y el significado y el alcance de su obra. Lydia, moderno *espejo de paciencia*, es el auténtico modelo, espejo de Cuba.

UN DOCUMENTO DE 1865

Comandante M. GAJATE, M. N.

Director de la Academia
Naval del Mariel, Cuba
(1948-1952)

CAPITANIA GENERAL
DE LA
Siempre fiel isla de Cuba.

ESTADO MAYOR.

Seccion $\frac{3^{a}}{u}$

[Documento manuscrito]

Hab.ª 14 Stbre 1865
A la R.l Sala senten-
ciadora.—

Illmo Señor

A fin de que la Sa-
la sentenciadora me in-
forme lo que se le ofrez-
ca y parezca remito
á V.S.S. en calidad de
devolucion la adjunta,
instancia que eleva á
S.M. la Reina (q.D.g.)
la negra Gabriela Pin-
dota.

Dios gue á V.S.S. m.s a.s
Habana 17 de Marzo 1865

[firma]

Illmo Sor Presidente de la R.l Audiencia

TRANSCRIPCIÓN DEL DOCUMENTO

Habana 18 de marzo 1865.
A la Real Sala sentenciadora.

> Iltmo Señor:
> A fin de que la Sala sentenciadora me infor-
> me lo que se le ofrezca y parezca remito a
> V.S.Y. en calidad de devolución la adjunta
> instancia que elevará a S.M. la Reina (q.D.g.)
> la negra Gabriela Ilincheta.
> Dios guarde aV.S.Y muchos años.

> Habana 17 Marzo 1865

> Domingo Dulce

> Iltmo. Sr. Regente de la Real Audiencia.

El comandante Gajate, en honor de Lydia Cabrera, contribuye al presente volumen con este curioso documento histórico, en el cual y en 1865, dan curso a una instancia que la negra Gabriela Ilincheta eleva a S.M. la Reina de España. Dicho documento lo firma el capitán general de la Isla de Cuba.

Posiblemente, Gabriela Ilincheta perteneció a la dotación de la acaudalada familia Ilincheta, apellido de uno de los personajes que novela Cirilo Villaverde en *Cecilia Valdés o la Loma del Ángel* (1839-1879).

EL LIBERTO: MARGINACIÓN Y RECHAZO

LEVÍ MARRERO

El liberto, como tipo social, aparece temprano en Cuba. Ya en el Quinientos habanero las *negras horras* —vendedoras ambulantes, lavanderas y proveedoras de comida en sus tabancos, a marinos, soldados y transeúntes— eran personajes ubicuos en La Habana de las Flotas y Galeones.[1] Carlos V ordenó en 9-XI-1526 a sus Oficiales Reales de Cuba que facilitasen la libertad de los esclavos que pagasen a sus dueños 20 marcos de oro, o más, según su *calidad, condición y edad,*[2] y Felipe II, por Real Cédula de 21-III-1583, al decidir fuesen vendidos *sus* esclavos, adquiridos para construir el habanero Castillo de la Fuerza, sugirió se diese preferencia a los soldados —muchos no españoles—, para que comprasen la libertad de sus hijos mulatos que sabía el adusto monarca *habían habido en algunas esclavas nuestras.*[3] Lo que probaba que desde entonces, en las Indias, escasas las mujeres españolas, la *democracia sexual* era un hecho cotidiano, aunque tal emparejamiento no alcanzara más allá del lecho, ocasionalmente compartido.

La relativa permisividad para el ahorramiento del esclavo continuaría. En 1827 reconocía Alejandro de Humboldt:

En ninguna parte del mundo donde existe la esclavitud es la manumisión tan frecuente como en la Isla de Cuba.[4]

1. Marrero, L.: *Cuba: economía y sociedad,* volumen II, pp. 350-351.

2. Ibídem, p. 346.

3. Ibídem (Real Cédula de 21-III, 1583. Archivo General de Indias, Audiencia de Santo Domingo, legajo 1.1122).

4. Humboldt, Alejandro de, *Ensayo Político sobre la Isla de Cuba* (1827).

¿Hasta donde alcanzaba esta libertad comprada con el trabajo agobiante más allá de las largas jornadas forzosas, unida a la capacidad de acumular el precio propio mediante la previsión y la perseverancia? Unos años antes un funcionario inglés destinado a La Habana para vigilar la incontrolable trata ilícita de africanos, escribiría:

> ¿Hay muchas gentes de color que han comprado su libertad con las ganancias extras que les autoriza la ley... Aunque marcados con el estigma de la esclavitud, poseen ciertos privilegios que aquí llaman *libertad*, pero que tiene poca analogía con el significado europeo de la palabra; están desencadenados pero llevan el dogal en sus cuellos. Están sometidos a la mayor parte de las restricciones impuestas a los esclavos en lo que respecta a portar armas, permanecer en la calle con farol después de oscurecer... y se les mantiene igualmente desprovistos de conocimientos, pues la libertad no abarca sus mentes, en modo alguno.[5]

Sujeto a tales limitaciones, el liberto, a quien se reconocería como *pardo* y *moreno* en lugar de las denominaciones de *mulato* y *negro* asignadas a los esclavos, constituiría un mentís rotundo a las alegaciones más gratas a los esclavistas sobre la *inferioridad* racional del africano y su *incapacidad natural* para el trabajo autónomo. Los libertos habían probado, desde el primer siglo colonial, su suficiencia para ajustarse a su propio —aunque limitado— albedrío, una vez que lograban escapar al látigo embrutecedor.

El más continuado y conmovedor ejemplo de amor ínsito a la libertad lo ofrecerían, colectivamente, los esclavos abandonados a su suerte en las minas de Santiago del Prado (El Cobre), quienes aplicando las habilidades de minería y fundición transmitidas de generación en generación, venderían el escaso metal resultado de sus tareas, para comprar al Rey, su dueño, la libertad de sus hijos, sus mujeres, sus hermanos, sus sobrinos y aun sus ahijados, retardando, en no pocos casos, su propio ahorramiento en favor de los suyos. Tras dos siglos de lucha por la libertad colectiva, la lograrían más por cálculo estratégico que por bondad de la Corona, cuando ya ardía la insurrección de los esclavos de Saint Domingue.[6]

5. Jameson, Francis R., *Letters from the Havana during the year* 1820; *containing an Account of the Present State of the Island of Cuba, and Observations on the Slare Trade* (Londres, 1821).

6. Marrero, L., *Los esclavos y la Virgen del Cobre*. (Miami: Ediciones Universal, 1980).

Aunque los *ideólogos* defensores de la esclavitud —entre quienes figuraría el clérigo santiaguero Bernardo O'Gaván, merecedor de un título de Castilla que cedió a un sobrino—, pretendiesen negarlo, en una sociedad que rechazaba como *vil* el trabajo mecánico, el liberto, antiguo esclavo o descendiente de él, devendría en el siglo XIX el artesano por excelencia, capaz de cubrir un campo esencial de la producción, vedado a muchos blancos, más cuidadosos de la presunta *honra* que de la honestidad de sus vidas. José Antonio Saco señalaría esta realidad, y la lamentaría.

Tres factores contribuirían a mantener numéricamente alta la presencia de los libertos dentro del universo demográfico cubano: 1) la *coartación*, institución de raíz criolla, que permitía al esclavo comprar su libertad a plazos; 2) una alta tasa de crecimiento vegetativo sostenida por la proporción equilibrada de los sexos —inexistente en los blancos y los esclavos entre quienes predominaban numéricamente los hombres—, y 3) la estabilidad de los núcleos familiares, notable en los matrimonios de libertos.

Los padrones y censos más confiables revelan las siguientes proporciones de libertos, indudablemente altas, dentro de la población cubana:

Año	Población (1.000)	% de libertos
1774	172	18
1792	272	20
1827	704	15
1846	899	17
1862	1.359	17
1867	1.426	17

La preocupación de los libertos por la educación de sus hijos fue notable. Y cuando el régimen colonial olvidaba su deber de contribuir a la propagación de la enseñanza pública, las *amigas*, libertas casi todas, proveían en sus *escuelitas*, a centenares de niños, blancos y de color, rudimentos de lectura, escritura y *cuatro reglas*, junto con la doctrina cristiana.

Un escritor español, sagaz y liberal, quien visitó La Habana en 1839, casi dos décadas después de cerrada la trata legal de africanos y un lustro antes de La Escalera, advertiría la animosidad de los esclavistas contra los libertos. Los morenos, escribió

causan mucha inquietud y no faltan personas que vean como un objeto de conveniencia la exclusión de la Isla de estos desgraciados. En mi sentimiento no puede caber el que se prive de su patria al hombre laborioso que sabe adquirir su libertad y romper sus cadenas.

En cuanto a los pardos reconocería que por lo regular en ellos

bulle el genio y la inspiración. Raro, muy raro es el mulato torpe. Generalmente la agudeza suya y lo florido de la imaginación los predispone favorablemente para las bellas artes y las letras. Cuéntanse, entre ellos, muchísimos improvisadores, muchísimos músicos.[7]

El lento, pero significativo avance del liberto en una sociedad estructurada sobre la esclavitud, provocaría temores, denuncias y rechazos. Al requisito ibérico de *limpieza de sangre* que le excluía del acceso a todas las profesiones *nobles*, se sumaría la presunción de que su mera presencia amenazaba la estabilidad social de la colonia. En 1844, el año de *La Escalera*, Francisco Martínez de la Rosa (1787-1862), perseguido antes como liberal por el absolutismo, ya Ministro de Estado, declararía en 1844 ante el Senado de Madrid:

La esclavitud en Cuba... es una propiedad garantida por las leyes; pero es necesario evitar el contacto de los negros libres con los negros esclavos, porque cada negro libre es... una proclama viva de insurrección.[8]

La intensificación de la trata, generada por la demanda implecable del moloch azucarero, hacía temer una insurrección de los esclavos, que ya estuvo a punto de incendiar la Isla en 1812, dirigida por el liberto José Antonio Aponte. La presión británica apoyada en las obligaciones contractuales de España, poco sirvió ante las grandes utilidades del infame comercio que enriquecía desde el Capitán general hasta el último *accionista* que contribuía a financiar las expediciones a África. No faltaron hacendados que advirtieran el peligro, aterrorizados a su vez por el terror generado contra los esclavos en rebeldía evidente. Uno de ellos escribiría a Leopoldo D'Donnell:

7. Salas y Quiroga, J. J., *Viajes* (1840). En esta obra, reconoció Salas el genio poético de Plácido, quien sería fusilado cuatro años después, destacando la audacia de su poesía donde se saludaba a la libertad.

8. *Diario de Sesiones del Senado*, Madrid (27-I-1844). Biblioteca Nacional, Madrid.

Querer aumentar el número de esclavos equivale a explotar una mina en el cráter de un volcán que ruge. ¡No mas africanos, Excelentísimo Señor! [9]

O'Donnell optó por el contraterror e hizo de los libertos, a quienes consideraba los modelos a liquidar, las víctimas más ostensibles del genocidio de *La Escalera*, una de las páginas más ominosas de la historia social cubana. La llamada oficialmente *Conspiración de Matanzas* emasculó a los libertos, como clase, por los cinco lustros siguientes.

Creemos útil en 1986, cuando los cubanos conmemoramos el centenario de la abolición *de jure* de la esclavitud —*de facto* había sido abolida por los patricios de la Guerra Grande desde 1868—, recoger cuatro casos evidenciadores de la marginación y del rechazo a que serían condenados libertos de alta distinción personal, no reconocida, aun cuando alguno de ellos hubiese rendido meritorios servicios a España. Vale la pena hacerlo, a nuestro juicio, porque en estos años próximos no faltarán los apologistas de la justicia colonial que, apoyados en pragmáticas incumplidas, hablarán de la miscegenación como prueba de la ceguera de color de nuestros antepasados, y de la feliz convivencia de libres y libertos. El racismo y la discriminación vinieron de lejos y revelar su lejana presencia será siempre útil si aspiramos a tener un día un país cordialmente justo, donde dentro de una democracia igualitaria ser cubano sea, realmente, más que ser blanco o negro. Veamos estos casos:

I

El habanero Antonio Flores, de oficio carpintero, sirvió desde 1708 en el batallón de infantería de milicias de pardos libres de La Habana. De soldado iría ascendiendo en rango por sus servicios, certificados por sus jefes: guardias frecuentes desde la caleta de San Lázaro hasta Marianabo (sic), tres *salidas* al ser dispuestos armamentos contra los ingleses de San Jorge; captura de dos navíos franceses, uno de los cuales, ya oficial, condujo hasta La Habana; persecución de piratas y, por último, miembro de las fuerzas destinadas a reconquistar a Santa María de Gálvez, alias Pensacola, donde fue hecho prisionero y enviado a Francia, *de cuyo trabajo y miserias retornó después de 18 meses.* Encargado

9. Archivo Histórico Nacional, Madrid. Ultramar, legajo 3530. (Pizarro Gardín a O'Donnell, 21-II-1844).

de disciplinar las milicias, su ejecutoria como leal servidor del Rey no merecería sino elogios del ilustrado gobernador Francisco Caxigal de la Vega, el vencedor de Vernon en Guantánamo. En 1759 sería designado comandante de las milicias de pardos de La Habana, la posición más alta que, en la colonia, pudiera alcanzar quien no fuese blanco.

El comandante Flores, casado cristianamente con la parda Isabel Vázquez, tenía un hijo, Joseph Ignacio,[10] al que hizo educar hasta dominar *los primeros rudimentos*. Al considerarlo demasiado pequeño para que a los 9 años comenzase a aprender el oficio paterno, solicitó fuese admitido a *oír gramática* en el Colegio de los Jesuitas. Su maestro, el Padre Thomas Ignacio Butler[11] y los otros profesores que asistieron a las oposiciones entre los estudiantes,

al final del trienio, unánimes afirmaron un talento e ingenio especial, y que sería lástima que un buen entendimiento se hubiese de dedicar a andar con palos,

Pasó así el joven habanero a *oír Philosophia* en la cual,

se aprovechó tanto que se llevó el aplauso de todos los Padres Maestros.

El Padre Nicolás Mariano Guerra, catedrático de Prima de Theología del Colegio le recomendó que estudiase Teología, pues graduado a los 17 años podría *tomar el giro a que su maestro lo aplicase*. Fue tal su aprovechamiento que se le reconocería como

el mejor estudiante gramático, philósofo y theólogo que tienen los patios del Colegio.

Orgullosos justamente los maestros jesuitas de su joven colegial, el Padre Guerra quiso —en la mejor tradición medieval predominante aún—, que conociese el público *sus buenas partes*. Para ello se proyectó un acto de diez materias teológicas, autori-

10. Según el registro de la Iglesia Parroquial Mayor, José Ignacio fue bautizado por el P. Beneficiado Lope Recio de Oquendo en 25-IX-1742 y fue su padrino Francisco de Arango.

11. El Padre Butler aparece en distintos documentos de la época como el religioso jesuita de mayor prestigio e influencia en la sociedad habanera, al punto de actuar como mediador, con buen éxito, en las diferencias surgidas entre los principales habaneros y el Conde de Ricla sobre los nuevos impuestos creados tras la restauración española en 1763 (Ver Marrero, L., *Cuba: economía y sociedad*, volumen XIII).

zado por el rector, Padre Antonio Muñoz. Fueron dispuestas las invitaciones *a los replicantes y a multitud de personas*. El día anterior al acto amaneció conmocionada La Habana por la actitud desafiante de dos *doctores mozos* de la Universidad, quienes recogían firmas de los doctores habaneros para anunciar que no asistirían al acto. Los *engavillados* coartaban el derecho de los jesuitas, y en su racismo asumían una posición *sediciosa*, mientras alegaban que el acto público en mérito al saber del joven pardo,

> ajaba la línea literaria y clase, bajo de cobertor de cañamazo,

alusión al humilde vestido de los esclavos y de los más pobres.

Honrosamente, la mayoría de los doctores habaneros, unos cien, se negó a apoyar a los racistas doctos y el Rector de la Universidad declaró no existían obstáculos para que sus graduados concurrieran al acto. Pero ante la actitud levantisca del grupo protestante, el Rector del Colegio optó por suspender el acto.

El Comandante Flores, en un memorial elevado a Madrid, sin duda redactado por uno de los padres del Colegio, alegaría que la injusta suspensión dejaba sonrojado y desairado a su hijo. Señalaba casos en México y en Santiago de Cuba donde algún pardo habría llegado al sacerdocio, y con ánimo dolorido destacaría, entrando en el campo del más ilustrado razonamiento:

> Nunca será mal visto en ninguna parte del mundo el que en La Habana no sólo la nobleza y blancos sean profesores de letras, sino aún los pardos, y que éstos tengan funciones y sean hombres doctos, por inferirse que no sólo los blancos y nobles aspiran y aman las letras, sino que también los pobres buscan y solicitan la sabiduría y se ve que aunque sean pardos, por ningún caso la ajan antes si es mayor lauro de ella, y consiguientemente especial de título de aquella ciudad.[12]

12. Archivo General de Indias, Audiencia de Santo Domingo, legajo 1.455 (Antonio de Flores al Rey, La Habana, X-1759). El documento, redactado probablemente por alguno de los Padres Jesuitas de La Habana, refleja un criterio de justicia correspondiente a la liberalidad de los miembros de la Compañía para abrir sus aulas a los jóvenes talentosos en las Indias, sin limitaciones dictadas por su raza u origen. Remy Bastien ha escrito, al respecto: «Una de las causas principales de la expulsión de los jesuitas... fue su intento de mantener escuelas para la enseñanza de los negros y mulatos» (*Procesos de aculturación en las Antillas*, Revista de Indias, XXIV, 95-96, p. 190).

El comandante Flores, quien al dirigirse al Rey había cumplido más de medio siglo de servirle, terminaría solicitando fuese desembarazado su hijo de obstáculos, y que junto a sus hermanos, se le permitiese estudiar en La Habana medicina y cirugía, sin que se les objetase participar en *actos y funciones literarias*.

En Madrid el Consejo de Indias procedería en 28-II-1760, a cohonestar el dictamen de su fiscal, quien rechazaba la solicitud del Comandante habanero, en consideración a que su instancia no estaba acompañada con la certificación de los estudios cursados por su hijo. Además, alegaría,

> concurre para su desprecio hallarse prevenido por los estatutos y constituciones de todas las escuelas, que no se admitan a cursar en ellas a los mestizos, zambos, mulatos ni cuarterones, porque su concurrencia no retraiga a los demás estudiantes de asistir a la Universidad, y de motivo a que la desamparen o desierten en grave perjuicio de la causa pública... por lo que... han tenido justo motivo los doctores de aquella Universidad para no asistir y oponerse al acto de las diez materias teológicas que el expresado Joseph Ignacio Flores intentaba sustentar.

Reinaba el ilustrado Carlos III.

II

El gobernador Diego Joseph Navarro (1777-1781), quien tendría una intervención directa en las operaciones del espionaje español en los inicios de la Guerra de Independencia de las Colonias norteamericanas, recibió en 18-VIII-1777 una Cédula comunicándole la *Real voluntad* de que diese empleo en La Habana, como intérprete o sobrestante al moreno José Gregorio de la Guerra, nativo de Guinea y bautizado en Alhucemas. Se anticipaban en nombre de Carlos III *las buenas propiedades y adornos* del liberto, quien dominaba los idiomas latino, español, italiano, francés y arábigo.

Antes de arribar el políglota africano a La Habana informaría Navarro al ministro don Joseph de Gálvez, de quien debió partir la iniciativa, que

> no habiendo necesidad en esta plaza de establecer en ella intérprete de los idiomas que posee este individuo, se le

empleará, cuando se presente, de mayoral en la brigada de los negros (del Rey), destinados al servicio de las canteras.[13]

III

Don Joseph María Cowley, descendiente de ingleses, ocupaba en los años finales del siglo XVIII una modesta posición burocrática en la Real Factoría de Tabacos y su preocupación cristiana le llevaría a actuar como *agente de los pobres encarcelados* de La Habana, posiciones ambas reservadas a blancos dentro de la normativa social de la Colonia. Alguien propagaría la noticia de que Cowley era pardo, *defecto* que heredaba de su abuela materna.

Visto socialmente desde entonces con *mal aspecto*, en sus palabras, le dominaría en lo adelante el propósito obsesivo de alcanzar la *blancura* legal, como una concesión de la Corona. Corría 1789 y gobernaba en La Habana don Luis de las Casas. Para vencer con su presencia la lentitud burocrática metropolitana, decidió Cowley ir a Madrid a presentar sus argumentos, pero se le negó el pasaporte. A pesar de ello embarcó clandestinamente hacia la Península.

Mientras Cowley se encontraba en Madrid fue dictada la *Real Cédula de Gracias al sacar* que hubiese podido resolver su caso mediante un modesto *servicio* en efectivo. Esta Real Cédula tuvo su origen en la permanente penuria del Real Erario y la necesidad apremiante de saldar la agobiante deuda de los *vales reales* emitidos por la Corona. La Cédula se dirigía a exaltar el ego de la naciente burguesía indiana y a limpiar, mediante pago, las más frecuentes *máculas* sociales. El arancel que la complementaría estableció la cuantía de los *servicios*: podría obtenerse desde un título de *hidalgo* (107.000 reales) o el derecho a ser llamado legalmente *don* (1.400) hasta alcanzar la legitimidad de un hijo de clérigo (33.000), entre otras muchas *gracias reales*.[14]

A pesar de la amplitud aparente de la nueva legislación, el Consejo de Indias adoptaría una interpretación parcial y discriminatoria en el caso del habanero Cowley, partiendo de los viejos prejuicios en torno a la *limpieza de sangre*, a pesar de que la Cédula de Gracias debía tener un carácter general. El Consejo de Indias dictaminaría:

13. Archivo General de Indias, Audiencia de Santo Domingo, legajo 1.227. (Navarro a Gálvez, La Habana 22-XI-1777).

14. Archivo General de Indias, Audiencia de Santo Domingo, legajo 328.

No parece verosímil fuese la Real intención conceder por tan corto servicio (500 reales de vellón equivalentes a 20 pesos fuertes de Indias) una habilitación perpétua a toda una familia, para obtener cuantos cargos y empleos de honor sean propios de blancos... Lo demás sería ocasionando inconvenientes en los Dominios de América, donde abundan las castas diferentes, y una revocación general de las Leyes y Estatutos que requieren limpieza de sangre para servir ciertos empleos y entrar en las Iglesias, Catedrales, Universidades, Colegios y Cabildos.

Tras ocho años de alegaciones inútiles debió replegarse Cowley, impecune y vencido, hacia Cádiz, puerto de partida hacia La Habana. Informada la Corona de su situación, la *piedad real* dispuso en 1797 que, por su cuenta, fuese devuelto el pardo Cowley a la Isla.[15]

IV

El pardo santiaguero José de Salas, en la creencia que era posible alcanzar el ascenso social que prometía la *Real Cédula de Gracias al sacar*, solicitó en 1804 la dispensa de su *calidad de pardo* mediante el pago de 700 pesos fuertes (14.000 reales de vellón) establecidos por el arancel. Era su intención ejercer el oficio de escribano real y notario de los Dominios de las Indias. El liberal gobernador de Santiago de Cuba, Sebastián Kindelán, informó favorablemente su solicitud por ser

el pretendiente un joven de verdadero mérito, que por su conducta y aplicación extensiva al conocimiento de los idiomas francés e inglés, se ha hecho lugar en la pública estimación y lo considero acreedor a la gracia a que aspira.

El Consejo de Indias negó la petición por *no haber necesidad de nuevas notarías y*

por lo correspondiente a la calidad de pardo, si le convenía para otros fines, ocurriese donde toca.[16]

15. *Ibídem.*
16. Archivo General de Indias, Audiencia de Santo Domingo, legajo 329.

C'est moi
et
toi

LOS ESTUDIOS AFRICANISTAS EN CUBA

Herminio Portell-Vilá
*Profesor de Historia de América
de la Universidad de La Habana*

Por supuesto que me habría sentido ignorado y hasta menospreciado si los organizadores del LIBRO-HOMENAJE a Lydia Cabrera no me hubiesen invitado a participar de ese grato y merecidísimo tributo a quien tanto ha hecho para estudiar y dejar anotado y comentado todo lo relacionado con las culturas africanas que forman parte esencial del pueblo cubano. Por eso mismo es que aprecio y agradezco la oportunidad que se me da para cooperar en este reconocimiento que se hace de los aportes culturales africanos a la formación del pueblo cubano. Porque *urana matumbe boboká dikuri,* o sea que los jóvenes quieren saber más que los viejos, pero aunque saben mucho como consecuencia de las modernas influencias culturales, no lo saben todo ni la mayor parte de todo. Por lo que es conveniente que no prescindan de los viejos y de sus conocimientos.

Y es que hay que decirlo de una vez: mi casi contemporánea Lydia Cabrera, con su cara siempre bonita y su sonrisa picaresca, es nuestro Sir John G. Frazer y su *El Monte,* de Lydia, es nuestro *Golden Bough.*

De mí sé decir que un día me sentí orgulloso cuando en una reunión anual de la Federación de Sociedades Negras de Cuba se me citó para que fuese a recibir un diploma en el que se me declaraba NEGRO HONORARIO. ¿Y todo por qué? No fue ciertamente por mis estudios sobre el negro norteamericano y los problemas raciales de los Estados Unidos. Y tampoco por mi labor como secretario de la Sociedad de Estudios Afrocubanos, presidida por el insigne Fernando Ortiz, cuñado de Lydia Cabrera y su primer inspirador en esos estudios africanistas en lo que Lydia

Cabrera es hoy por hoy figura principalísima con reputación universal.

El hecho era que las circunstancias y mis estudios históricos habían contribuido a colocarme en una posición especial para impulsar el conocimiento de las culturas africanas en Cuba. Porque en 1938 llegué a profesor de Historia de América en la Universidad de La Habana, y esos estudios africanistas eran totalmente desconocidos allí. Es decir, que los primeros negros llegaron a Cuba, con los españoles blancos, en 1510-1511, y que el mestizaje que ya existía en España, Portugal, Italia, Francia, Alemania y la Gran Bretaña, se extendió a Cuba y a las otras colonias europeas en América. El mestizaje se generalizó con blancos, indios y negros. ¿De dónde salió el mulato Estebanillo que viene a la América del Norte, con las expediciones salidas de Cuba, que fracasaron? ¿De dónde salió Martín de Porres? ¿De dónde los soldados del batallón de pardos y morenos de La Habana quienes en 1778-1780 vinieron de La Habana a pelear contra los ingleses en la Guerra de Independencia de los Estados Unidos? Y los ejemplos se multiplican en todas las colonias, hasta con el pardo Cryspus Attucks, de New England, luchador por la independencia de las Trece Colonias. Manuel del Socorro Rodríguez, famoso en las letras de Colombia, era un mulato de Bayamo (Cuba), a quien Carlos III lo declaró «blanco» por real orden. Los ejemplos son innumerables.

De aquí que yo llegase a la conclusión, hace muchos años, al enseñar Historia de América en la Universidad de La Habana, de que la civilización en esta parte del mundo era mestiza, lo cual hice constar en mi trabajo «On the Civilization of the Two Américas», publicado en 1938 en Carolina del Norte, donde desempeñaba la cátedra de «History of Civilization in the New World».

Por aquella época me había relacionado con el Prof. Melville J. Herskovits, gran amigo de Fernando Ortiz y cuya cátedra estaba en la Northwestern University, de Evanston, Illinois. Herskovits se había pasado varios años en Africa por sus investigaciones históricas y etnográficas, y de ahí surgió la preparación de su famoso «Atlas» de las áreas culturales de Africa, en el cual él había clasificado y agrupado las tribus africanas, especialmente las que vinieron a las Américas, según su historial y sus lenguas y creencias.

El «Atlas» de Herskovits para mí fue una revelación. Allí estaban agrupados, en regiones geográficas perfectamente definidas, los diversos pueblos de Africa, con sus afinidades y sus diferencias, según idiomas, creencias, costumbres e historias. Y todo eso había cruzado el Índico y el Atlántico para venir a establecerse en las Américas.

Es muy fácil el pretender que esos elementos culturales no ejercieron influencias y rozaron apenas el tejido de la nueva sociedad americana formada a partir de 1492. Los comestibles y la manera de obtenerlos y de prepararlos resultaron afectados. Y así pasó con el vestuario, con la vivienda, con la música, con el baile, con la escritura, con el habla, con las creencias religiosas, con las actitudes sociales, con la organización política, con la rivalidad extraterritorial, con la ambición de poder y con las nuevas nacionalidades. Era, en realidad, un mundo nuevo que surgía y que se ha desarrollado en apenas quinientos años.

La esclavitud trajo el trabajo rudo, regimentado y barato, así como el boato y la ociosidad parasitaria, las nuevas normas de vida y el lento despertar de oposición revolucionaria hacia nuevas formas de organización social y política.

Por supuesto que yo no podía dedicar en un solo curso, de apenas ciento ochenta días lectivos, un profundo estudio a la incorporación de esas culturas africanas y a las resultantes sociales, económicas, artísticas, políticas, literarias, etc. Lo que pude hacer y lo hice, fue exponer datos fundamentales y básicos en cuanto a las realidades producidas por ese nuevo factor humano de la vida americana, ajeno al blanco y al indio. Venía a ser como la siembra de una semilla con la esperanza de que los especialistas la cultivasen. Lydia Cabrera debió haber sido uno de esos especialistas que profundizasen en esos estudios, pero ya como profesora de esa disciplina en la Universidad de La Habana, lo que no ocurrió y su enseñanza sigue siendo «ex cátedra».

Cuando en los confines de Angola encontramos hoy en día en la toponimia los nombres de Ampanga y las Quimbámbaras identificados en el habla popular de los cubanos, se comprende mejor lo que Fernando Ortiz llamó «transculturación».

¿Cómo fue que la Universidad de La Habana se pasó siglos de espaldas a todo eso cuando se trataba de una civilización que se formaba y se reformaba? En mi curso lo más que podíamos hacer era asomarnos a todo eso.

En las áreas culturales de Herskovits estaban las fuentes de las derivaciones que luego encontramos en Cuba, desde Guinea, pasando por Nigeria, Dahomey, Calabar, el Congo, Angola y Hotentocia o Namibia, hasta los macuás de Mozambique luego de doblar el Cabo de Buena Esperanza para entrar en el Océano Índico.

Esa Historia de América cuyo estudio introduje en 1938 en la Universidad de La Habana era cosa novedosa y bastante original.

Requería por lo menos ocho cursos sucesivos, es decir, ocho años, para completar un estudio que era de todo punto imposible abarcarlo en un solo curso.

De aquí que hubiese aquellos cursos monográficos que a veces mistificaban el contenido de la asignatura cuando en realidad se trataba de sistematizarlo para su mejor conocimiento. Cierto que hubo un curso que trataba exclusivamente de las Civilizaciones Precolombinas, seguido de otro sobre el Descubrimiento y la Conquista; pero luego había el de las Áreas Culturales Africanas y la Esclavitud Africana, incorporadas al medio americano; luego había el que trataba de la Organización Colonial. Otro curso era para explicar las Guerras de Independencia, y luego venía América Republicana con todas sus vicisitudes, que era una plena época contemporánea. Pero lo más importante era que todo eso era una realidad histórica por la aparición y la participación del negro en la vida de los países americanos. El hecho es que al integrarse las nuevas nacionalidades y al surgir estados soberanos y colonias que estaban a punto de serlo, no había más remedio que reconocer el hecho real de que se trataba de nuevas unidades políticas y sociales en las que el negro, originario de África y separado de África por unas pocas generaciones, era factor de integración nacional que no se desprendía de, sino que conservaba sus características raciales y adquiría las otras, las de los blancos y los indios.

¡Qué maravilloso campo de estudios el que así se abría ante gobernantes, profesores y estudiosos! ¡Cómo habría llegado Cuba a conocerse a sí misma y a orientar su evolución nacional al apelar a los estudiosos del tipo de Lydia Cabrera para trazar normas y formar caracteres!

La cátedra de Historia de América no habría tenido otro papel que el de fundar esos estudios por siglos ignorados en Cuba; pero para mí eso ya habría sido bastante después de esos siglos en que la Universidad de La Habana se había mantenido ajena a las más importantes realidades nacionales. Un día habría sido posible decirle a Lydia Cabrera, profesora ex-cátedra de la integración nacional, en una Universidad de La Habana modernizada y responsabilizada con su misión de informar y orientar la evolución del pueblo cubano: «Srta. Profesora: ¡Enseñe aquí la realidad de las culturas africanas que han contribuido a la formación de esta civilización cubana!»

El tercero de los cursos de Historia de América a mi cargo, necesitaba por lo menos un año de estudios. Así lo hice por mi cuenta; pero soy de opinión de que eso debió comprender una cátedra independiente para un Fernando Ortiz, entonces en el apogeo de su genialidad, o para Lydia Cabrera, que ya presentaba su originalidad de investigación y de planteamientos.

De todos modos, algo se hizo para suprimir el adocenamiento y la superficialidad que ignoraban las realidades sociales cubanas. La transformación se llevó a cabo, aunque sus resultados han sido arruinados y hasta anulados por la pobre calidad de la enseñanza universitaria cubana de hoy, que está sujeta a la regimentación marxista, mientras que las fuentes dependen de la censura totalitaria, que todo lo arruina.

Fernando Ortiz vivió sus últimos años en ese enclaustramiento y en ese pobre medio-ambiente tan ajenos, en realidad, a su poderosa mentalidad, aunque otra cosa pretendan, allá en Cuba, sus pobres imitadores, quienes no se atreven a pensar por su cuenta, o a hablar en alta voz, o a escribir libremente.

Nos ha quedado, ¡eso sí! Lydia Cabrera, libre en el exilio, con una bibliografía formidable que haría honor a cualquier país, y que está, como toda obra de los cubanos libres, ignorada por su pueblo. En pleno siglo xx la obra de Lydia Cabrera repite la de su insigne padre, Raimundo Cabrera, cuando publicó su *Cuba y sus jueces*. Sobre Cuba ha caído la maldición del comunismo, que todo lo corrompe, lo arruina y lo destruye si no hay un clima de libertad.

V. CRONOLOGÍA Y BIBLIOGRAFÍA

BREVE CRONO-BIO-BIBLIOGRAFÍA DE LYDIA CABRERA

ROSA ABELLA
University of Miami

1900   Permítanme contar brevemente lo que ha sido su vida...
Nació en familia acomodada un 20 de mayo... Sus padres
fueron Raimundo Cabrera, hombre inteligente y liberal que
le dio una buena base y libertad para pensar, para estudiar,
para actuar. Su madre, Elisa Bilbao Marcaida era una mujer de su tiempo, muy prudente y reservada. Lydia recuerda
bién la casa donde nació en la calle Galiano 79, en La Habana, Cuba. A veces creo que ella percibe todavía la brisa
del mar, que subiendo por Galiano se colaba en la casa a
través de las altas ventanas del balcón...

1905   Comienza a viajar con su familia. ¡Qué buenos recuerdos
tiene de aquellos tiempos! Su hermana Emma, tan querida,
tan madraza, le iba enseñando las buenas costumbres que
se fijan para siempre... Se come así, le decía. Una niña no
se sienta de lado... A las señoras se les saluda con un beso...
No, a ese señor no se le tira de los bigotes...

1918   Su educación fue errática. Leía mucho y bueno. Los libros
han sido siempre, sus mejores amigos y la biblioteca de su
padre un tesoro fabuloso.

1927   Ya Lydia está instalada nada menos que en Montmartre.
Estudiaba mucho y desde Francia «descubría» a Cuba. Conoció muchas personas interesantes. Su vida en Europa le
brindaba, día a día, nuevas emociones...

1936   Año en que publica su primer libro. Nada menos que en
francés: *Contes nègres de Cuba*. Los escribió para entrete-
ner a una querida amiga venezolana, Teresa de la Parra,
muy enferma en un sanatorio en Suiza. Son 22 cuentos. Los

mismos se publicaron en español en 1940 en **La Habana** y en 1961 en Miami.

1948 Publicó *Por qué...* en La Habana, en una colección que su entrañable amiga María Teresa de Rojas y ella establecieron. Hay otra edición de *Por qué...* impresa en Miami en 1972.

Olvidaba decir que para entonces, en 1938, en vísperas de la guerra mundial, se estableció de nuevo en la capital cubana, empeñada en una tarea que le dio grandes satisfacciones. María Teresa de Rojas, la hija de su madrina, había heredado una bellísima casona colonial en Pogolotti, un barrio popular y muy modesto de Marianao, fuente inagotable para sus estudios de la vida de los negros en Cuba. Mientras tanto viajaba por el interior de la Isla buscando muebles, cristales, plata, y piezas artísticas que fueron convirtiendo la Quinta San José en valioso museo. Estudiaba las tradiciones, los ritos, las costumbres que todavía vivían frescas en muchos de los negros, hijos de esclavos y en muchos viejos negros de nación.

Gente buena que ante el sincero interés de la mujer blanca le mostraron sin reservas su cultura y sus ritos.

Al salir de Cuba en 1960 trajo sus fichas con datos recogidos a través de los años. Esas fichas le sirvieron después para escribir valiosas obras. Todavía tiene material inédito.

1954 *Pourquoi, nouveaux contes nègres de Cuba.* Fueron traducidos al francés por su buen amigo Francis de Miomandre. Roger Caillois dirigió la publicación que integran 28 cuentos. *El Monte.* Quizás es su obra más ambiciosa. Contiene información sobre las religiones, la magia, las supersticiones y el folklore de los negros criollos. Obra de importante utilidad que va a ser publicada en inglés y que ha alcanzado siete ediciones en español. Existe una reciente edición en italiano, muy hermosa, con el título de *Piante e magia, religioni, medicina e folclore delle culture afrocubane.*

1955 *Refranes de negros viejos.* Fue publicada en La Habana y su autora tiene muchos refranes que aún no ha publicado. Los años 50 fueron útiles. Escribía, viajaba. Su sueño y el de María Teresa de Rojas, era legar al pueblo de Cuba la Quinta San José como modelo de casa colonial cubana. Cuando marcharon al exilio la casa fue demolida por el gobierno revolucionario. Fue una de sus primeras destrucciones.

1957 *Anagó.* Es un vocabulario lucumí. Muy interesante. El yoruba que se hablaba todavía en Cuba y que tuvo la oportunidad de conocer. De nuevo se publicó en Miami en 1970 y recién este año de 1986 se ha reeditado.

1959 *La sociedad secreta Abakuá*. Este es su último libro publicado en Cuba, en la colección del Chicherekú. Hay una edición revisada y publicada en Miami, en 1970.

1960 Sus años tristes comienzan. Se van de Cuba Lydia y María Teresa al comienzo de la revolución. Conocía bien el sistema que imponían a su país, por sus lecturas y la amistad de los rusos blancos que trató en París. Marchan de la Isla con muy poco.

1970 *Otán Iyebiye. Las piedras preciosas*. Su primer libro en el exilio después de doce años de silencio. Lo publicó en Miami, en la Colección del Chicherekú en el exilio. Tiene solamente 113 páginas. En él narra la historia de las piedras preciosas y sus parientes cercanos. Nos enseña lo que simbolizan y los mensajes que conllevan en lenguaje pleno de poesía.

1971 *Ayapá, cuentos de Jicotea*. Publicado en Miami, en la Editorial Universal de Juan Manuel Salvat. Sabemos que mucho disfrutó escribiendo este libro. En él, reúne una serie de cuentos largos, donde los animales comparten con los humanos. Dicen los conocedores que es un pequeño tratado de sociología cubana. Jicotea es el protagonista del libro, de polifacéticas actuaciones.

1973 *La laguna sagrada de San Joaquín*. Con fotos interesantísimas que tomó su amiga, ya fallecida, Josefina Tarafa. El material para este libro lo recogió en el invierno de 1956 en el Central Cuba, en Matanzas. Se publicó en Madrid.

1974 *Yemayá y Ochún, Kariocha, Iyalochas y Olorishas*, con nota en la contraportada de Pierre Verger, su buen amigo. Publicado en Madrid.

1975 *Anaforuana*, iniciación y símbolos de la iniciación en la Sociedad secreta Abakuá. Obra de gran interés. Publicada en Madrid.

1976 *Francisco y Francisca. Chascarrillos de negros viejos*. En estos chascarrillos impera el humor y la gracia de la autora.

1977 *Itinerarios del insomnio. Trinidad de Cuba*. En el libro y en un viaje al pasado, la escritora cuenta: «De mis viajes nocturnos a lo más distante, de mis registros en la criptomemoria, regreso siempre al alba con algo que ya ignoraba o que creía perdido». «Mis recuerdos me impiden sentir amargura y me han curado, ¡y esto es muy importante!, del terror que aquí, recién desterrada, me causó la muerte la primera vez que la vi por la cerradura de la noche».

La Regla Kimbisa del Santo Cristo del Buen Viaje. Esta Regla Kimbisa fue fundada por Andrés Petit y se considera un modelo claro del sincretismo religioso que se produce en Cuba. Dibujos en relación con el texto lo avaloran.

1979   *Reglas de Congo. Palo monte Mayombe.* La obra presenta la regla Mayombe, que se divide en Mayombe regla cristiana y Mayombe magia judía y corresponde al concepto que se tiene de la magia blanca y la magia negra.

1980   *Koeko iyawó: aprende novicia.* Tratado de regla lucumí. Recoge esta obra una valiosa información sobre las costumbres lucumíes. Libro que escribió en Miami en 1980.

1983   *Cuentos para adultos niños y retrasados mentales.* Conociéndola, sabemos que mucho se divirtió al escribir estos cuentos, último aporte de su narrativa que una vez más, reafirma su originalidad. Se publicó en Miami.

1984   *Vocabulario congo.* Contiene unas 3.000 voces congas tomadas directamente del pueblo.
La medicina popular de Cuba. Es libro rico en datos históricos sobre la medicina y las plantas consideradas medicinales. De gran valor para la bibliografía cubana. Contiene un índice herbolario cubano muy útil, que confeccionó Esperanza Figueroa.

1986   Hoy vive aquí, en la Florida, en un modesto apartamento de Coral Gables. Inolvidables recuerdos la acompañan y objetos queridos la rodean: antiguos mapas y pinturas en las paredes. Libros y retratos de seres queridos cerca de ella. La visitan amigos fieles y estudiosos de su obra. Ha recibido honores y homenajes que ella no cree merecer. Se han escrito de su obra libros y estudios interesantes. Quisiera poder nombrar a los muchos que la han honrado. Casi toda su familia ha muerto. Ella casi no ve, pero no se le escucha proferir una queja. Piensa mucho en Cuba... y no dudamos que a veces cree percibir aquella brisa marina, que desde el Malecón llegaba hasta la casa donde nació en la calle Galiano, en La Habana...

LYDIA CABRERA: THE EVOLUTION OF A LEGACY

Richard D. Cacchione

Everything we read about the writings of Lydia Cabrera focuses on her folkloric production beginning with the Paris publication of *Contes Nègres de Cuba* in February 1936 when she was 35 years of age. Her stories from the Afrocubans and her investigative work over the past 50 years have earned her a distinguished place at the top rung of scholarship in her field, which will be dealt with in other sections of this homage to her half century of letters.

What I find intriguing about Lydia is the mosaic that constitutes her mind and the diversity of her writing career. From a scholarly point of view, we focus in on her folkloric work but the genesis of the writing style and broad inquisitive attitude of this capricious little lady have their origins more than a quarter century earlier in the tender years of her childhood.

Too often it is said that Lydia was influenced by her brother-in-law to learn about the Cuban blacks. On the contrary, don Fernando Ortiz encouraged her to continue with her own inquisitiveness. She had known him since she was about 7 years old, and there was ample opportunity to hear his stories and those of others in order to formulate her own interests. Lydia's interest in the blacks and in literature in general was formed early on as a child when she heard many stories of the blacks at home from a black servant, Tula, from her mother's seamstress, and from her sister Emma, who had a strong influence on her life. The fantasy world she developed from all of them was also important in helping her to deal with a very serious illness as a child. She was also greatly exposed to the classics in her father's library, as well as to adventures, histories and novels, but what she liked best was poetry.

The influence of her father was tremendous in forming her

literary mind. As a distant last child of the eight her parents had, eight years the junior of her sister Seida, the next youngest, she found company in books and stories and from there, the world of fantasy. She was also her father's constant companion both at home and at meetings such as those of the Sociedad Económica de Amigos del País of which he was president. She was often surrounded by the most fertile minds in Cuba in the form of writers, artists and politicians, and definitely she was not to be relegated to the corner. This early intellectual stimulation and expression were to greatly affect her quest for knowledge as well as her pursuit of whatever it was she wanted to do, even if it was at times contrary to her father's wishes, or the accepted customs of Cuban society. Her studying of art at the Academia San Alejandro in her midteens, was so opposed by her father, she had to do it secretly. Another example was in forming her own business after the death of her father to earn the money needed to study in Paris. This latter endeavor was something young women of society did not do in that era. However, as her father was no longer there to honor his earlier promise to pay for her art studies, she had to resort to her own initiatives, a characteristic which was so necessary in later years to begin the process of acceptance by and study of the blacks for which we know her so well.

But, back to a youth full of life and expression. Her father Raimundo Cabrera, a lawyer by training, a poet, a writer, the possessor of liberal political ideas which caused him to have to flee Cuba twice, as well as to make and then lose two fortunes, was one of the most important literary figures fighting for the independence of Cuba. In 1897, in New York, he founded *Cuba y América*, as important a weapon of the pen for independence as his fellow patriots' swords. After independence achieved from Spain, and with self-determination accomplished from America, the journal changed emphasis to an illustrated magazine.

In this context, a new writer joined the staff of *Cuba y América* at the ripe old age of 13. «Nena en Sociedad» was the pseudonym of, yes, the Director's youngest daughter, but, as the 27 articles produced by Lydia demonstrate, they were the product of a young insightful mind. There was no difference in writing style between the young teenager and the several seasoned authors of this column after her —some of whom were established authors of more literary fame such as Dulce María Borrero.

Lydia's writing career at *Cuba y América* was brief, from October 1913 to May 1916 as «Nena en Sociedad», even though Manolo, the author of the June 1916 column «Notas Sociales», stated she would return after the summer. She did not return after the summer. However, she did publish 6 illustrations for an article translated from the French on oriental art in June and did the cover illustration of the July issue, as well as authoring an article «El Teatro Japonés» in that issue. A few months later, allegedly in early 1917, her father exiled himself for the second time for a brief period, to be joined by his family; but two significant dimensions of Lydia, the literary and the artistic, had been publicly expressed prior to the demise of *Cuba y América* in April 1917. Not to be left behind, she also did some illustrations for *Social* in 1919, and perhaps later, as well as illustrate Ernesto Fernández Arrondo's *Bronces de libertad* in 1923.

Her interest of many years in being an artist and her fascination for and desire to study oriental art, were now publicly manifested. These two pursuits were to unite to cause her to set as a goal —Paris— to pursue the study of art and to become an artist. But, it was not in Paris that she was to become known as either artist or oriental art hisorian. It was in Paris that she discovered Cuba.

Lydia's interest in writing and in art continued even after returning to Cuba from political exile with her father in 1917. She began writing in 1918 for the prestigious *Diario de la Marina* on various topics, including protests of a growing Havana when classic edifices were destroyed in the name of «development» —a young defender of an age, old problem. She also wrote about the antiques which were eventually reproduced from 1923-1925 not only as a way of making the money to go to Paris, but to share with her countrymen a strong interest in preserving their artistic and cultural heritage—something which was not universally shared. This interest was to resurface upon her return to Cuba and the era in «La Quinta San José» when she and María Teresa de Rojas, a scholar in her own right and Lydia's constant companion, conscience and colleague for the last four and a half decades, endeavored to create a museum of Cuba's artistic heritage of the home —only to have that dream destroyed when she had to leave Cuba for the last time in June 1960.

The years between her father's death in 1923 and 1930 were devoted primarily to art —its pursuit and study. While painting and studying Oriental cultures and religions in Paris at the Ecole du Louvre, from which she graduated in 1930, she encountered a bas-relief from a Javanese temple at Borobodur of a woman with tropical fruits on her head —to which she observed— «this is like in Cuba». Adding to this observation were her discoveries within the study of Japanese folklore of many legends similar to those she encountered as a child in Cuba.

While she had an element of inquisitiveness and interest in the blacks ever since early childhood, it wasn't until she returned to Cuba for a brief three month stay in 1930, that she began her own forays to learn about them. Again, her sense of initiative and a healthy disregard of the conventions of Cuban society were needed to initiate her overtures and to convince «the old sources» as she calls them that this young lady of society really had a genuine interest in them and their ways. The first step was taken. She heard many of their stories and transcribed them, thereby helping to preserve for posterity the richness of the four main African cultures which, when blended with the Spanish heritage, form the transculturization, the fabric of the Afrocubans. Little did she know that in increasingly intensive immersions, she was to dedicate the better part of the next half century chroniclizing, analyzing, and studying this treasure trove which is the essence of these intricate yet humble people which constitute a significant part of the richness of the Cuban heritage.

Lydia liked their stories and their poetry, as she liked poetry as a little girl. But aside from her own interest and entertainment, it remained pretty much a personal communication between her and the blacks. She never thought of writing them down or publishing them. As fate would have it however, it was an imminent death which gave birth. Her good friend, the Venezuelan author Teresa de la Parra (whom she knew since 1924) had insisted for some time that Lydia write these stories. It was Teresa, who liked them, it was Teresa, who became the catalyst for their publication, it was Teresa who through her illness caused Lydia to write these stories to entertain her while terminally ill in the sanitarium at Leysin, Switzerland. It was, therefore, appropriate that it was to Teresa to whom *Contes Nègres de Cuba* was dedicated. Ironically, the book was published in Paris while Lydia was in Madrid taking care of Teresa who died two months later.

Due to political events in Europe, Lydia returned to Cuba in 1938 and republished her stories in Spanish in January 1940. She had published occasional stories from the time of her return to the publication of *Cuentos negros de Cuba* which helped encourage her that there was an interest at home in black stories.

She was able to publish in Paris, because in the 1920s and 1930s there was a keen interest in the exotic in Europe, especially in France which was the cradle of so many artistic and literary movements since the turn of the century. The avantgarde, the exotic, the new was what was wanted and Lydia fit right in.

Back home things were different. While there was occasional interest in the blacks and their literature and culture, the general sentiment was one of condescending tolerance of something quaint at best. Nicolás Guillén, probably because he was of black blood, was one of the few literary figures to demonstrate a knowledge of the blacks and the essence of their culture.

Alejo Carpentier in his novel *¡Ecué Yamba-O!* was again, one of the few to approach the reality of black literary content, which after all, was all verbal and not printed in those days. There was also Fernando Ortiz with his erudite scientific and ethnological studies of the blacks. No other white had demonstrated, up to this point, a sensitivity or interest in what was the essence of the intricacies and richness of black folkstory and customs. While others have taken stabs at reproducing aspects of black literature, it appears to have been the destiny of Lydia Cabrera to study and preserve for posterity the richness of the Afrocuban cultures.

Lydia's writing career can be broken down into seven basic segments beginning as an almost child prodigy at age 13.

1) 1913-1916 Wrote about Cuban society for *Cuba y América.*

2) 1916-1930 The artistic period. Strong interest in oriental art, in Cuban colonial furniture which actually continued again from 1940-1960, and an early desire to study art with the intent of eventually becoming an artist. She publishes occasional illustrations from 1916 to 1923, and studies art in Paris 1927 to 1930. Published her first story on oriental art at age 16.

3) 1918-1934 Writes occasional articles on diverse subjects for *Diario de la Marina* and several Cuban magazines.

4) 1930-1986 Lydia at age 30 begins the lifelong labor of recording, preserving and studying black stories, an interest which continues to today.

5) 1948-1986 The investigative period of Lydia's work going beyond the folkstory begins with the eventual publication, after six years of intensive research of her most important work: *El Monte.*

6) 1960-1986 Exile. Lydia, in her own way supported the exiles' cause. She also wrote about old Havana in newspapers published in Miami and South America.

7) 1960-1986 Helping young publications and authors. Lydia could always be counted on for an article, a story, advice or encouragement by any young author or the editor of a new publication.

While one may look at the 19 individual titles of books she has written, plus at the next 4 titles in preparation and comment that more could have been expected over a 50 year period, I submit that her production was not only prodigious but precocious. Hers is not the production of novels, but the investigative recording of legends, religions, customs, vocabularies of at least three languages and much more.

Remember it took six years alone to produce *El Monte*, which has been published in Italian and will eventually be published in English and Portuguese. Many of her stories have been published in French in addition to the original Spanish. The next logical step is to have all of her works eventually translated into English for that wider audience which could benefit from her work.

While investigative research takes time, events such as the exile, with much of her notes and other work left behind, also had a delay in her production of new works which began again in 1970 with the publication of *Otán Iyebiyé: las piedras preciosas*, which was to become one of her favorite and most colorful studies. Again the artist Lydia comes through with her painted stones, the small «piedras mágicas». From 1970 to 1986 this demure little lady has produced an incredible volume of work including: 14 new books and the re-editing or republishing of 11 other books, including 4 more editions of *El Monte* and authorizing the Italian translation of that title. On top of this, are a significant quantity of newspaper and magazine articles.

Lydia's works have not been limited to her own production efforts however. Three times in Cuba, from 1966 to 1969, her stories were adapted into plays which were presented by the Teatro Nacional Guiñol in Havana, and twice in Miami in 1976 as part of two homages to her.

Her work went even beyond writing and illustrating when she also undertook to produce a major recording opus from 1954 to 1958 with the recording and editing of the 14 record set *Música de los Cultos Africanos en Cuba*.

Over the years, several writers have written books and articles about her work, and others have dedicated books and poems to her. This in part has created some controversial discussions, which every creative writer should have anyway. While the most famous case is pretty much resolved now, that is: who was «su negrita» when Federico García Lorca dedicated «La Casada Infiel» of *Primero Romancero Gitano (1924-1927)* to «A Lydia Cabrera y a su negrita»; I would like to raise a new question. In the January 1937 issue of *Revista Hispánica Moderna* there was published a series of unedited poems by Gabriela Mistral. On page 157 is a poem entitled «Cabrera». Could this have been named for Lydia?

Lydia was always a loyal friend —although she admits to generally being a poor correspondent— her sense of friendship is an immense part of her character. She has known and befriended some of the most important artistic and literary figures of her time. As a child, her father's friends, Enrique José Varona, Salvador Salazar y Roig, and José de Armas y Cárdenas —to name a few. In Europe, Teresa de la Parra, Federico García Lorca, Gabriela Mistral, Margarita Xirgu, Francis de Miomandre and later, Roger Bastide, Pierre Verger, Lino Novás Calvo, Gastón Baquero and Wifredo Lam - again, just to name a few. All left their mark in one way or another on Lydia, who always remained Lydia.

When she and María Teresa de Rojas (Titina) decided to collaborate in publishing their own books, they formed Ediciones C.R. and first published *Por qué... cuentos negros de Cuba* in 1948. This wasn't to be just a vehicle for Lydia's works alone, for after publishing *El Monte* in 1954, they reprinted Titina's *Índices y extractos del Archivo de Protocolos de La Habana (1578-1588)* in 1957.

Beginning also with the publication of *Por qué... cuentos negros de Cuba* in 1948, Lydia decided to name the collection of her writings Colección del Chicherekú. A Chicherekú is a Lucumí word which Lydia says is used to describe a small devil who the witch sends in the night to do mischief. When asked why she chose Chicherekú over another description she said «because I liked it». This is understandable. Look over Lydia's life and you will see how it all fits together. Her quest to learn, her defiance of the wishes of a father she loved to study art, her defiance of custom to set up a business and eventually to study black culture, to eschew praise and recognition, even though she has two honorary degrees and several honorariums.

The next time you see her, look into her eyes and I am sure you too will also see that impish sparkle of a selfless person and of a creative mind, even at 86 years young. She is clearly an inspiration to those who know her and to those who study her. We cannot effectively repay her for all she has given us.

The following is a bibliography of the books written by Lydia Cabrera. It will be included in the comprehensive bibliography of Lydia's writings and those treating with her work, which I am in the process of writing.

Books written by Lydia Cabrera

Anaforuana: Ritual y símbolos de la iniciación en la Sociedad Secreta Abakuá
— Madrid, Ediciones R, 1975. 498 p. illus. (Los de Hoy).
Anagó: vocabulario lucumí: (El Yoruba que se habla en Cuba)
(Prólogo por Roger Bastide - en cada edición).
— La Habana, Ediciones C.R. 1957, 326 p. (Colección del Chicherekú).
— Edición revisada. Miami [Ediciones] C.R., [Cabrera y Rojas], 1970. 326 p. (Colección del Chicherekú).
— Segunda edición. Miami, Ediciones Universal, 1986. 326 p. (Colección del Chicherekú en el Exilio).
Ayapá: cuentos de Jicotea
(Dibujos por Armando Córdova).
— Miami, Ediciones Universal, 1971. 269 p. (Colección del Chicherekú).
Cuentos para adultos, niños y retrasados mentales
(Prólogo por Esperanza Figueroa, epígrafes y versos en itálicas del libro *La estación violenta* de Octavio Paz, México, 1958).
— Miami, [Ediciones C.R.], 1983. 233 p. (Colección del Chicherekú en el exilio).
Contes Nègres de Cuba
(Traduit de l'espagnol par Francis de Miomandre).
— Paris, N.R.F. Gallimard, 1936. 251 p. (Collection La Renaissance de la Nouvelle).
Cuentos negros de Cuba
(Prólogo por Fernando Ortiz - en cada edición).
— (Primera edición en español). La Habana, Imprenta La Verónica. 1940. 278 p.
— La Habana, Ediciones Nuevo Mundo, 1961. 150 p. (Escritores Latinoamericanos).
(Edition published by the Castro government. Not authorized by the author. This edition is a selection of some of the stories and legends appearing in *Cuentos negros de Cuba* and *Por qué...*)
— Segunda edición. Madrid, [Ediciones] C.R., Ramos, Artes Gráficas, 1972. 174 p. (Colección del Chicherukú [sic] en el exilio). (Published in both hard and soft cover editions).
Francisco y Francisca: chascarrillos de negros viejos

— Miami, [Ediciones C.R.], Peninsular Printing, Inc., 1976. 70 p. Colección del Chicherekú).

Itinerarios del insomnio: Trinidad de Cuba
— Miami, [Ediciones] C.R., Peninsular Printing, Inc., 1977. 68 p.

Koeko Iyawó. Aprende Novicia: pequeño tratado de Regla Lucumí (Prólogo por Rosario Hiriart)
— Miami [Ediciones] C.R., Ultra Graphics Corporation, 1980, 231 p. (Colección del Chicherekú en el exilio).

La Laguna sagrada de San Joaquín (Fotografías de Josefina Tarafa).
— Madrid. Ediciones R. 1973. 105 p. illus. (Los de Hoy).

La medicina popular de Cuba. Médicos de antaño, curanderos, santeros y paleros de hogaño
— Miami, [Ediciones] CR, Ultra Graphics Corporation, 1984. 270 p. (Colección del Chicherekú en el exilio).

El Monte: Igbo-Finda; Ewe Orisha, Vititi Nfinda (Notas sobre las religiones, la música, las supersticiones y el folklore de los negros criollos y del pueblo de Cuba).
— La Habana, Ediciones C.R., 1954. 573 p. (Colección del Chicherekú).
— Segunda edición, Miami, Rema Press, Enero 1968. 573 p. (Colección del Chicherekú).
— Miami, [Ediciones] CR, 1971, (c. 1968). 564 p. illus. (Plus 53 pages of photographs, Indice de Materias and Indice, unpaged). (Colección del Chicherekú).
— Cuarta edición. Miami, Ediciones Universal, 1975. 564 p. illus. (Plus 53 pages of photographs, Indice de Materias and Indice, unpaged).
— Quinta edición. Miami, [Ediciones] CR, Enero de 1983. 564 p. illus. (Plus 53 pages of photographs, Indice de Materias and Indice, unpaged). (Colección del Chicherekú).
— See *Piante e Magia* for Italian edition, 1984.
— Sexta edición. Miami, [Ediciones C.R.], 1986. 564 p. illus. (Plus 53 pages of photographs, Indice de Materias and Indice, unpaged). (Colección del Chicherekú).

Otán Iyebiyé: Las Piedras Preciosas
— Miami, Ediciones CR, 1970. 113 p. (Colección del Chicherekú en el exilio).
— Segunda edición. Miami, [Ediciones CR], Ediciones Universal, 1986. 113 p. (Colección del Chicherekú en el exilio).

Piante e Magia: Religioni, medicina e folclore delle culture afrocubane
(Italian translation of *El Monte*)

(Edizione italiana a cura di Laura Gonzales. Prefazione a cura di Laura Gonzales, pp. I-VII).
— Milano, Rizzoli Editore, Prima edizione, novembre 1984. [620 p.] illus.

Porqué... cuentos negros de Cuba
— La Habana, Ediciones CR, [1948]. 263 p. (Colección del Chicherekú).
(Published as *Por qué... cuentos negros de Cuba*)
— Segunda edición. Madrid, [Ediciones] CR, Ramos, Artes Gráficas, 1972. (Colección del Chicherukú [sic] en el exilio).

Pourquoi... nouveaux contes Nègres de Cuba
(Traduit de l'espagnol par Francis de Miomandre).
— Paris, N.F.R. Gallimard, 1954. 316 p. (Collection La Croix du Sud, 8, dirigee par Roger Caillois).

Refranes de negros viejos: recogidos por Lydia Cabrera
— La Habana, Ediciones CR, [1955]. [unpaged, VII, 55 p.]. (Colección del Chicherekú).
— Revised edition. Miami, Ediciones CR, 1970. [unpaged, VIII, 55 p.]. (Colección del Chicherekú).

La Regla Kimbisa del Santo Cristo del Buen Viaje
— Miami, [Ediciones] CR, 1977. 85 p. (Colección del Chicherekú en el exilio).
— Segunda edición. Miami, [Ediciones] CR, 1986. (Colección del Chicherekú en el exilio).

Reglas de Congo. Palo Monte - Mayombe
— Miami, [Ediciones] CR, Peninsular Printing, Inc., 1979. 225 p. (Colección del Chicherekú en el exilio).
— 2da edición, Miami, [Ediciones] CR, Ediciones Universal, 1986. 225 p. (Colección del Chicherekú en el exilio).
(Title page incorrectly has *Reglas de Congo. Mayombe Palo Monte*, spine has correct title).

Siete Cartas de Gabriela Mistral a Lydia Cabrera
— Miami, Peninsular Printing, Inc., 1980. 20 p. illus.

La Sociedad Secreta Abakuá: narrada por viejos adeptos
— La Habana, Ediciones CR, 1959, (c. 1958). 296 p. illus. (Colección del Chicherekú).
— Revised Edition. Miami, Ediciones CR, 1970. 296 p. illus. (Colección del Chicherekú).

Vocabulario Congo (El Bantú que se habla en Cuba)
— Miami [Ediciones] CR, 1984. 164 p. (Colección del Chicherekú en el exilio).

Yemayá y Ochún: Kariocha, lyalorichas y Olorichas
(Nota de la contraportada por Pierre Verger - cada edición).

— Primera edición. Madrid, [Ediciones] CR, 1974. 359 p. (Colección del Chicherukú [sic] en el exilio).
— Segunda edición. (Prólogo y bibliografía por Rosario Hiriart). New York, [Ediciones] CR, Eastchester, N.Y.: distribución exclusiva E. Torres, 1980. 370 p. (Colección del Chicherukú [sic] en el exilio).

Books Scheduled for Emission in 1987

Los animales en la magia y en el folklore de Cuba
La lengua sagrada de los Ñáñigos
El Monte (English edition). (To be distributed by Methuen)
Yemayá y Ochún (Portuguese edition)
Supersticiones y buenos consejos